Dr. S. Fritz Forkel
د. سليمان فريتس فوركل
ד״ר שלמה פריץ פורקל
Skénznen Rónznis

Navajo/English Dictionary of Verbs

Navajo/English Dictionary of Verbs

Alyse Neundorf

FOREWORD BY
Robert W. Young

University of New Mexico Press | Albuquerque

©2006 by the University of New Mexico Press

All rights reserved. Published 2006

10 09 08 07 06   1 2 3 4 5 6

Library of Congress Cataloging-in-Publication Data

Neundorf, Alyse.

  Navajo/English dictionary of verbs / Alyse Neundorf ; foreword by Robert W. Young.

    p. cm.

  ISBN-13: 978-0-8263-2173-2 (cloth : alk. paper)

  ISBN-10: 0-8263-2173-9 (cloth : alk. paper)

  1. Navajo language—Verb—Dictionaries. 2. Navajo language—Grammar—Dictionaries.

  3. Navajo language—Dictionaries—English. 4. English language—Dictionaries—Navajo. I. Title.

  PM2007.N48 2006

  497'.2682421—dc22

2006001541

Contents

FOREWORD BY ROBERT W. YOUNG	vii
A VERBS	1
B VERBS	8
C VERBS	36
D VERBS	70
E VERBS	91
F VERBS	101
G VERBS	110
H VERBS	130
I VERBS	140
J VERBS	142
K VERBS	147
L VERBS	153
M VERBS	171
N VERBS	181
P VERBS	182
R VERBS	202
S VERBS	224
T VERBS	269
U VERBS	292
W VERBS	295
Y VERBS	312
NOTE ON SLANG AND NEOLOGISMS	313

Foreword

Robert W. Young

Alyse Goodluck Neundorf (1942–2004), teacher, linguist, interpreter, artist, writer and a former "Miss Navajo," was the author of this work on Navajo verbs—the last of her contributions in the field of Navajo linguistics. It is appropriate here to preface it with a brief sketch tracing her brilliant but all too brief career.

Born sixty-two years ago, in a small community located near the center of the Navajo country, Alyse's debut into the world came at a time when the nation's largest Indian tribe found itself in the throes of a cultural and economic revolution, the second such since the arrival of the Europeans. The first came on the heels of the Spanish conquest; the second, near catastrophic in its effect, was in its infancy at the time of Alyse's birth. Imposed by federal edict and focused on soil erosion, it came suddenly with little preliminary preparation of the people.

At the time of Alyse's birth a tribal population estimated at about 40,000 lived in scattered and extended family clusters in the Navajo country's virtually roadless enclave with an area as large as the state of West Virginia. A few federal installations and schools were served by seldom-maintained dirt roads; the people were served by a maze of wagon trails. It was not until the mid-1950s that the situation began to change. A relatively few Navajos had attended schools and the language universally spoken in Navajoland was the Navajo language.

Centuries of overgrazing led to widespread erosion of the rangelands throughout the Navajo country with the result that the federal government forced reduction of the livestock upon which the people depended for their livelihood. This reduction threatened destruction of the entire traditional cultural system—a threat that was tantamount to genocide in Navajo eyes. Alyse's early childhood was lived in the ensuing stress and turmoil of the revolution.

Belatedly a system of reservation schools took shape, and the destruction of the livestock industry was accompanied by the introduction of a wage economy. Wage work, however, brought displacement of a large part of the male population, with separation from their homes and families; many job opportunities were located outside the Navajo country in surrounding states. Lacking salable skills, Navajo workers were recruited by the railroads and outside agriculture, a new experience that introduced them to the lifeway and language of their non-Navajo neighbors. World War II expanded the revolution, either in the form of military service or the broadened job opportunities.

At the time Alyse reached her teens the twin needs of a system of new reservations schools with those of a burgeoning mining, oil and gas industry brought a network of all-weather roads to Navajoland, along with increased employment opportunities on the reservation itself. The Navajo people, mono-cultural and mono-linguistic for centuries, were well along in their trek toward a new lifestyle. The tempo of cultural change accelerated in the 1950s when the goal of universal education for a new generation of Navajo children led to the use of boarding facilities, many of which were located in communities far from Navajoland. Educational policy of the period stressed the need to learn the English language—stressed it to such a degree that the use of Navajo was strongly discouraged or, in some schools, forbidden.

Alyse's educational career took her to an array of schools, both near and far from her reservation home, beginning with the Lukachukai Boarding School. After two years at that facility she entered the Intermountain Indian School in Brigham City, Utah, where she spent six years. Intermountain was followed by high school in Waterflow, New Mexico, and St. Catherine's in Santa Fe where she graduated in 1960. In the course of these experiences, Alyse developed a keen interest in learning new things with the result that she elected to continue her education at Arizona State University. There, in 1965, she graduated with a BA in Fine Arts. Subsequently, taking advantage of a new opportunity, she entered the graduate school at the University of Nebraska, earning an MA in English and Education. Finally, in 1987, she received a Ph.D. in linguistics and socio-cultural studies at the University of New Mexico.

The stress that was placed on learning English in the 1950s generated a revolt toward the end of the decade—a revolt led by a new generation of young people who awakened to the realization that loss of their first language deprived them of a prime symbol of their identity as Navajos, and they were shocked by their inability to communicate effectively with their aging relatives—and in some cases, with their own parents. This realization resulted in a movement toward bilingual education.

Caught up in the focus on learning English, Alyse excelled in its mastery as a second language, but she did not go to the extreme of abandoning her first language. She became a strong proponent of bilingual education as a means to meet the practical needs for life in the modern world while preserving the valuable possession of Navajo culture and the language upon which it depended for survival.

In 1966, Alyse was appointed as a teacher of art, English as a Second Language, and Navajo at the Rough Rock Demonstration School. There she drew on her own personal experience of learning English and on her deep knowledge of Navajo to present the twin subjects to Navajo children.

Subsequently, in 1976 she received an appointment at the University of New Mexico as an instructor in the Navajo language and, in 1988, she taught a course in Language and Culture at Navajo Community College (now Diné College). In 1990 she was employed as assistant professor of Bilingual Multicultural Education at Northern Arizona University. At the apogee of her career, she was an assistant professor in the Department of Arts and Sciences at the University of New Mexico–Gallup, where she taught linguistics and the Navajo language.

The heavy stress placed on the learning of English in the schools as well as the practical needs for language skills inherent in the wage economy resulted in a decline in the home use of the Navajo language and in proficiency on the part of those tribal members who remain, to varying degrees, capable of using it.

Currently, a concerted effort is underway for the preservation of the Navajo language—an effort in which Alyse has played a leading role. Not only has she promoted its inclusion as a modern language at the college and university level, but she has fostered the teaching of Navajo by native speakers who are employed in the reservation schools. To that end, in 1990 she brought together a group of more than fifty such teachers, along with leaders in Navajo education, to form a Navajo Language Teachers Association (now know as the Diné Language Association).

Teaching experience made it possible for Alyse to identify areas of difficulty encountered by students of Navajo, the most formidable of which is control of verb inflection. It involves both the stem and the prefixes: stem shape usually varies with the modes and aspects in which the verb is expressed, and the prefixes behave variously, with shapes governed by phonological rules as they are conjoined in lexical forms.

The teacher of Navajo has two options: verb morphology can be presented in terms of the phonological rules, or it can be presented in word example form. It is impractical to expect learners—especially children—to memorize and apply a maze of complex rules of juncture for prefixes and the even more intricate rules that determine stem shape.

A far more practical approach for the learner is one based on exemplary paradigms in which lexical forms are fully conjugated for person and number, and one in which the rules that govern prefix juncture are tacitly obvious. Alyse took that approach in her *A chíní Binaaltsoos Tsoh*—a cleverly illustrated dictionary for children. More recently a manual designed for use by students of Spanish, entitled *501 Spanish Verbs: fully conjugated in all the tenses and modes in a New Easy-to-Learn Form* (Christopher and Theodore Kendris) came to Alyse's attention, and it struck her that a similar manual could be compiled for Navajo. The present verb dictionary lists 350 Navajo verbs in paradigm form, conjugated for the Imperfective, Perfective, and Future modes. It was her intention that it be used both by students of Navajo and teachers of the language.

It is noteworthy that Alyse, in her sixty-two years, moved culturally from shepherd to professor. She assimilated and excelled in a radically new and different lifeway while still retaining and excelling in that of her childhood—including all of its language and values.

add numbers, objects together

Áhát'íinii: /a hí ji O zóóh/ - > [ahíjiizóóh] T'áadoo le'é ahą'ájíléehgo, ánéelt'e'gi hoł bééhoozįįhgo éí bee ak'e'elchíhí bee ahíjiizóohgo binahjį' hoł bééhoozįįh.
Verb: one adds; to add them together

T'áałá'ígo	Naakigo	Táá'dóó Ba'ąą
T'ahdii - imperfective		
ahíísóóh	ahíidzóóh	ahídeiidzóóh
ahíizóóh	ahíóhsóóh	ahídaohsóóh
ahíyiizóóh	ahíyiizóóh	ahídayiizóóh
ahíjiizóóh	ahíjiizóóh	ahídajiizóóh
T'áá íídą́ą́' - perfective		
ahíizo	ahíidzo	ahídeiidzo
ahíinizo	ahíoozo	ahídaozo
ahíyiizo	ahídayiizo	ahídeizo
ahíjiizo	ahíjiizo	ahídajiizo
T'ahígo - future		
ahíideessoh	ahíidiidzoh	ahídeidiidzoh
ahíidíízoh	ahíidoohsoh	ahídeidoohsoh
ahíidoozoh	ahíidoozoh	ahídeidoozoh
ahíizhdoozoh	ahíizhdoozoh	ahíizhdoozoh

Singular (one person)	Dual Plural (two people)	Distributive Plural (three or more people)
T'ahdii - present		
I add	we add	we add
you add	you add	you add
she/he/it adds	they add	they add
one adds	people add	people add
T'áá íídą́ą́' - past		
I added	we added	we added
you added	you added	you added
she/he/it added	they added	they added
one added	people added	people added
T'ahígo - future		
I will add	we will add	we will add
you will add	you will add	you will add
she/he/it will add	they will add	they will add
one will add	people will add	people will add

A verbs

add them to it or to them

Áhát'íinii: /bí ji i O nííł/-> [bíjiinííł]   T'áadoo le'é t'áá ał'ąą sinil nít'ée'go t'ááłáhígóó sinilgo, ájíléehgo éí ła' bíjiinííł.
Verb: to increase it; to add to it; one adds; pool together

T'ááłá'ígo	Naakigo	Táá'dóó Ba'ąą
T'ahdii - imperfective		
bíishnííł	bíi'nííł	bídeii'nííł
bíinííł	bóohnííł	bídadohnííł
yíyiinííł	yíyiinííł	yídeinííł
bíjiinííł	bíjiinííł	bídajiinííł
T'áá íídą́ą́' - perfective		
bíinil	bíi'nil	bídeii'nil
bíininil	bóonil	bídaoonil
yíyiinil	yíyiinil	yídayiinil
bíjiinil	bíjiinil	bídajiinil
T'ahígo - future		
bíideeshnił	bíidii'nił	bídeidii'nił
bíidíínił	bíidoohnił	bídeidoohnił
yíidoonił	yíidoonił	yídeidoonił
bíizhdoonił	bíizhdoonił	bídeizhdoonił

Singular (one person)	Dual Plural (two people)	Distributive Plural (three or more people)
T'ahdii - present		
I add	we add	we add
you add	you add	you add
she/he/it adds	they add	they add
one adds	people add	people add
T'áá íídą́ą́' - past		
I added	we added	we added
you added	you added	you added
she/he/it added	they added	they added
one added	people added	people added
T'ahígo - future		
I will add	we will add	we will add
you will add	you will add	you will add
she/he/it will add	they will add	they will add
one will add	people will add	people will add

afraid, scared of it/them

Áhát'íinii: /bi ná ji l dzid/-> [bééjíldzid] T'áadoo le'é t'óó báhádzidgo bik'ee hoł hóyée'go, éí bééjíldzid wolyé.
Verb: one is afraid of it; to be afraid of it; become afraid of it

T'áałá'ígo	Naakigo	Táá'dóó Ba'ąą
T'ahdii- imperfective		
binásdzid	binéiildzid	béédeiildzid
bééníldzid	bináłdzid	béédaałdzid
yináldzid	yináldzid	yéédaaldzid
bééjíldzid	bééjíldzid	béédajildzid
T'áá íídą́ą́'- perfective		
béésísdzííd	béésiildzííd	béédasiildzííd
béésíníldzííd	béésoołdzííd	béédasoołdzííd
yinásdzííd	yinásdzííd	yéédaasdzííd
bééjísdzííd	bééjísdzííd	béédajisdzííd
T'ahígo - future		
béédeesdzííł	béédiildzííł	béédadiildzííł
béédííldzííł	béédoołdzííł	béédadoołdzííł
yéédooldzííł	yéédooldzííł	yéédadooldzííł
béézhdooldzííł	béézhdooldzííł	béédazhdooldzííł

Singular (one person)	Dual Plural (two people)	Distributive Plural (three or more people)
T'ahdii - present		
I am afraid	we are afraid	we are afraid
you are afraid	you are afraid	you are afraid
she/he/it is afraid	they are afraid	they are afraid
one is afraid	people are afraid	people are afraid
T'áá íídą́ą́' - past		
I became afraid	we became afraid	we became afraid
you became afraid	you became afraid	you became afraid
she/he/it became afraid	they became afraid	they became afraid
one became afraid	people became afraid	people became afraid
T'ahígo - future		
I will become afraid	we will become afraid	we will become afraid
you will become afraid	you will become afraid	you will become afraid
she/he/it will become afraid	they will become afraid	they will become afraid
one will become afraid	people will become afraid	people will become afraid

ambush, sneak upon it

Áhát'íinii: /b aa ni hi ji d ghááh/-> [baa nihijiyeedááh]   T'áadoo le'é baa nijí'néehgo, éí baa nijiyeedáahgo óolyé.
Verb: one sneaks upon; to sneak upon or ambush it

T'áálá'ígo	Naakigo	Táá'dóó Ba'ąą
T'ahdii- imperfective		
baa nihinishdááh	baa nihiniit'aash	baa nihiniikááh
baa nihinídááh	baa nihinoht'aash	baa nihinohkááh
yaa niheedááh	yaa niheet'aash	yaa niheekááh
baa nijiyeedááh	baa nijiyeet'aash	baa nijiyeekááh
T'áá íídą́ą́' - perfective		
baa nihinisdzá	baa nihiniit'áázh	baa nihiniikai
baa nihíínídzá	baa nihinooht'áázh	baa nihinoohkai
yaa niheedzá	yaa niheet'ááh	yaa niheekai
baa nihijiyeedzá	baa nijiyeet'áázh	baa nijiyeekai
T'ahígo - future		
baa nihideeshdááł	baa nihidiit'ash	baa nihidiikah
baa nihidíídááł	baa nihidooht'ash	baa nihidoohkah
yaa nihidoodááł	yaa nihidoot'ash	yaa nihidookah
baa nihizhdoodááł	baa nihizhdoot'ash	baa nihizhdookah

Singular (one person)	Dual Plural (two people)	Distributive Plural (three or more people)
T'ahdii - present		
I sneak up on	we sneak up on	we sneak up on
you sneak up on	you sneak up on	you sneak up on
she/he/it sneaks up on	they sneak up on	they sneak up on
one sneaks up on	people sneak up on	people sneak up on
T'áá íídą́ą́' - past		
I sneaked up on	we sneaked up on	we sneaked up on
you sneaked up on	you sneaked up on	you sneaked up on
she/he/it sneaked up on	they sneaked up on	they sneaked up on
one sneaked up on	people sneaked up on	people sneaked up on
T'ahígo - future		
I will sneak up on	we will sneak up on	we will sneak up on
you will sneak up on	you will sneak up on	you will sneak up on
she/he/it will sneak up on	they will sneak up on	they will sneak up on
one will sneak up on	people will sneak up on	people will sneak up on

angry, mad, upset

Áhát'íinii: /há há chį'/ -> [hááháchį] T'áá yéego doo hoł hóózhǫǫdgóó shį́į́ háháchį' dooleeł.
Verb: one is angry; mad; upset; get mad, angry

T'ááłá'ígo	Naakigo	Táá'dóó Ba'ąą
T'ahdii - neuter		
sháháchį'	niháháchį'	nihádahachį'
náháchį'	niháháchį'	nihádahachį'
báháchį'	báháchį'	bádahachį'
háháchį'	háháchį'	hádahachį'
T'áá íídą́ą́' - past		
sháhóóchįįd	niháhóóchįįd	nihádahóóchįįd
náhóóchįįd	niháhóóchįįd	nihádahóóchįįd
báhóóchįįd	báhóóchįįd	bádahóóchįįd
háhóóchįįd	háhóóchįįd	hádahóóchįįd
T'ahígo - future		
sháhodoochįįł	niháhodoochįįł	nihádahodoochįįł
náhodoochįįł	niháhodoochįįł	nihádahodoochįįł
báhodoochįįł	báhodoochįįł	bádahodoochįįł
háhodoochįįł	háhodoochįįł	hádahodoochįįł

Singular (one person)	Dual Plural (two people)	Distributive Plural (three or more people)
T'ahdii - present		
I am angry	we are angry	we are angry
you are angry	you are angry	you are angry
she/he/it is angry	they are angry	they are angry
one is angry	people are angry	people are angry
T'aáá íídą́ą́' - past		
I was angry	we were angry	we were angry
you were angry	you were angry	you were angry
she/he/it was angry	they were angry	they were angry
one was angry	people were angry	people were angry
T'ahígo - future		
I will be angry	we will be angry	we will be angry
you will be angry	you will be angry	you will be angry
she/he/it will be angry	they will be angry	they will be angry
one will be angry	people will be angry	people will be angry

A verbs

arrive, come, go

Áhátʼíinii: /jí ni O ghááh/ -> [jíghááh] Ínidída aadę́ę́ʼ joogáałgo, éí doodaiʼ háadida nijigháá nítʼééʼgo nááná łahdi náájídzáago éí áadi jíghááh dooleeł.
Verb: to arrive; to come; one arrives

Tʼáałáʼígo	Naakigo	Táá'dóó Ba'ąą
Tʼahdii - imperfective		
nishááh	niitʼaash	niikááh / daniikááh
nínááh	nohʼaash	nohkááh / danohkááh
yíghááh	yíʼaash	yíkááh / deíkááh
jíghááh	jíʼaash	jíkááh / dajíkááh
Tʼáá íídą́ą́ʼ - perfective		
níyá	niitʼáázh	niikai / daniikai
yíníyá	nooʼáázh	noohkai / danoohkai
níyá	níʼáázh	yíkai / deíkai
jiníyá	jiníʼáázh	yíkai / dajíkai
Tʼahígo - future		
deesháał	diitʼash	diikah / dadiikah
díínááł	doohʼash	doohkah / dadoohkah
doogááł	dooʼash	dookah / dadookah
jidoogááł	jidooʼash	jidookah / dazhdookah

Singular (one person)	Dual Plural (two people)	Distributive Plural (three or more people)
Tʼahdii - present		
I arrive	we arrive	we arrive
you arrive	you arrive	you arrive
she/he/it arrives	they arrive	they arrive
one arrives	people arrive	people arrive
Tʼáá íídą́ą́ʼ - past		
I arrived	we arrived	we arrived
you arrived	you arrived	you arrived
she/he/it arrived	they arrived	they arrived
one arrived	people arrived	people arrived
Tʼahígo - future		
I will arrive	we will arrive	we will arrive
you will arrive	you will arrive	you will arrive
she/he/it will arrive	they will arrive	they will arrive
one will arrive	people will arrive	people will arrive

ask, request it

Áhát'íinii: /ji yíní O keed/-> [jókeed] T'áadoo le'é jinízingo, t'áá háíshíí ła'nida shíí bíjóki' éí jókeed wolyé.
Verb: to request; to ask for; one requests it

T'áałá'ígo	Naakigo	Táá'dóó Ba'ąą
T'ahdii - imperfective		
yíníshkeed	yíníikeed	deíníikeed
yíníkeed	yínóhkeed	deínóhkeed
yókeed	yókeed	dayókeed
jókeed	jókeed	dajókeed
T'áá íídą́ą́' - perfective		
yíkeed	yíníikeed	deíníikeed
yíníkeed	yínóokeed	dayínóokeed
yiyííkeed	yiyííkeed	dayííkeed
jííkeed	jííkeed	dajííkeed
T'ahígo - future		
yídéeshkił	yídíikił	deídíikił
yídííkił	yídóohkił	deídóohkił
yídóokił	yídóokił	deídóokił
jíídóokił	jíídóokił	deízhdóokił

Singular	Dual Plural	Distributive Plural
(one person)	(two people)	(three or more people)
T'ahdii - present		
I request	we request	we request
you request	you request	you request
she/he/it requests	they request	they request
one requests	people request	people request
T'áá íídą́ą́' - past		
I requested	we requested	we requested
you requested	you requested	you requested
she/he/it requested	they requested	they requested
one requested	people requested	people requested
T'ahígo - future		
I will request	we will request	we will request
you will request	you will request	you will request
she/he/it will request	they will request	they will request
one will request	people will request	people will request

A verbs

bake alkąąd, bake corn cake

Áhát'íinii: /a ji ł kąąh/ -> [ajiłkąąh]   Alkąąd ájíléehgo, éí ajiłkąąh wolyé, índa kinijildaahgo, ałdó' ajiłkąąh łeh.
Verb: to bake alkąąd; to go through puberty; one bakes corncake

T'áálá'ígo	Naakigo	Táá'dóó Ba'ąą
T'ahdii - imperfective		
ashkąąh	iilkąąh	da'iilkąąh
íłkąąh	ołkąąh	da'ołkąąh
ałkąąh	ałkąąh	da'ałkąąh
ajiłkąąh	ajiłkąąh	da'jiłkąąh
T'áá íídą́ą́' - perfective		
ííłkąąd	iilkąąd	da 'iilkąąd
ííníłkąąd	oołkąąd	da 'oołkąąd
ííłkąąd	ííłkąąd	da 'ííłkąąd
ajííłkąąd	ajííłkąąd	da 'jííłkąąd
T'ahígo - future		
adeeshkąął	adiilkąął	da'diilkąął
adííłkąął	adoołkąął	da'doołkąął
adoołkąął	adoołkąął	da'doołkąął
azhdoołkąął	azhdoołkąął	dazh'doołkąął

Singular (one person)	Dual Plural (two people)	Distributive Plural (three or more people)
T'ahdii - present		
I bake corncake	we bake corncake	we bake corncake
you bake corncake	you bake corncake	you bake corncake
she/he/it bakes corncake	they bake corncake	they bake corncake
one bakes corncake	people bake corncake	people bake corncake
T'áá íídą́ą́' - past		
I baked corncake	we baked corncake	we baked corncake
you baked corncake	you baked corncake	you baked corncake
she/he/it baked corncake	they baked corncake	they baked corncake
one baked corncake	people baked corncake	people baked corncake
T'ahígo - future		
I will bake corncake	we will bake corncake	we will bake corncake
you will bake corncake	you will bake corncake	you will bake corncake
she/he/it will bake corncake	they will bake corncake	they will bake corncake
one will bake corncake	people will bake corncake	people will bake corncake

bake, bake kneel-down bread

Áhátʼíinii: /łe ʻa ji O ʻaah/-> [łeʼjiʼaah]   Naadą́ą́ʼ dootłʼizhí yikʼą́ągo, ditłógí ályaago, éí dáʼátʼąą dootłʼizhí biih daastłééʼgo, nitsidigoʼí ájíléehgo, éí łeʼjiʼaah wolyé.
Verb: one bakes; to bake kneel-down bread

Tʼááłáʼígo	Naakigo	Táá'dóó Baʼą̨
Tʼahdii - imperfective		
łeʼeshʼaah	łeʼiitʼaah	łedaʼiitʼaah
łeʼíʼaah	łeʼohʼaah	łedaʼohʼaah
łeʼeʼaah	łeʼeʼaah	łedaʼaʼaah
łeʼjiʼaah	łeʼjiʼaah	łedaʼjiʼaah
Tʼáá íídą́ą́ʼ - perfective		
łeʼííʼą́	łeʼiitʼą́	łedaʼsiitʼą́
łeʼíínʼą́	łeʼooʼą́	łedaʼsooʼą́
łeʼííʼą́	łeʼííʼą́	łedaʼazʼą́
łeʼjííʼą́	łeʼjííʼą́	łedaʼjizʼą́
Tʼahígo - future		
łeʼdeeshʼááł	łeʼdiitʼááł	łedaʼdiitʼááł
łeʼdííʼááł	łeʼdoohʼááł	łedaʼdoohʼááł
łeʼdooʼááł	łeʼdooʼááł	łedaʼdooʼááł
łezhʼdooʼááł	łezhʼdooʼááł	łedazhʼdooʼaał

Singular (one person)	Dual Plural (two people)	Distributive Plural (three or more people)
Tʼahdii - present		
I bake	we bake	we bake
you bake	you bake	you bake
she/he bakes	they bake	they bake
one bakes	people bake	people bake
Tʼáá íídą́ą́ʼ - past		
I baked	we baked	we baked
you baked	you baked	you baked
she/he baked	they baked	they baked
one baked	people baked	people baked
Tʼahígo - future		
I will bake	we will bake	we will bake
you will bake	you will bake	you will bake
she/he will bake	they will bake	they will bake
one will bake	people will bake	people will bake

bake corn

Áhát'íinii: /łe '(a) ji ł béézh/->[łe'jiłbéézh] Naadą́ą́' nit'į́į́hgo, łeeyi' hadahojiigo' dóó ákóne' ko'go honiigah, áádóó naadą́ą́ bit'ąą' t'áá bił łeeh yi'nił dóó bik'idizhdiłjahgo yibish, éí óolyé łe'jiłbéézh.
Verb: one bakes corn; to bake corn in a pit; to pit-bake

T'áałá'ígo	Naakigo	Táá'dóó Ba'ąą
T'ahdii - imperfective		
łe'eshbéézh	łe'iilbéézh	łeda'iilbéézh
łe'íłbéézh	łe'ołbéézh	łeda'ołbéézh
łe'ałbéézh	łe'ałbéézh	łeda'ałbéézh
łe'jiłbéézh	łe'jiłbéézh	łeda'jiłbéézh
T'áá íídą́ą́'- perfective		
łe'shéłbéézh	łe'shiilbéézh	łeda'shiilbéézh
łe'shíníłbéézh	łe'shoołbéézh	łeda'shoołbéézh
łe'ashbéézh	łe'ashbéézh	łeda'ashbéézh
łe'jishbéézh	łe'jishbéézh	łeda'jishbéézh
T'ahígo - future		
łe'deeshbish	łe'diilbish	łeda'diilbish
łe'díłbish	łe'doołbish	łeda'doołbish
łe'doołbish	łe'doołbish	łeda'doołbish
łezh'doołbish	łezh'doołbish	łedazh'doołbish

Singular (one person)	Dual Plural (two people)	Distributive Plural (three or more people)
T'ahdii - present		
I bake corn	we bake corn	we bake corn
you bake corn	you bake corn	you bake corn
she/he/ bakes corn	they bake corn	they bake corn
one bakes corn	people bake corn	people bake corn
T'áá íídą́ą́ - past		
I baked corn	we baked corn	we baked corn
you baked corn	you baked corn	you baked corn
she/he/ baked corn	they baked corn	they baked corn
one baked corn	people baked corn	people baked corn
T'ahígo - future		
I will bake corn	we will bake corn	we will bake corn
you will bake corn	you will bake corn	you will bake corn
she/he/it will bake corn	they will bake corn	they will bake corn
one will bake corn	people will bake corn	people will bake corn

bandage, bandage it up

Áhát'íinii: /bi k'í ji di O dis/ -> [bik'ízhdídis]   T'áadoo le'é bik'íjiłtihgo, t'áá íiyisíí yéego bił ajiidisgo, éí bik'ízhdídis.
Verb: one wraps; to wrap around; to bandage; to wrap up tightly; to bind

T'ááłá'ígo	Naakigo	Táá'dóó Ba'ąą
T'ahdii- imperfective		
bik'ídísdis	bik'ídiidis	bik'ídadiidis
bik'ídídis	bik'ídóhdis	bik'ídadohdis
yik'íididis	yik'íididis	yik'ídeididis
bik'ízhdídis	bik'ízhdídis	bik'ídazhdidis
T'áá íídą́ą́'- perfective		
bik'ídédiz	bik'ídeediz	bik'ídadeediz
bik'ídínídiz	bik'ísidoodiz	bik'ídasidoodiz
yik'íideezdiz	yik'íideezdiz	yik'ídeideezdiz
bik'ízhdeezdiz	bik'ízhdeezdiz	bik'ídazhdeezdiz
T'ahígo - future		
bik'ídeesdis	bik'ídidiidis	bik'ídadidiidis
bik'ídidíídis	bik'ídidoohdis	bik'ídadidoohdis
yik'íididoodis	yik'íididoodis	yik'ídeididoodis
bik'ízhdidoodis	bik'ízhdidoodis	bik'ídazhdidoodis

Singular (one person)	Dual Plural (two people)	Distributive Plural (three or more people)
T'ahdii - present		
I bandage	we bandage	we bandage
you bandage	you bandage	you bandage
she/he bandages	they bandage	they bandage
one bandages	people bandage	people bandage
T'áá íídą́ą́' - past		
I bandaged	we bandaged	we bandaged
you bandaged	you bandaged	you bandaged
she/he bandaged	they bandaged	they bandaged
one bandaged	people bandaged	people bandaged
T'ahígo - future		
I will bandage	we will bandage	we will bandage
you will bandage	you will bandage	you will bandage
she/he will bandage	they will bandage	they will bandage
one will bandage	people will bandage	people will bandage

bat, bat the ball

Áhát'íinii: /a ji i ø kał/ -> [ajiikał] Jooł bee nida'a'néegi, jooł yikalígíí bee haa halzhishgo, ajiikał.
Verb: to bat; to hit the ball; one bats

T'ááłá'ígo	Naakigo	Táá'dóó Ba'aa
T'ahdii - imperfective		
iishkał	iikał	da'iikał
iikał	oohkał	da'oohkał
iikał	iikał	da'iikał
ajiikał	ajiikał	da'jiikał
T'áá íídą́ą́' - perfective		
asékał	asiikał	da'siikał
asíníkał	asookał	da'sookał
azkał	azkał	da'azkał
ajizkał	ajizkał	da'jizkał
T'ahígo - future		
adeeshkał	adiikał	da'diikał
adíikał	adoohkał	da'doohkał
adookał	adookał	da'dookał
azhdookał	azhdookał	dazh'dookał

Singular (one person)	Dual Plural (two people)	Distributive Plural (three or more people)
T'ahdii - present		
I bat	we bat	we bat
you bat	you bat	you bat
she/he/it bats	they bat	they bat
one bats	people bat	people bat
T'áá íídą́ą́' - past		
I batted	we batted	we batted
you batted	you batted	you batted
she/he/it batted	they batted	they batted
one batted	people batted	people batted
T'ahígo - future		
I will bat	we will bat	we will bat
you will bat	you will bat	you will bat
she/he/it will bat	they will bat	they will bat
one will bat	people will bat	people will bat

be, to be

Áhát'íinii: /a jí O t'é/ -> [ájít'é] Hatah áhoot'éhígíí baa hojilne'go éí kónísht'é jiníigo bééhózin, áko ájít'é baa hojilne. Nishłį́ jiníigo ałdó' ájít'éhígíí óolyé.

Verb: one is; to be in a state of; to be physically well, or not well

T'áałá'ígo	Naakigo	Táá'dóó Ba'ąą
T'ahdii - neuter present		
ánísht'é	aniit'é	ádaniit'é
ánít'é	ánóht'é	ádanoht'é
át'é	át'é	ádaat'é
ájít'é	ájít'é	ádajít'é
T'áá íídą́ą́' - past		
ánísht'éé nít'éé'	aniit'éé nít'éé'	ádaniit'éé nít'éé'
ánít'éé nít'éé'	ánóht'éé nít'éé'	ádanoht'éé nít'éé'
át'éé nít'éé'	át'éé nít'éé'	ádaat'éé nít'éé'
ájít'éé nít'éé'	ájít'éé nít'éé'	ádajít'éé nít'éé'
T'ahígo - future		
ánísht'ee doo	aniit'ee doo	ádaniit'ee doo
ánít'ee doo	ánóht'ee doo	ádanoht'ee doo
át'ee doo	át'ee doo	ádaat'ee doo
ájít'ee doo	ájít'ee doo	ádajít'ee doo

Singular (one person)	Dual Plural (two people)	Distributive Plural (three or more people)
T'ahdii - present		
I am	we are	we are
you are	you are	you are
she/he/it is	they are	they are
one is	people are	people are
T'áá íídą́ą́' - past		
I was	we were	we were
you were	you were	you were
she/he/it was	they were	they were
one was	people were	people were
T'ahígo - future		
I will be	we will be	we will be
you will be	you will be	you will be
she/he/it will be	they will be	they will be
one will be	people will be	people will be

B verbs

be, to become

Áhát'íinii: /ji O lį́/ -> [jílį́]   T'áá jizį́į́ nít'éé' bee ájít'éii shį́į́, dóó ázhdóone'é, dóó hanaanish ájósinii, éí jílį́į́ łeh.
Verb: to be; to be of a certain clan; to be a certain professional person; become

T'ááłá'ígo	Naakigo	Táá'dóó Ba'ąą
T'ahdii - neuter imperfective		
nishłį́	niidlį́	daniidlį́
nílį́	nohłį́	danohłį́
nilį́	nilį́	danilį́
jílį́	jílį́	dajílį́
T'ahdii - neuter perfective		
sélį́į́'	siidlį́į́'	dasiidlį́į́'
sínílį́į́'	soolį́į́'	dasoolį́į́'
silį́į́'	silį́į́'	dazlį́į́'
jizlį́į́'	jizlį́į́'	dajizlį́į́'
T'ahígo - future		
deeshłeeł	diidleeł	dadiidleeł
dííleeł	doohleeł	dadoołeeł
dooleeł	dooleeł	dadooleeł
jidooleeł	jidooleeł	dazhdooleeł

Singular (one person)	Dual Plural (two people)	Distributive Plural (three or more people)
T'ahdii - present		
I am	we are	we are
you are	you are	you are
she/he/it is	they are	they are
one is	people are	people are
T'áá íídą́ą́' - past		
I was	we were	we become
you were	you were	you become
she/he/it was	they were	they become
one was	people were	people become
T'ahígo - future		
I will be	we will be	we will become
you will be	you will be	you will become
she/he/it will be	they will be	they will become
one will be	people will be	people will become

beg, implore

Áhát'íinii: /ní a ji yi d kaah/-> [ní'jookaah]   Ła'nida " t'áá shoodí " bijiníigo, éí ni'jookaahgo, azhdi-dooniił. T'áá shoodí awéé'.
Verb: to beg; to implore; one begs

T'ááłá'ígo	Naakigo	Táá'dóó Ba'aa
T'ahdii - imperfective		
ná'ooshkaah	ná'iikaah	nída'iikaah
ná'iinikaah	ná'oohkaah	nída'oohkaah
ná'ookaah	ná'ookaah	nída'ookaah
ní'jookaah	ní'jookaah	nída'jookaah
T'áá íídą́ą́' - perfective		
ná'iisiskan	ná'iisiikan	nída'iisiikan
ná'iisíníkan	ná'iisookan	nída'iisookan
ná'ooskan	ná'ooskan	nída'ooskan
ní'jooskan	ní'jooskan	nída'jooskan
T'ahígo - future		
ná'iideeshkaał	ná'iidiikaał	nída'iidiikaał
ná'iidííkaał	ná'iidoohkaał	nída'iidoohkaał
ná'iidookaał	ná'iidookaał	nída'iidookaał
ná'iizhdookaał	ná'iizhdookaał	nída'iizhdookaał

Singular (one person)	Dual Plural (two people)	Distributive Plural (three or more people)
T'ahdii - present		
I beg	we beg	we beg
you beg	you beg	you beg
she/he/it begs	they beg	they beg
one begs	people beg	people beg
T'áá íídą́ą́' - past		
I begged	we begged	we begged
you begged	you begged	you begged
she/he/it begged	they begged	they begged
one begged	people begged	people begged
T'ahígo - future		
I will beg	we will beg	we will beg
you will beg	you will beg	you will beg
she/he/it will beg	they will beg	they will beg
one will beg	people will beg	people will beg

beg, implore, request, hire

Áhát'íinii: /ji yini O ką̄ąh/ -> [jookąąh] Ła'nida hataałii shik'i nahodíłłaał bijiníigo, éí jookąąhgo hak'i nahałaah.
Verb: beg, implore, request, hire a medicineman

T'áálá'ígo	Naakigo	Táá'dóó Ba'ąą
T'ahdii - imperfective		
wooshkąąh	yiikąąh	deiniikąąh
yiníkąąh	yinohkąąh	deinohkąąh
yookąąh	yookąąh	dayookąąh
jookąąh	jookąąh	dajookąąh
T'áá íídą́ą́' - perfective		
yisékan	yisiikan	deisiikan
yisíníkan	yisookan	deisookan
yoozkan	yoozkan	dayoozkan
joozkan	joozkan	dajoozkan
T'ahígo - future		
yideeshkąął	yidiikąął	deidiikąął
yidííkąął	yidoohkąął	deidoohkąął
yidookąął	yidookąął	deidookąął
yizhdookąął	yizhdookąął	deizhdookąął

Singular	Dual Plural	Distributive Plural
(one person)	(two people)	(three or more people)
T'ahdii - present		
I hire	we hire	we hire
you hire	you hire	you hire
she/he/it hires	they hire	they hire
one hires	people hire	people hire
T'áá íídą́ą́' - past		
I hired	we hired	we hired
you hired	you hired	you hired
she/he/it hired	they hired	they hired
one hired	people hired	people hired
T'ahígo - future		
I will hire	we will hire	we will hire
you will hire	you will hire	you will hire
she/he/it will hire	they will hire	they will hire
one will hire	people will hire	people will hire

believe, be a believer, have faith

Áhát'íinii: /a ji yini d dlá/-> [ajoodlá]   T'áadoo le'é ts'ídá t'áá aaníí át'é jinízingo, łahda doo hoł bééhózin da nidi, áko éí ajoodlą́.
Verb: one believes; to believe in a story; to have faith

T'ááłá'ígo	Naakigo	Táá'dóó Ba'ąą
T'ahdii- imperfective		
ooshdlą́	iiniidlą́	da'iiniidlą́
iinídlą́	oohdlą́	da'iinohdlą́
oodlą́	oodlą́	da'oodlą́
ajoodlą́	ajoodlą́	da'joodlą́
T'áá íídą́ą́'- perfective		
iisisdlą́ą́d	iisiidlą́ą́d	da'iisiidlą́ą́d
iisínídlą́ą́d	iisoohdlą́ą́d	da'iisoohdlą́ą́d
oosdlą́ą́d	oosdlą́ą́d	da'oosdlą́ą́d
ajoosdlą́ą́d	ajoosdlą́ą́d	da'joosdlą́ą́d
T'ahígo - future		
iideeshdlą́ął	iidiidlą́ął	da'iidiidlą́ął
iidíídlą́ął	iidoohdlą́ął	da'iidoohdlą́ął
iidoodlą́ął	iidoodlą́ął	da'iidoodlą́ął
iizhdoodlą́ął	iizhdoodlą́ął	da'iizhdoodlą́ął

Singular (one person)	Dual Plural (two people)	Distributive Plural (three or more people)
T'ahdii - present		
I believe	we believe	we believe
you believe	you believe	you believe
she/he/it believes	they believe	they believe
one believes	people believe	people believe
T'áá íídą́ą́' - past		
I believed	we believed	we believed
you believed	you believed	you believed
she/he/it believed	they believed	they believed
one believed	people believed	people believed
T'ahígo - future		
I will believe	we will believe	we will believe
you will believe	you will believe	you will believe
she/he/it will believe	they will believe	they will believe
one will believe	people will believe	people will believe

believe it, have faith in it

Áhát'íinii: /ji yini -> oo d dlá́/-> [joodlá́]   T'áadoo le'é t'áá aaníí át'é dóó t'áá aaníí áhá'ní jinízingo éí joodláá̧ łeh.
Verb: one believes; to believe in it

T'áálá'ígo	Naakigo	Táá'dóó Ba'a̧a̧
T'ahdii- imperfective		
wooshdlá́	yiniidlá́	deiniidlá́
yinidlá́	yinohdlá́	deinohdlá́
yoodlá́	yoodlá́	dayoodlá́
joodlá́	joodlá́	dajoodlá́
T'áá íídą́ą́'- perfective		
yisisdlą́ą́d	yisiidlą́ą́d	deisiidlą́ą́d
yisínídlą́ą́d	yisoohdlą́ą́d	deisoohdlą́ą́d
yoosdlą́ą́d	yoosdlą́ą́d	dayoosdlą́ą́d
joosdlą́ą́d	joosdlą́ą́d	dajoosdlą́ą́d
T'ahígo - future		
yideeshdlą́ą́ł	yidiidlą́ą́ł	deidiidlą́ą́ł
yidíídlą́ą́ł	yidoohdlą́ą́ł	deidoohdlą́ą́ł
yidoodlą́ą́ł	yidoodlą́ą́ł	deidoodlą́ą́ł
jidoodlą́ą́ł	jiidoodlą́ą́ł	dajiidoodlą́ą́ł

Singular (one person)	Dual Plural (two people)	Distributive Plural (three or more people)
T'ahdii - present		
I believe	we believe	we believe
you believe	you believe	you believe
she/he/it believes	they believe	they believe
one believes	people believe	people believe
T'áá íídą́ą́' - past		
I believed	we believed	we believed
you believed	you believed	you believed
she/he/it believed	they believed	they believed
one believed	people believed	people believed
T'ahígo - future		
I will believe	we will believe	we will believe
you will believe	you will believe	you will believe
she/he/it will believe	they will believe	they will believe
one will believe	people will believe	people will believe

bite and hold onto it

Áhát'íinii: /ji i O tsah/-> [jiitsah] T'áadoo le'é hawoo' bee jiiłtso'go, áádóó bee'ótsagí ałdó' bee jiiłtso'go, jiitsahgo át'é.
Verb: bite; to grab it with the teeth or beak or with a pair of pliers

T'ááła'ígo	Naakigo	Táá'dóó Ba'ąą
T'ahdii - imperfective		
yiistsah	yiitsah	deiitsah
yiitsah	woohtsah	daoohtsah
yiyiitsah	yiyiitsah	dayiitsah
jiitsah	jiitsah	dajiitsah
T'áá íídą́ą́' - perfective		
sétsah	siitsah	dasiitsah
sínítsah	sootsah	dasootsah
yiztsah	yiztsah	deiztsah
jiztsah	jiztsah	dajiztsah
T'ahígo - future		
deestsah	diitsah	dadiitsah
díítsah	doohtsah	dadoohtsah
yidootsah	yidootsah	deidootsah
jidootsah	jidootsah	dazhdootsah

Singular (one person)	Dual Plural (two people)	Distributive Plural (three or more people)
T'ahdii - present		
I grab	we grab	we grab
you grab	you grab	you grab
she/he/it grabs	they grab	they grab
one grabs	people grab	people grab
T'áá íídą́ą́' - past		
I grabbed	we grabbed	we grabbed
you grabbed	you grabbed	you grabbed
she/he/it grabbed	they grabbed	they grabbed
one grabbed	people grabbed	people grabbed
T'ahígo - future		
I will grab	we will grab	we will grab
you will grab	you will grab	you will grab
she/he/it will grab	they will grab	they will grab
one will grab	people will grab	people will grab

bite it

Áhát'íinii:/ji i ł hash/-> [jiiłhash]   T'áadoo le'é hazajiléehgo, hawoo' bee jitsaahgo, jiiłhash wolyé.
Verb: to bite it; one bites

T'ááłá'ígo	Naakigo	Táá'dóó Ba'ąą
T'ahdii - imperfective		
yiishxash	yiilghash	deiilghash
yiiłhash	woołhash	daoołhash
yiyiiłhash	yiyiiłhash	dayiiłhash
jiiłhash	jiiłhash	dajiiłhash
T'áá íídą́ą́' - perfective		
shéłhash	shiilghash	dashiilghash
shíníłhash	shoołhash	dashoołhash
yishhash	yishhash	deishhash
jishxash	jishxash	dajishxash
T'ahígo - future		
deeshhash	diilghash	dadiilghash
dííłhash	doołhash	dadoołhash
yidoołhash	yidoołhash	deidoołhash
jidoołhash	jidoołhash	dazhdoołhash

Singular (one person)	Dual Plural (two people)	Distributive Plural (three or more people)
T'ahdii - present		
I bite it	we bite it	we bite it
you bite it	you bite it	you bite it
she/he/it bites it	they bite it	they bite it
one bites it	people bite it	people bite it
T'áá íídą́ą́' - past		
I bit it	we bit it	we bit it
you bit it	you bit it	you bit it
she/he/it bit it	they bit it	they bit it
one bit it	people bit it	people bit it
T'ahígo - future		
I will bite it	we will bite it	we will bite it
you will bite it	you will bite it	you will bite it
she/he/it will bite it	they will bite it	they will bite it
one will bite it	people will bite it	people will bite it

blacken, blackening ceremony

Áhát'íinii: /a ji ni O t'eesh/-> [azhnit'eesh] Hóchǫ'íjí shihodiiłt'i' sha'shin jinízingo, hak'i nahaghaah, éí áájí nahagháago, t'áá jizíí nít'éé' nídiidlííd bee ho'diilzhį́į́h, éí ákót'éego, azhnit'eeshgo, hak'i nahaghaah.
Verb: one blackens; to perform a blackening ceremony (anit'eesh)

T'áałá'ígo	Naakigo	Táá'dóó Ba'ąą
T'ahdii - imperfective		
anisht'eesh	aniit'eesh	da'niit'eesh
anít'eesh	anoht'eesh	da'noht'eesh
anit'eesh	anit'eesh	da'nit'eesh
azhnit'eesh	azhnit'eesh	dazh'nit'eesh
T'áá íídą́ą́' - perfective		
anét'éézh	aneet'éézh	da'neet'éézh
anínít'éézh	anoot'éézh	da'noot'éézh
aneezht'éézh	aneezht'éézh	da'neezht'éézh
azhneezht'éézh	azhneezht'éézh	dazh'neezht'éézh
T'ahígo - future		
adínéesht'ish	adíníit'ish	dadí'níit'ish
adíníít'ish	adínóoht'ish	dadí'nóoht'ish
adínóot'ish	adínóot'ish	dadí'nóot'ish
azhdínóot'ish	azhdínóot'ish	dazhdí'nóot'ish

Singular (one person)	Dual Plural (two people)	Distributive Plural (three or more people)
T'ahdii - present		
I blacken	we blacken	we blacken
you blacken	you blacken	you blacken
she/he/it blackens	they blacken	they blacken
one blackens	people blacken	people blacken
T'áá íídą́ą́' - past		
I blackened	we blackened	we blackened
you blackened	you blackened	you blackened
she/he/it blackened	they blackened	they blackened
one blackened	people blackened	people blackened
T'ahígo - future		
I will blacken	we will blacken	we will blacken
you will blacken	you will blacken	you will blacken
she/he/it will blacken	they will blacken	they will blacken
one will blacken	people will blacken	people will blacken

blame, blame it on him/her

Áhát'íinii:/bi k'i ho ji di yi O 'aah/-> [bik'ihozhdii'aah]   Ła'nida kódzaa jiníigo ak'íhát'ááh hojiłeehgo, éí bik'íhozhdii'aah wolyé.
Verb: one blames him; to blame it on him/her/it

T'áálá'ígo	Naakigo	Táá'dóó Ba'ąą
T'ahdii - imperfective		
bik'ihodiish'aah	bik'ihodiit'aah	bik'idahodiit'aah
bik'ihodii'aah	bik'ihodooh'aah	bik'idahodooh'aah
yik'ihodii'aah	yik'ihodii'aah	yik'idahodii'aah
bik'ihozhdii'aah	bik'ihozhdii'aah	bik'idahozhdii'aah
T'áá íídą́ą́' - perfective		
bik'ihodii'ą́	bik'ihodiit'ą́	bik'idahodiit'ą́
bik'ihodini'ą́	bik'ihodoo'ą́	bik'idahodoo'ą́
yik'ihodii'ą́	yik'ihodii'ą́	yik'idahodii'ą́
bik'ihozhdii'ą́	bik'ihozhdii'ą́	bik'idahozhdii'ą́
T'ahígo - future		
bik'ihodideesh'ááł	bik'ihodidiit'ááł	bik'idahodidiit'ááł
bik'ihodidíí'ááł	bik'ihodidooh'ááł	bik'idahodidooh'ááł
yik'ihodidoo'ááł	yik'ihodidoo'ááł	yik'idahodidoo'ááł
bik'ihozhdidoo'ááł	bik'ihozhdidoo'ááł	bik'idahozhdidoo'ááł

Singular (one person)	Dual Plural (two people)	Distributive Plural (three or more people)
T'ahdii - present		
I blame him	we blame him	we blame him
you blame him	you blame him	you blame him
she/he/it blames him	they blame him	they blame him
one blames him	people blame him	people blame him
T'áá íídą́ą́' - past		
I blamed him	we blamed him	we blamed him
you blamed him	you blamed him	you blamed him
she/he/it blamed him	they blamed him	they blamed him
one blamed him	people blamed him	people blamed him
T'ahígo - future		
I will blame him	we will blame him	we will blame him
you will blame him	you will blame him	you will blame him
she/he/it will blame him	they will blame him	they will blame him
one will blame him	people will blame him	people will blame him

bleach, lighten

Áhát'íinii: /ní a ji i ł gááh/ -> [ní'jiiłgááh] Béésh łigaii yiijį́įh, éí bee łizhinígíí nahjį' kójíléehgo, éí ní'jiiłgááh łeh.

Verb: to whiten; to bleach; untarnish metal

T'áałá'ígo	Naakigo	Táá'dóó Ba'ąą
T'ahdii - imperfective		
ná'iishgááh	ná'iilgááh	nída'iilgááh
ná'iiłgááh	ná'oołgááh	nída'oołgááh
ná'iiłgááh	ná'iiłgááh	nída'iiłgááh
ní'jiiłgááh	ní'jiiłgááh	nída'jiiłgááh
T'áá íídą́ą́' - perfective		
ná'iiłgaii	ná'iiłgaii	nída'iiłgaii
ná'iinilgaii	ná'oołgaii	nída'oołgaii
ná'iiłgaii	ná'iiłgaii	nída'iiłgaii
ní'jiiłgaii	ní'jiiłgaii	nída'jiiłgaii
T'ahígo - future		
ná'iideeshgah	ná'iidiilgah	nída'iidiilgah
ná'iidíiłgah	ná'iidoołgah	nída'iidoołgah
ná'iidoołgah	ná'iidoołgah	nída'iidoołgah
ná'iizhdoołgah	ná'iizhdoołgah	nída'iizhdoołgah

Singular (one person)	Dual Plural (two people)	Distributive Plural (three or more people)
T'ahdii - present		
I whiten	we whiten	we whiten
you whiten	you whiten	you whiten
she/he/it whitens	they whiten	they whiten
one whitens	people whiten	people whiten
T'áá íídą́ą́' - past		
I whitened	we whitened	we whitened
you whitened	you whitened	you whitened
she/he/it whitened	they whitened	they whitened
one whitened	people whitened	people whitened
T'ahígo - future		
I will whiten	we will whiten	we will whiten
you will whiten	you will whiten	you will whiten
she/he/it will whiten	they will whiten	they will whiten
one will whiten	people will whiten	people will whiten

blow into it

Áhát'íinii:/b ii' a ji ł zooł/-> [bii'jisooł] T'áadoo le'é bii' hool'áago, azis nahalingo, níłch'i bii' hazhdiłbingo, éí bii'jisooł wolyé.
Verb: to blow up a balloon; to fill it with air; one blows into it

T'áałá'ígo	Naakigo	Táá'dóó Ba'aa
T'ahdii - imperfective		
bii' assooł	bii' iilzooł	bii' da'iilzooł
bii' ísooł	bii' ohsooł	bii' da'ohsooł
yii' asooł	yii' asooł	yii' da'asooł
bii' jisooł	bii' jisooł	bii' da'jisooł
T'áá íídą́ą́' - perfective		
bii' íísol	bii' iilzol	bii' da'siilzol
bii' íínísol	bii' oosol	bii' da'soosol
yii' íísol	yii' íísol	yii' da'asol
bii' jíísol	bii' jíísol	bii' da'jisol
T'ahígo - future		
bii' deessoł	bii' diilzoł	bii' da'diilzoł
bii' díísoł	bii' doosoł	bii' da'doosoł
yii' doosoł	yii' doosoł	yii' da'doosoł
biizh'doosoł	biizh'doozoł	bii' dazh'doosoł

Singular (one person)	Dual Plural (two people)	Distributive Plural (three or more people)
T'ahdii - present		
I blow it up	we blow it up	we blow it up
you blow it up	you blow it up	you blow it up
she/he/it blows it up	they blow it up	they blow it up
one blows it up	people blow it up	people blow it up
T'áá íídą́ą́' - past		
I blew it up	we blew it up	we blew it up
you blew it up	you blew it up	you blew it up
she/he/it blew it up	they blew it up	they blew it up
one blew it up	people blew it up	people blew it up
T'ahígo - future		
I will blow it up	we will blow it up	we will blow it up
you will blow it up	you will blow it up	you will blow it up
she/he/it will blow it up	they will blow it up	they will blow it up
one will blow it up	people will blow it up	people will blow it up

blow on it

Áhát'íinii: /ji ł zoł/ -> [jisoł]   Hayol bee jóyoołgo, hayol bee bizhnítch'igo, éí jisoł wolyé.
Verb: to blow; one blows

T'áálá'ígo	Naakigo	Táá'dóó Ba'ąą
T'ahdii - imperfective		
yissoł	yiilzoł	deiilzoł
nisoł	wohsoł	daasoł
yisoł	yisoł	deisoł
jisoł	jisoł	dajisoł
T'áá íídą́ą́' - perfective		
sésoł	siilzoł	dasiilzoł
sínísoł	soosoł	dasoolsoł
yisoł	yisoł	deisoł
jisoł	jisoł	dajisoł
T'ahígo - future		
deessoł	diilzoł	dadiilzoł
díísoł	doosoł	dadoosoł
yidoosoł	yidoosoł	deidoosoł
jidoosoł	jidoosoł	dazhdoosoł

Singular (one person)	Dual Plural (two people)	Distributive Plural (three or more people)
T'ahdii - present		
I blow	we blow	we blow
you blow	you blow	you blow
she/he/it blows	they blow	they blow
one blows	people blow	people blow
T'áá íídą́ą́' - past		
I blew	we blew	we blew
you blew	you blew	you blew
she/he/it blew	they blew	they blew
one blew	people blew	people blew
T'ahígo - future		
I will blow	we will blow	we will blow
you will blow	you will blow	you will blow
she/he/it will blow	they will blow	they will blow
one will blow	people will blow	people will blow

boil it

Áhát'íinii: /ji ł béézh/ -> [jiłbéézh] Tó jiniiłgah dóó hanilwosh, éí tó jiłbéézh wolyé.
Verb: one boils; to boil it

T'áálá'ígo	Naakigo	Táá'dóó Ba'ąą
T'ahdii - imperfective		
yishbéézh	yiilbéézh	deiilbéézh
niłbéézh	wołbéézh	daałbéézh
yiłbéézh	yiłbéézh	deiłbéézh
jiłbéézh	jiłbéézh	dajiłbéézh
T'áá íídą́ą́' - perfective		
shéłbéézh	shiilbéézh	dashiilbéézh
shíníłbéézh	shoołbéézh	dashoołbéézh
yishbéézh	yishbéézh	deishbéézh
jishbéézh	jishbéézh	dajishbéézh
T'ahígo - future		
deeshbish	diilbish	dadiilbish
dííłbish	doołbish	dadoołbish
yidoołbish	yidoołbish	deidoołbish
jidoołbish	jidoołbish	dazhdoołbish

Singular (one person)	Dual Plural (two people)	Distributive Plural (three or more people)
T'ahdii - present		
I boil it	we boil it	we boil it
you boil it	you boil it	you boil it
she/he/it boils it	they boil it	they boil it
one boils it	people boil it	people boil it
T'áá íídą́ą́' - past		
I boiled it	we boiled it	we boiled it
you boiled it	you boiled it	you boiled it
she/he/it boiled it	they boiled it	they boiled it
one boiled it	people boiled it	people boiled it
T'ahígo - future		
I will boil it	we will boil it	we will boil it
you will boil it	you will boil it	you will boil it
she/he/it will boil it	they will boil it	they will boil it
one will boil it	people will boil it	people will boil it

braid it (hair, rope)

Áhátʼíinii: /ji O bizh jibizh/-> [jibizh] Tsiighá hashtʼedeeshłííł jinízingo ałtsʼádajiniłgo, tááʼgo ałtaʼa-jinííłgo tłʼóół nahalingo nítʼiʼgo ájiiłʼį́įh, éí jibizh wolyé.
Verb: one braids; to braid

Tʼááłáʼígo	Naakigo	Táádóó Baʼąą
Tʼahdii - imperfective		
yishbizh	yiibizh	deiibizh
nibizh	wohbizh	daahbizh
yibizh	yibizh	deibizh
jibizh	jibizh	dajibizh
Tʼáá íídą́ą́ - perfective		
shébizh	shiibizh	dashiibizh
shíníbizh	shoobizh	dashoobizh
yizhbizh	yizhbizh	deizhbizh
jizhbizh	jizhbizh	dajizhbizh
Tʼahígo - future		
deeshbish	diibish	dadiibish
dííbish	doohbish	dadoohbish
yidoobish	yidoobish	deidoobish
jidoobish	jidoobish	dazhdoobish

Singular (one person)	Dual Plural (two people)	Distributive Plural (three or more people)
Tʼahdii - present		
I braid it	we braid it	we braid it
you braid it	you braid it	you braid it
she/he braids it	they braid it	they braid it
one braids it	people braid it	people braid it
Tʼáá íídą́ą́ʼ - past		
I braided it	we braided it	we braided it
you braided it	you braided it	you braided it
she/he braided it	they braided it	they braided it
one braided it	people braided it	people braided it
Tʼahígo - future		
I will braid it	we will braid it	we will braid it
you will braid it	you will braid it	you will braid it
she/he will braid it	they will braid it	they will braid it
one will braid it	people will braid it	people will braid it

break an object

Áhát'íinii: /ji i ł ts'ił/ -> [jiiłts'ił] T'áadoo le'é nitł'iz nidi wóts'iłígi át'éego nijiłniihgo jiiłts'ił.
Verb: one breaks; to break a hard object; break fragile objects

T'áałá'ígo	Naakigo	Táá'dóó Ba'ąą
T'ahdii - imperfective		
yiists'ił	yiiłts'ił	deiilts'ił
yiiłts'ił	woołts'ił	daoołts'ił
yiyiiłts'ił	yiyiiłts'ił	dayiiłts'ił
jiiłts'ił	jiiłts'ił	dajiiłts'ił
T'áá íídą́ą́' - perfective		
séłts'il	siiłts'il	dasiilts'il
síníłts'il	soołts'il	dasoołts'il
yists'il	yists'il	deists'il
jists'il	jists'il	dajists'il
T'ahígo - future		
deests'ił	diilts'ił	dadiilts'ił
díiłts'ił	doołts'ił	dadoołts'ił
yidoołts'ił	yidoołts'ił	deidoołts'ił
jidoołts'ił	jidoołts'ił	dazhdoołts'ił

Singular (one person)	Dual Plural (two people)	Distributive Plural (three or more people)
T'ahdii - present		
I break it	we break it	we break it
you break it	you break it	you break it
she/he/it breaks it	they break it	they break it
one breaks it	people break it	people break it
T'áá íídą́ą́' - past		
I broke it	we broke it	we broke it
you broke it	you broke it	you broke it
she/he/it broke it	they broke it	they broke it
one broke it	people broke it	people broke it
T'ahígo - future		
I will break it	we will break it	we will break it
you will break it	you will break it	you will break it
she/he/it will break it	they will break it	they will break it
one will break it	people will break it	people will break it

break, break it in half

Áhát'íinii: /ał ts'á ji O tííh/ -> [ałts'ájítííh] T'áadoo le'é nitł'izgo, aházhdíłdiłgo, éí ałts'ájítííh dooleeł.
Verb: one breaks it in half; to snap it in half; to break bread

T'áałá'ígo	Naakigo	Táá'dóó Ba'ąą
T'ahdii - imperfective		
ałts'áníshtííh	ałts'ániitííh	ałts'ádaniitííh
ałts'ánítííh	ałts'ánóhtííh	ałts'ádanohtííh
ałts'éítííh	ałts'éítííh	ałts'ádeítííh
ałts'ájítííh	ałts'ájítííh	ałts'ádajítííh
T'áá íídą́ą́' - perfective		
ałts'áníti'	ałts'ániiti'	ałts'ádaniiti'
ałts'éíníti'	ałts'ánooti'	ałts'ádanooti'
ałts'éiníti'	ałts'éiníti'	ałts'ádeizti'
ałts'ázhníti'	ałts'ázhníti'	ałts'ádajizti'
T'ahígo - future		
ałts'ádeeshtih	ałts'ádiitih	ałts'ádadiitih
ałts'ádíítih	ałts'ádoohtih	ałts'ádadoohtih
ałts'éidootih	ałts'éidootih	ałts'ádeidootih
ałts'ázhdootih	ałts'ázhdootih	ałts'ádazhdootih

Singular (one person)	Dual Plural (two people)	Distributive Plural (three or more people)
T'ahdii - present		
I snap it in half	we snap it in half	we snap it in half
you snap it in half	you snap it in half	you snap it in half
she/he/it snaps it in half	they snap it in half	they snap it in half
one snaps it in half	people snap it in half	people snap it in half
T'áá íídą́ą́' - past		
I snapped it in half	we snapped it in half	we snapped it in half
you snapped it in half	you snapped it in half	you snapped it in half
she/he/it snapped it in half	they snapped it in half	they snapped it in half
one snapped it in half	people snapped it in half	people snapped it in half
T'ahígo - future		
I will snap it in half	we will snap it in half	we will snap it in half
you will snap it in half	you will snap it in half	you will snap it in half
she/he/it will snap it in half	they will snap it in half	they will snap it in half
one will snap it in half	people will snap it in half	people will snap it in half

break it

Áhát'íinii: /k'í ji O tííh/ -> [k'íjítííh] T'áadoo le'é tsin nahalingo nitł'izígíí aházhdiłdiłgo k'íjítííh łeh.
Verb: to break a stiff slender object; to break (the law)

T'ááłá'ígo	Naakigo	Táá'dóó Ba'ąą
T'ahdii - imperfective		
k'íníshtííh	k'íniitííh	k'ídaniitííh
k'ínítííh	k'ínóhtííh	k'ídanohtííh
k'íítííh	k'íítííh	k'ídeítííh
k'íjítííh	k'íjítííh	k'ídajítííh
T'áá íídą́ą́' - perfective		
k'ínítí'	k'íniiti'	k'ídaniiti'
k'ííníti'	k'ínooti'	k'ídanooti'
k'ííníti'	k'ííníti'	k'ídeizti'
k'ízhníti'	k'ízhníti'	k'ídajizti'
T'ahígo - future		
k'ídeeshtih	k'ídiitih	k'ídadiitih
k'ídíítih	k'ídoohtih	k'ídadoohtih
k'íidootih	k'íidootih	k'ídeidootih
k'ízhdootih	k'ízhdootih	k'ídazhdootih

Singular (one person)	Dual Plural (two people)	Distributive Plural (three or more people)
T'ahdii - present		
I break	we break	we break
you break	you break	you break
she/he/it breaks	they break	they break
one breaks	people break	people break
T'áá íídą́ą́' - past		
I broke	we broke	we broke
you broke	you broke	you broke
she/he/it broke	they broke	they broke
one broke	people broke	people broke
T'ahígo - future		
I will break	we will break	we will break
you will break	you will break	you will break
she/he/it will break	they will break	they will break
one will break	people will break	people will break

break it, a rope, a string

Áhát'íinii: /k'í ji O níísh/-> [k'íjíníísh] T'áadoo le'é t'áá tł'óół (nidahalin) danílínígíí yéego jiiłdǫǫhgo ahádoodlał, ahájiłdla'go, éí k'íjíníishgo k'édla'.
Verb: to break a string or rope-like object; one breaks a line

T'ááłá'ígo	Naakigo	Táá'dóó Ba'ąą
T'ahdii - imperfective		
k'íníshníísh	k'ínii'níísh	k'ídanii'níísh
k'ínínííísh	k'ínóhníísh	k'ídanohníísh
k'íínííísh	k'íínííísh	k'ídeínííísh
k'íjínííísh	k'íjínííísh	k'ídajínííísh
T'áá íídą́ą́' - perfective		
k'ínínizh	k'ínii'nizh	k'ídashii'nizh
k'íínínizh	k'ínoonizh	k'ídashoonizh
k'íínínizh	k'íínínizh	k'ídeizhnizh
k'ízhnínizh	k'ízhnínizh	k'ídajizhnizh
T'ahígo - future		
k'ídeeshnish	k'ídii'nish	k'ídadii'nish
k'ídíínish	k'ídoohnish	k'ídadoohnish
k'íidoonish	k'íidoonish	k'ídeidoonish
k'ízhdoonish	k'ízhdoonish	k'ídazhdoonish

Singular (one person)	Dual Plural (two people)	Distributive Plural (three or more people)
T'ahdii - present		
I break it	we break it	we break it
you break it	you break it	you break it
she/he/it breaks it	they break it	they break it
one breaks it	people break it	people break it
T'áá íídą́ą́' - past		
I broke it	we broke it	we broke it
you broke it	you broke it	you broke it
she/he/it broke it	they broke it	they broke it
one broke it	people broke it	people broke it
T'ahígo - future		
I will break it	we will break it	we will break it
you will break it	you will break it	you will break it
she/he/it will break it	they will break it	they will break it
one will break it	people will break it	people will break it

bridle a horse

Áhát'íinii: /bi za 'a ji ł t'ééh/ -> [biza'jiłt'ééh] Łį́į́' jiiłtso'go, bee naadlo'ígíí ájíléehgo, azáát'i'í bá ájíléehgo, éí biza'jiłt'ééh wolyé.
Verb: one bridles; to bridle a horse

T'áálá'ígo	Naakigo	Táá'dóó Ba'ąą
T'ahdii - imperfective		
biza'asht'ééh	biza'iilt'ééh	bizada'iilt'ééh
biza'iłt'ééh	biza'ołt'ééh	bizada'ołt'ééh
yiza'ałt'ééh	yiza'ałt'ééh	yizada'ałt'ééh
biza'jiłt'ééh	biza'jiłt'ééh	bizada'jiłt'ééh
T'áá íídą́ą́' - perfective		
biza'ííłt'i'	biza'iilt'i'	bizada'siilt'i'
biza'íínıłt'i'	biza'oołt'i'	bizada'soołt'i'
yiza'ííłt'i'	yiza'ííłt'i'	yizada'ast'i'
biza'jííłt'i'	biza'jííłt'i'	bizada'jist'i'
T'ahígo - future		
biza'deesht'ih	biza'diilt'ih	bizada'diilt'ih
biza'dííłt'ih	biza'doołt'ih	bizada'doołt'ih
yiza'doołt'ih	yiza'doołt'ih	yizada'doołt'ih
bizazh'doołt'ih	bizazh'doołt'ih	bizadazh'doołt'ih

Singular (one person)	Dual Plural (two people)	Distributive Plural (three or more people)
T'ahdii - present		
I bridle it	we bridle it	we bridle it
you bridle it	you bridle it	you bridle it
she/he/it bridles it	they bridle it	they bridle it
one bridles it	people bridle it	people bridle it
T'áá íídą́ą́' - past		
I bridled it	we bridled it	we bridled it
you bridled it	you bridled it	you bridled it
she/he/it bridled it	they bridled it	they bridled it
one bridled it	people bridled it	people bridled it
T'ahígo - future		
I will bridle it	we will bridle it	we will bridle it
you will bridle it	you will bridle it	you will bridle it
she/he/it will bridle it	they will bridle it	they will bridle it
one will bridle it	people will bridle it	people will bridle it

brush, saw, sand it

Áhát'íinii: /ji O ch'iish/-> [jich'iish] T'áadoo lé'é chin bąąhgo nahjį' kódeeshłííł jinízingo éí tsin bee, índa t'áá bee daach'iish biniyé hólónígíí bee jich'iishgo nahjį' kójiił'įįh.
Verb: one scours; to scour it; to brush one's teeth; to sand off; to saw

T'ááłá'ígo	Naakigo	Táá'dóó Ba'ąą
T'ahdii - imperfective		
yishch'iish	yiich'iish	deiich'iish
nich'iish	wohch'iish	daahch'iish
yich'iish	yich'iish	deich'iish
jich'iish	jich'iish	dajich'iish
T'áá íídą́ą́- perfective		
yích'iizh	yiich'iizh	deiich'iizh
yíních'iizh	wooch'iizh	daooch'iizh
yiyíích'iizh	yiyíích'iizh	dayíích'iizh

Verb: one saws off; to saw it off

T'ááłá'ígo	Naakigo	Táá'dóó Ba'ąą
T'ahdii - imperfective		
k'ínishch'iish	k'íniich'iish	k'ídaniich'iish
k'ínich'iish	k'ínohch'iish	k'ídanohch'iish
k'íích'iish	k'íích'iish	k'ídeích'iish
k'íjích'iish	k'íjích'iish	k'ídajích'iish
T'áá íídą́ą́'- perfective		
k'ínich'iizh	k'íniich'iizh	k'ídashiich'iizh
k'íínich'iizh	k'ínooch'iizh	k'ídashooch'iizh
k'íínich'iizh	k'íínich'iizh	k'ídeizhch'iizh
k'ízhnich'iizh	k'ízhnich'iizh	k'ídajizhch'iizh
T'ahígo - future		
k'ídeeshch'ish	k'ídiich'ish	k'ídadiich'ish
k'ídíích'ish	k'ídoohch'ish	k'ídadoohch'ish
k'íidooch'ish	k'íidooch'ish	k'ídeidooch'ish
k'ízhdooch'ish	k'ízhdooch'ish	k'ídazhdooch'ish

continued on next page

brush, saw, sand it *continued*

Singular (one person)	Dual Plural (two people)	Distributive Plural (three or more people)
T'ahdii - present I saw it off you saw it off she/he saws it off one saws it off	we saw it off you saw it off they saw it off people saw it off	we saw it off you saw it off they saw it off people saw it off
T'aa iidaa'- past I sawed it off you sawed it off she/he sawed it off one sawed it off	we sawed it off you sawed it off they sawed it off people sawed it off	we sawed it off you sawed it off they sawed it off people sawed it off
T'ahigo - future I will saw it off you will saw it off she/he will saw it off one will saw it off	we will saw it off you will saw it off they will saw it off people will saw it off	we will saw it off you will saw it off they will saw it off people will saw it off

butcher, butcher a sheep

Áhát'íinii: /ní 'a ji ł 'ah/ -> [ní'jił'ah] Dibé dóó béégashii dóó naaldlooshii bikágí bik'ijiłgishgo óolyé ní'jił'ah

Verb: one butchers; to butcher an indefinite animal

T'ááłá'ígo	Naakigo	Táá'dóó Ba'ąą
T'ahdii - imperfective		
ná'ásh'ah	ná'iil'ah	nída'iil'ah
ná'íł'ah	ná'ół'ah	nída'oł'ah
ná'áł'ah	ná'áł'ah	nída'ał'ah
ní'jił'ah	ní'jił'ah	nída'jił'ah
T'áá íídą́ą́' - perfective		
ní'séł'ah	ní'siil'ah	nída'siil'ah
ní'síníł'ah	ní'sooł'ah	nída'soołah
ná'ás'ah	ná'ás'ah	nída'as'ah
ní'jís'ah	ní'jís'ah	nída'jis'ah
T'ahígo - future		
ní'deesh'ah	ní'diil'ah	nída'diil'ah
ní'dííł'ah	ní'dooł'ah	nída'dooł'ah
ní'dooł'ah	ní'dooł'ah	nída'dooł'ah
nízh'dooł'ah	nízh'dooł'ah	nídazh'dooł'ah

Singular (one person)	Dual Plural (two people)	Distributive Plural (three or more people)
T'ahdii - present		
I butcher	we butcher	we butcher
you butcher	you butcher	you butcher
she/he butchers	they butcher	they butcher
one butchers	people butcher	people butcher
T'áá íídą́ą́' - past		
I butchered	we butchered	we butchered
you butchered	you butchered	you butchered
she/he butchered	they butchered	they butchered
one butchered	people butchered	people butchered
T'ahígo - future		
I will butcher	we will butcher	we will butcher
you will butcher	you will butcher	you will butcher
she/he/it will butcher	they will butcher	they will butcher
one will butcher	people will butcher	people will butcher

cards, cards wool

Áhát'íinii: /ha ji '(a) ni ł chaad/ -> [hazh'niłchaad]   Aghaa' jiigis dóó náltsihgo, bee ha'nilchaadí bikáa'gi nijiłjoł dóó hazhniłcha', éí óolyé hazh 'niłchaad.
Verb: one cards; cards wool

T'áałá'ígo	Naakigo	Táá'dóó Ba'ąą
T'ahdii- imperfective		
ha'nishchaad	ha'niilchaad	hada'niilchaad
ha'niłchaad	ha'nołchaad	hada'nołchaad
ha'niłchaad	ha'niłchaad	hada'niłchaad
hazh'niłchaad	hazh'niłchaad	hadazh'niłchaad
T'áá íídą́ą́'- perfective		
ha'nííłchaad	ha'niilchaad	hada'niilchaad
ha'nííníłchaad	ha'noołchaad	hada'noołchaad
ha'nííłchaad	ha'nííłchaad	hada'neeshchaad
hazh'nííłchaad	hazh'nííłchaad	hadazh'neeshchaad
T'ahígo - future		
hadí'néeshchał	hadí'níilchał	hadadí'níilchał
hadí'nííłchał	hadí'nóołchał	hadadí'nóołchał
hadí'nóołchał	hadí'nóołchał	hadadí'nóołchał
hazhdí'nóołchał	hazhdí'nóołchał	hadazhdí'nóołchał

Singular (one person)	Dual Plural (two people)	Distributive Plural (three or more people)
T'ahdii - present		
I card	we card	we card
you card	you card	you card
she/he cards	they card	they card
one cards	people card	people card
T'áá íídą́ą́' - past		
I carded	we carded	we carded
you carded	you carded	you carded
she/he carded	they carded	they carded
one carded	people carded	people carded
T'ahígo - future		
I will card	we will card	we will card
you will card	you will card	you will card
she/he will card	they will card	they will card
one will card	people will card	people will card

carry it along (a load, burden)

Áhát'íinii: /ni aa ji O yeeh/ -> [jooyééł]   T'áá hó da, hachidí da bee t'áadoo le'é, hééł nidaazígíí bíyah joogáałgo, éí jooyééł wolyé.
Verb: one is carrying; to be carrying a load; to be carrying a bundle; to be hauling a heavy load

T'ááłá'ígo	Naakigo	Táá'dóó Ba'ąą
T'ahdii - progressive		
yishhééł	yiigééł	deíníigeeh
yíyééł	wohhééł	deínóhheeh
yooyééł	yooyééł	deíyeeh
jooyééł	jooyééł	dajíyeeh
T'áá íídą́ą́' - perfective		
níyí	niigí	daniigí
yíníyí	nooyí	danooyí
yiníyí	yiníyí	deizyí
jiníyí	jiníyí	dazhníyí
T'ahígo - future		
deeshxééł	diigééł	dadiigééł
díyééł	doohxééł	dadoohxééł
yidooyééł	yidooyééł	deidooyééł
jidooyééł	jidooyééł	dazhdooyééł

Singular (one person)	Dual Plural (two people)	Distributive Plural (three or more people)
T'ahdii - present		
I am carrying it along	we are carrying it along	we are carrying it along
you are carrying it along	you are carrying it along	you are carrying it along
she/he/it is carrying it along	they are carrying it along	they are carrying it along
one is carrying it along	people are carrying it along	people are carrying it along
T'áá íídą́ą́' - past		
I carried it along	we carried it along	we carried it along
you carried it along	you carried it along	you carried it along
she/he/it carried it along	they carried it along	they carried it along
one carried it along	people carried it along	people carried it along
T'ahígo - future		
I will carry it along	we will carry it along	we will carry it along
you will carry it along	you will carry it along	you will carry it along
she/he/it will carry it along	they will carry it along	they will carry it along
one will carry it along	people will carry it along	people will carry it along

carry it around (a bulky object)

Áhát'íinii: /ni ji O 'á/->[niji'á]   T'áadoo le'é t'áá si'ą́ągo bee wójíhígíí, éí niji'áa dooleeł.
Verb: one carries it around; to carry around a roundish object; to possess an object

T'ááłá'ígo	Naakigo	Táá'dóó Ba'ąą
T'ahdii - imperfective		
naash'á	neiit'á	nideiit'á
nani'á	naah'á	nidaah'á
nei'á	nei'á	nidei'á
niji'á	niji'á	nidaji'á
T'áá íídą́ą́' - perfective		
nisé'ą	nisiit'ą	nidasiit'ą
nisíní'ą	nisoo'ą	nidasoo'ą
neiz'ą	neiz'ą	nideiz'ą
nijiz'ą	nijiz'ą	nidajiz'ą
T'ahígo - future		
nideesh'aał	nidiit'aał	nidadiit'aał
nidíí'aał	nidooh'aał	nidadooh'aał
neidoo'aał	neidoo'aał	nideidoo'aał
nizhdoo'aał	nizhdoo'aał	nidazhdoo'aał

Singular (one person)	Dual Plural (two people)	Distributive Plural (three or more people)
T'ahdii - present		
I carry it around	we carry it around	we carry it around
you carry it around	you carry it around	you carry it around
she/he/it carries it around	they carry it around	they carry it around
one carries it around	people carry it around	people carry it around
T'áá íídą́ą́' - past		
I carried it around	we carried it around	we carried it around
you carried it around	you carried it around	you carried it around
she/he/it carried it around	they carried it around	they carried it around
one carried it around	people carried it around	people carried it around
T'ahígo - future		
I will carry it around	we will carry it around	we will carry it around
you will carry it around	you will carry it around	you will carry it around
she/he/it will carry it around	they will carry it around	they will carry it aroud
one will carry it around	people will carry it around	people will carry it around

carry it out

Áhát'íinii: /ch'í jí O 'aah/ -> [ch'íjí'aah]   T'áadoo le'é wóne'di nít'éego, tł'óo'di át'éego ájíléehgo, éí ch'íjí'aah wolyé.
Verb: one carries it out; to carry out a roundish object

T'ááłá'ígo	Naakigo	Táá'dóó Ba'ąą
T'ahdii - imperfective		
ch'ínísh'aah	ch'íniit'aah	ch'ídaniit'aah
ch'íní'aah	ch'ínóh'aah	ch'ídanoh'aah
ch'íí'aah	ch'íí'aah	ch'ídeí'aah
ch'íjí'aah	ch'íjí'aah	ch'ídají'aah
T'áá íídą́ą́' - perfective		
ch'íní'ą	ch'íniit'ą	ch'ídaniit'ą
ch'ííní'ą	ch'ínoo'ą	ch'ídanoo'ą
ch'íiní'ą	ch'íiní'ą	ch'ídeiz'ą
ch'ízhní'ą	ch'ízhní'ą	ch'ídajiz'ą
T'ahígo - future		
ch'ídeesh'ááł	ch'ídiit'ááł	ch'ídadiit'ááł
ch'ídíí'ááł	ch'ídooh'ááł	ch'ídadooh'ááł
ch'íidoo'ááł	ch'íidoo'ááł	ch'ídeidoo'ááł
ch'ízhdoo'ááł	ch'ízhdoo'ááł	ch'ídazhdoo'aał

Singular (one person)	Dual Plural (two people)	Distributive Plural (three or more people)
T'ahdii - present		
I carry it out	we carry it out	we carry it out
you carry it out	you carry it out	you carry it out
she/he/it carries it out	they carry it out	they carry it out
one carries it out	people carry it out	people carry it out
T'áá íídą́ą́' - past		
I carried it out	we carried it out	we carried it out
you carried it out	you carried it out	you carried it out
she/he/it carried it out	they carried it out	they carried it out
one carried it out	people carried it out	people carried it out
T'ahígo - future		
I will carry it out	we will carry it out	we will carry it out
you will carry it out	you will carry it out	you will carry it out
she/he/it will carry it out	they will carry it out	they will carry it out
one will carry it out	people will carry it out	people will carry it out

carry, take out a bulky object

Áhát'íinii: /ha 'a ji 'aah/ -> [ha'ji'aah]   T'áadoo le'é wóyahdi si'ą́ą́ nít'éego, wódahdi nijí'aahgo, ha'ji'aah
Verb: one takes out; to take out a roundish object (as a lump of meat from stew)

T'áálá'ígo	Naakigo	Táá'dóó Ba'ąą
T'ahdii - imperfective		
ha'ash'aah	ha'iit'aah	hada'iit'aah
ha'í'aah	ha'oh'aah	hada'oh'aah
ha'a'aah	ha'a'aah	hada'a'aah
ha'ji'aah	ha'ji'aah	hada'ji'aah
T'áá íídą́ą́' - perfective		
ha'íí'ą	ha'iit'ą	hada'iit'ą
ha'ííní'ą	ha'oo'ą	hada'oo'ą
ha'íí'ą	ha'íí'ą	hada'az'ą
ha'jíí'ą	ha'jíí'ą	hada'jiz'ą
T'ahígo - future		
ha'deesh'ą́ą́ł	ha'diit'ą́ą́ł	hada'diit'ą́ą́ł
ha'díí'ą́ą́ł	ha'dooh'ą́ą́ł	hada'dooh'ą́ą́ł
ha'doo'ą́ą́ł	ha'doo'ą́ą́ł	hada'doo'ą́ą́ł
hazh'doo'ą́ą́ł	hazh'doo'ą́ą́ł	hadazhdoo'ą́ą́ł

Singular (one person)	Dual Plural (two people)	Distributive Plural (three or more people)
T'ahdii - present		
I take out	we take out	we take out
you take out	you take out	you take out
she/he/it takes out	they take out	they take out
one takes out	people take out	people take out
T'áá íídą́ą́' - past		
I took out	we took out	we took out
you took out	you took out	you took out
she/he/it took out	they took out	they took out
one took out	people took out	people took out
T'ahígo - future		
I will take out	we will take out	we will take out
you will take out	you will take out	you will take out
she/he/it will take out	they will take out	they will take out
one will take out	people will take out	people will take out

catch, catches it

Áhát'íinii: /bił ji di O deeł/ -> [bił jidideeł] T'áadoo lé'é bíkázhdichi' dóó jiisiłgo bił jidiideeł wolyé.
Verb: one catches; to catch an animate or inanimate object

T'áałá'ígo	Naakigo	Táá'dóó Ba'ąą
T'ahdii- imperfective		
bił dishdeeł	bił diideeł	bił dadiideeł
bił dideeł	bił dohdeeł	bił dadohdeeł
yił dideeł	yił dideeł	yił dadideeł
bił jidideeł	bił jidideeł	bił dazhdideeł
T'áá íídą́ą́'- perfective		
bił dédéél	bił deedéél	bił dadeedéél
bił dínídéél	bił doodéél	bił dadoodéél
yił deezdéél	yił deezdéél	yił dadeezdéél
bił jideezdéél	bił jideezdéél	bił dazdeezdéél
T'ahígo - future		
bił dideeshdił	bił didiidił	bił dadidiidił
bił dídíídił	bił didoohdił	bił dadidoohdił
yił didoodił	yił didoodił	yił dadidoodił
bił dizhdoodił	bił dizhdoodił	bił dazhdidoodił

Singular (one person)	Dual Plural (two people)	Distributive Plural (three or more people)
T'ahdii - present		
I catch it	we catch it	we catch it
you catch it	you catch it	you catch it
she/he/it catches it	they catch it	they catch it
one catches it	people catch it	people catch it
T'áá íídą́ą́' - past		
I caught it	we caught it	we caught it
you caught it	you caught it	you caught it
she/he/it caught it	they caught it	they caught it
one caught it	people caught it	people caught it
T'ahígo - future		
I will catch it	we will catch it	we will catch it
you will catch it	you will catch it	you will catch it
she/he/it will catch it	they will catch it	they will catch it
one will catch it	people will catch it	people will catch it

catch it (a cold, disease)

Áhát'íinii: /ho di l nééh/-> [hodilnééh]   Doo haah téeh da nít'ée'go, tah doo hats'íid ła'ida bits'áádóó hwee haleehgo, éí hodilnééhgo bee wójí.
Verb: to catch a communicable or contagious disease; catch a cold

T'áálá'ígo	Naakigo	Táá'dóó Ba'aa
T'ahdii - imperfective		
shidilnééh	nihidilnééh	nihidadilnééh
nidilnééh	nihidilnééh	nihidadilnééh
bidilnééh	bidilnééh	bidadilnééh
hodilnééh	hodilnééh	hodadilnééh
T'áá íídą́ą́' - perfective		
shidoolna'	nihidoolna'	nihidadoolna'
nidoolna'	nihidoolna'	nihidadoolna'
bidoolna'	bidoolna'	bidadoolna'
hodoolna'	hodoolna'	hodadoolna'
T'ahígo - future		
shididoolnah	nihididoolnah	nihidadidoolnah
nididoolnah	nihididoolnah	nihidadidoolnah
bididoolnah	bididoolnah	bidadidoolnah
hodidoolnah	hodidoolnah	hodadidoolnah

Singular (one person)	Dual Plural (two people)	Distributive Plural (three or more people)
T'ahdii - present		
I catch it	we catch it	we catch it
you catch it	you catch it	you catch it
she/he/it catches it	they catch it	they catch it
one catches it	people catch it	people catch it
T'áá íídą́ą́' - past		
I caught it	we caught it	we caught it
you caught it	you caught it	you caught it
she/he/it caught it	they caught it	they caught it
one caught it	people caught it	people caught it
T'ahígo - future		
I will catch it	we will catch it	we will catch it
you will catch it	you will catch it	you will catch it
she/he/it will catch it	they will catch it	they will catch it
one will catch it	people will catch it	people will catch it

chases, runs after it

Áhát'íinii: /na ji ni ł ché/ -> [nazhniłché] T'áadoo le'é hats'ąą nidzit'igo, bikéé' naaníjoolwołgo, éí nazhniłché wolyé.
Verb: one chases; to chase; to run after

T'áálá'ígo	Naakigo	Táá'dóó Ba'ąą
T'ahdii - imperfective		
nanishché	naniilché	nidaniilché
naniłché	nanołché	nidanołché
neiniłché	neiniłché	nideiniłché
nazhniłché	nazhniłché	nidazhniłché
T'áá íídą́ą́' - perfective		
nanéłchą́ą́'	naneelchą́ą́'	nidaneelchą́ą́'
naníníłchą́ą́'	nanoołchą́ą́'	nidashinoołchą́ą́'
neineeshchą́ą́'	neineeshchą́ą́'	nideineeshchą́ą́'
nazhneeshchą́ą́'	nazhneeshchą́ą́'	nidazhneeshchą́ą́'
T'ahígo - future		
nidínéeshcheeł	nidíníilcheeł	nidadíníilcheeł
nidíníłcheeł	nidínóołcheeł	nidadínóołcheeł
neidínóołcheeł	neidínóołcheeł	nideidínóołcheeł
nizhdínóołcheeł	nizhdínóołcheeł	nidazhdínóołcheeł

Singular (one person)	Dual Plural (two people)	Distributive Plural (three or more people)
T'ahdii - present		
I chase it	we chase it	we chase it
you chase it	you chase it	you chase it
she/he/it chases it	they chase it	they chase it
one chases it	people chase it	people chase it
T'áá íídą́ą́' - past		
I chased it	we chased it	we chased it
you chased it	you chased it	you chased it
she/he/it chased it	they chased it	they chased it
one chased it	people chased it	people chased it
T'ahígo - future		
I will chase it	we will chase it	we will chase it
you will chase it	you will chase it	you will chase it
she/he/it will chase it	they will chase it	they will chase it
one will chase it	people will chase it	people will chase it

C verbs

chase them (animals)

Áhát'íinii: /h aa na O jeeh/-> [haa naajeeh]   Naaldlooshii bikéé' naaníjoolwołgo, díkwíigo da, naanáájahgo, éí haa naajeeh.
Verb: to chase plural animate objects; pursue them

T'áálá'ígo	Naakigo	Táá'dóó Ba'aa̧
T'ahdii - imperfective		
shaa naajeeh	nihaa naajeeh	nihaa nidaajeeh
naa naajeeh	nihaa naajeeh	nihaa nidaajeeh
baa naajeeh	baa naajeeh	baa nidaajeeh
haa naajeeh	haa naajeeh	haa nidaajeeh
T'áá íídáá̧' - perfective		
shaa naazhjéé'	nihaa naazhjéé'	nihaa nidaazhjéé'
naa naazhjéé'	nihaa naazhjéé'	nihaa nidaazhjéé'
baa naazhjéé'	baa naazhjéé'	baa nidaazhjéé'
haa naazhjéé'	haa naazhjéé'	haa nidaazhjéé'
T'ahígo - future		
shaa nidoojah	nihaa nidoojah	nihaa nidadoojah
naa nidoojah	nihaa nidoojah	nihaa nidadoojah
baa nidoojah	baa nidoojah	baa nidadoojah
haa nidoojah	haa nidoojah	haa nidadoojah

Singular (one person)	Dual Plural (two people)	Distributive Plural (three or more people)
T'ahdii - present		
I chase them	we chase them	we chase them
you chase them	you chase them	you chase them
she/he/it chases them	they chase them	they chase them
one chases them	people chase them	people chase them
T'áá íídáá̧' - past		
I chased them	we chased them	we chased them
you chased them	you chased them	you chased them
she/he/it chased them	they chased them	they chased them
one chased them	people chased them	people chased them
T'ahígo - future		
I will chase them	we will chase them	we will chase them
you will chase them	you will chase them	you will chase them
she/he/it will chase them	they will chase them	they will chase them
one will chase them	people will chase them	people will chase them

cheat, defraud, swindle him/her

Áhát'íinii: /bi na a ji O lo'/ -> [bini'jilo']   T'áadoo le'é ats'ąą nazhnił'ingo, bee ti'jiyoołnííh biniyé, éí óolyé ła'nida bini'jilo'.
Verb: to cheat; to be tricky; to defraud; to swindle; one cheats

T'áałá'ígo	Naakigo	Táá'dóó Ba'ąą
T'ahdii - imperfective		
bina'ashło'	bina'iidlo'	binida'iidlo'
bina'íło'	bina'ohło'	binida'ohło'
yina'alo'	yina'alo'	yinida'alo'
bini'jilo'	bini'jilo'	binida'jilo'
T'áá íídą́ą́' - perfective		
bini'sélo'	bini'siidlo'	binida'siidlo'
bini'sínílo'	bini'soolo'	binida'soolo'
yina'azlo'	yina'azlo'	yinida'azlo'
bini'jizlo'	bini'jizlo'	binida'jizlo'
T'ahígo - future		
bini'deeshłoh	bini'diidloh	binida'diidloh
bini'dííloh	bini'doołoh	binida'doołoh
yini'dooloh	yini'dooloh	yinida'dooloh
binizh'dooloh	binizh'dooloh	binidazh'dooloh

Singular	Dual Plural	Distributive Plural
(one person)	(two people)	(three or more people)
T'ahdii - present		
I cheat him/her	we cheat him/her	we cheat him/her
you cheat him/her	you cheat him/her	you cheat him/her
she/he/it cheats him/her	they cheat him/her	they cheat him/her
one cheats him/her	people cheat him/her	people cheat him/her
T'áá íídą́ą́' - past		
I cheated him/her	we cheated him/her	we cheated him/her
you cheated him/her	you cheated him/her	you cheated him/her
she/he/it cheated him/her	they cheated him/her	they cheated him/her
one cheated him/her	people cheated him/her	people cheated him/her
T'ahígo - future		
I will cheat him/her	we will cheat him/her	we will cheat him/her
you will cheat him/her	you will cheat him/her	you will cheat him/her
she/he/it will cheat him/her	they will cheat him/her	they will cheat him/her
one will cheat him/her	people will cheat him/her	people will cheat him/her

chew, chew hard food objects

Áhát'íinii: /ji O 'aał/ -> [ji O 'aa]   T'áadoo le'é nitł'izígíí jiyáągo éí ji'aał wolyé.
Verb: one chews; to chew hard foods, objects

T'áałá'ígo	Naakigo	Táá'dóó Ba'ąą
T'ahdii - imperfective		
yish'aał	yiit'aał	deiit'aał
ni'aał	woh'aał	daah'aał
yi'aał	yi'aał	dei'aał
ji'aał	ji'aał	daji'aał
T'áá íídą́ą́' - perfective		
yí'aal	yiit'aal	deiit'aal
yíní'aal	woo'aal	daoo'aal
yiyíí'aal	yiyíí'aal	dayíí'aal
jíí'aal	jíí'aal	dajíí'aal
T'ahígo - future		
deesh'ał	diit'ał	dadiit'ał
díí'ał	dooh'ał	dadooh'ał
yidoo'ał	yidoo'ał	deidoo'ał
jidoo'ał	jidoo'ał	dazhdoo'ał

Singular (one person)	Dual Plural (two people)	Distributive Plural (three or more people)
T'ahdii - present		
I chew it	we chew it	we chew it
you chew it	you chew it	you chew it
she/he/it chews it	they chew it	they chew it
one chews it	people chew it	people chew it
T'áá íídą́ą́' - past		
I chewed it	we chewed it	we chewed it
you chewed it	you chewed it	you chewed it
she/he/it chewed it	they chewed it	they chewed it
one chewed it	people chewed it	people chewed it
T'ahígo - future		
I will chew it	we will chew it	we will chew it
you will chew it	you will chew it	you will chew it
she/he/it will chew it	they will chew it	they will chew it
one will chew it	people will chew it	people will chew it

chop, chop in half

Áhát'íinii: /ał ts'á ji ł ne'/ -> [ałts'ájíłne'] Tsénił bee, índá tsé bee t'áadoo le'é nízhdiiłniihgo ahánídah, éí ałts'ájíłne' wolyé.
Verb: to chop it in half; to chop it in two

T'áałá'ígo	Naakigo	Táá'dóó Ba'ąą
T'ahdii - imperfective		
ałts'áníshne'	ałts'ániilne'	ałts'ádaniilne'
ałts'áníłne'	ałts'ánołne'	ałts'ádanołne'
ałts'éíłne'	ałts'éíłne'	ałts'ádeíłne'
ałts'ájíłne'	ałts'ájíłne'	ałts'ádajíłne'
T'áá íídą́ą́' - perfective		
ałts'áníłne'	ałts'ániilne'	ałts'ádaniilne'
ałts'éíníłne'	ałts'ánoołne'	ałts'ádanoołne'
ałts'éíníłne'	ałts'éíníłne'	ałts'ádeisne'
ałts'ájiníłne'	ałts'ájiníłne'	ałts'ádajisne'
T'ahígo - future		
ałts'ádeeshniił	ałts'ádiilniił	ałts'ádadiilniił
ałts'ádííłniił	ałts'ádoołniił	ałts'ádadoołniił
ałts'éidoołniił	ałts'éidoołniił	ałts'ádeidoołniił
ałts'ázhdoołniił	ałts'ázhdoołniił	ałts'ádazhdoołniił

Singular (one person)	Dual Plural (two people)	Distributive Plural (three or more people)
T'ahdii - present		
I chop it in half	we chop it in half	we chop it in half
you chop it in half	you chop it in half	you chop it in half
she/he/it chops it in half	they chop it in half	they chop it in half
one chops it in half	people chop it in half	people chop it in half
T'áá íídą́ą́' - past		
I chopped it in half	we chopped it in half	we chopped it in half
you chopped it in half	you chopped it in half	you chopped it in half
she/he/it chopped it in half	they chopped it in half	they chopped it in half
one chopped it in half	people chopped it in half	people chopped it in half
T'ahígo - future		
I will chop it in half	we will chop it in half	we will chop it in half
you will chop it in half	you will chop it in half	you will chop it in half
she/he/it will chop it in half	they will chop it in half	they will chop it in half
one will chop it in half	people will chop it in half	people will chop it in half

clap, clap hands together

Áhát'íinii: /a hí jí ø kad/-> [ahíjíkad]   T'áadoo le'é baahojiniihgo éí hála' bee ahíjiika', éí t'áadoo le'é bá ahíjíkad dooleel.T'áa doole'é hołnilį́įgo bá ahídajikadgo ál'į́.
Verb: to clap hands; one claps

T'áałá'ígo	Naakigo	Táá'dóó Ba'ąą
T'ahdii - imperfective		
ahéshkad	ahíikad	ahídeiikad
ahíníkad	ahéhkad	ahídaahkad
ahékad	ahékad	ahídaakad
ahíjíkad	ahíjíkad	ahídajikad
T'áá íídą́ą́' - perfective		
ahísékad	ahísiikad	ahídasiikad
ahísíníkad	ahísookad	ahídasookad
ahézkad	ahézkad	ahídaazkad
ahíjízkad	ahíjízkad	ahídajizkad
T'ahígo - future		
ahídeeshkał	ahídiikał	ahídadiikał
ahídííkał	ahídoohkał	ahídadoohkał
ahídookał	ahídookał	ahídadookał
ahízhdookał	ahízhdookał	ahídazhdookał

Singular (one person)	Dual Plural (two people)	Distributive Plural (three or more people)
T'ahdii - present		
I clap	we clap	we clap
you clap	you clap	you clap
she/he/it claps	they clap	they clap
one claps	people clap	people clap
T'áá íídą́ą́' - past		
I clapped	we clapped	we clapped
you clapped	you clapped	you clapped
she/he/it clapped	they clapped	they clapped
one clapped	people clapped	people clapped
T'ahígo - future		
I will clap	we will clap	we will clap
you will clap	you will clap	you will clap
she/he/it will clap	they will clap	they will clap
one will clap	people will clap	people will clap

climb up onto it, crawl up onto it, mount it

Áhát'íinii: /bi káá ha ji d nééh/ -> [bikáá' haji'nééh] T'áadoo le'é wódahdigo, áaji' hadeesháał jinízingo, éí łahda bikáá' haji'nééh wolyé.
Verb: to climb up onto; to crawl up on

T'áałá'ígo	Naakigo	Táá'dóó Ba'ąą
T'ahdii - imperfective		
bikáá' haash'nééh	bikáá' haii'nééh	bikáá' hadeii'nééh
bikáá' hani'nééh	bikáá' haah'nééh	bikáá' hadaah'nééh
yikáá' haa'nééh	yikáá' haa'nééh	yikáá' hadaa'nééh
bikáá' haji'nééh	bikáá' haji'nééh	bikáá' hadaji'nééh
T'áá íídą́ą́' - perfective		
bikáá' hasis'na'	bikáá' hasii'na'	bikáá' hadasii'na'
bikáá' hasíní'na'	bikáá' hasooh'na'	bikáá' hadasooh'na'
yikáá' haas'na'	yikáá' haas'na'	yikáá' hadaas'na'
bikáá' hajis'na'	bikáá' hajis'na'	bikáá' hadajis'na'
T'ahígo - future		
bikáá' hadeesh'nah	bikáá' hadii'nah	bikáá' hadadii'nah
bikáá' hadíí'nah	bikáá' hadooh'nah	bikáá' hadadooh'nah
yikáá' hadoo'nah	yikáá' hadoo'nah	yikáá' hadadoo'nah
bikáá' hazhdoo'nah	bikáá' hazhdoo'nah	bikáá' hadazhdoo'nah

Singular (one person)	Dual Plural (two people)	Distributive Plural (three or more people)
T'ahdii - present		
I climb	we climb	we climb
you climb	you climb	you climb
she/he/it climbs	they climb	they climb
one climbs	people climb	people climb
T'áá íídą́ą́' - past		
I climbed	we climbed	we climbed
you climbed	you climbed	you climbed
she/he/it climbed	they climbed	they climbed
one climbed	people climbed	people climbed
T'ahígo - future		
I will climb	we will climb	we will climb
you will climb	you will climb	you will climb
she/he/it will climb	they will climb	they will climb
one will climb	people will climb	people will climb

climb it, climb up on it

Áhát'íinii: /b aah ha ji d nééh/ -> [baah haji'nééh]   T'áadoo le'é wóhdahdigo, ákódei hadeeshááł jinízingo, baah haji'néehgo, áají' hajighááh.
Verb: to climb up on it; climb a tree

T'ááłá'ígo	Naakigo	Táá'dóó Ba'aa
T'ahdii - imperfective		
baah hashish'nééh	baah haii'nééh	baah hadeii'nééh
baah hasí'nééh	baah haah'nééh	baah hadaah'nééh
yaah haa'nééh	yaah haa'nééh	yaah hadaa'nééh
baah haji'nééh	baah haji'nééh	baah hadaji'nééh
T'áá íídą́ą́' - perfective		
baah hasis'na'	baah hasii'na'	baah hadasii'na'
baah hasíní'na'	baah hasooh'na'	baah hadasooh'na'
yaah haas'na'	yaah haas'na'	yaah hadaas'na'
baah hajis'na'	baah hajis'na'	baah hadajis'na'
T'ahígo - future		
baah hadeesh'nah	baah hadii'nah	baah hadadii'nah
baah hadíí'nah	baah hadooh'nah	baah hadadooh'nah
yaah hadoo'nah	yaah hadoo'nah	yaah hadadoo'nah
baah hazhdoo'nah	baah hazhdoo'nah	baah hadazhdoo'nah

Singular	Dual Plural	Distributive Plural
(one person)	(two people)	(three or more people)
T'ahdii - present		
I climb	we climb	we climb
you climb	you climb	you climb
she/he/it climbs	they climb	they climb
one climbs	people climb	people climb
T'áá íídą́ą́' - past		
I climbed	we climbed	we climbed
you climbed	you climbed	you climbed
she/he/it climbed	they climbed	they climbed
one climbed	people climbed	people climbed
T'ahígo - future		
I will climb	we will climb	we will climb
you will climb	you will climb	you will climb
she/he/it will climb	they will climb	they will climb
one will climb	people will climb	people will climb

comb, brush it, shell it

Áhát'íinii: /ji ł zhóóh/ -> [jishóóh] Tsiighá ałtaaneesdizgo, bé'ézhóó' bee hasht'ééjídléehgo, éí jishóóh dooleeł.
Verb: one combs; to comb out tangles; to shell corn; to brush

T'ááłá'ígo	Naakigo	Táá'dóó Ba'ąą
T'ahdii - imperfective		
yishóóh	yiilzhóóh	deiilzhóóh
nishóóh	woshóóh	daashóóh
yishóóh	yishóóh	deishóóh
jishóóh	jishóóh	dajishóóh
T'áá íídą́ą́' - perfective		
yíshóó'	yiilzhóó'	deiilzhóó'
yínishóó'	wooshóó'	daooshóó'
yiyíishóó'	yiyíishóó'	dayíishóó'
jíishóó'	jíishóó'	dajíishóó'
T'ahígo - future		
deeshshoh	diilzhoh	dadiilzhoh
díishoh	dooshoh	dadooshoh
yidooshoh	yidooshoh	deidooshoh
jidooshoh	jidooshoh	dazhdooshoh

Singular (one person)	Dual Plural (two people)	Distributive Plural (three or more people)
T'ahdii - present		
I comb	we comb	we comb
you comb	you comb	you comb
she/he/it combs	they comb	they comb
one combs	people comb	people comb
T'áá íídą́ą́' - past		
I combed	we combed	we combed
you combed	you combed	you combed
she/he/it combed	they combed	they combed
one combed	people combed	people combed
T'ahígo - future		
I will comb	we will comb	we will comb
you will comb	you will comb	you will comb
she/he/it will comb	they will comb	they will comb
one will comb	people will comb	people will comb

come down from above, descend

Áhát'íinii: /a da ji O ghááh/-> [adajijghááh] Wódahdi ájít'éé nít'ée'go wóyahdi nijígháahgo óolyé, adajigháah.
Verb: to come down from a higher place; one comes down; desend

T'ááłá'ígo	Naakigo	Táá'dóó Ba'ąą
T'ahdii - imperfective		
adaashááh	adeiit'aash	adadeiikááh
adanináah	adaah'aash	adadaahkááh
adaaghááh	adaa'aash	adadaakááh
adajighááh	adaji'aash	adadajikááh
T'áá íídą́ą́' - perfective		
adááyá	adeiit'áázh	adadeiikai
adéíníyá	adaoo'áázh	adadaoohkai
adááyá	adáá'áázh	adadaakai
adajííyá	adajíí'áázh	adadajookai
T'ahígo - future		
adadeeshááł	adadiit'ash	adadadiikah
adadíínááł	adadooh'ash	adadadoohkah
adadoogááł	adadoo'ash	adadadookah
adazhdoogááł	adazhdoo'ash	adadazhdookah

Singular (one person)	Dual Plural (two people)	Distributive Plural (three or more people)
T'ahdii - present		
I come down	we come down	we come down
you come down	you come down	you come down
she/he/it comes down	they come down	they come down
one comes down	people come down	people come down
T'áá íídą́ą́' - past		
I came down	we came down	we came down
you came down	you came down	you came down
she/he/it came down	they came down	they came down
one came down	people came down	people came down
T'ahígo - future		
I will come down	we will come down	we will come down
you will come down	you will come down	you will come down
she/he/it will come down	they will come down	they will come down
one will come down	people will come down	people will come down

come up on it, find it

Áhát'íinii:/bi k'í ji O ghááh/-> [bik'íjíghááh] T'áadoo le'é yóó' ajíítdéél nít'éé' náázhdiidláago shį́į́ ałdó' bik'ízhníyáá doo.
Verb: to come upon it; to find it; one comes upon it

T'áátá'ígo	Naakigo	Táá'dóó Ba'ą́ą́
T'ahdii - imperfective		
bik'íníshááh	bik'íniit'aash	bik'íniikááh
bik'ínínááh	bik'ínóh'aash	bik'ínóhkááh
yik'éghááh	yik'é'aash	yik'ékááh
bik'íjígháah	bik'íjí'aash	bik'íjíkááh
T'áá íídą́ą́' - perfective		
bik'íníyá	bik'íniit'áázh	bik'íniikai
bik'ííníyá	bik'inoo'áázh	bik'ínoohkai
yik'íníyá	yik'íní'áázh	yik'ékai
bik'ízhníyá	bik'ízhní'áázh	bik'íjíkai
T'ahígo - future		
bik'ídeeshááł	bik'ídiit'ash	bik'ídiikah
bik'ídíínááł	bik'ídooh'ash	bik'ídoohkah
yik'ídoogááł	yik'ídoo'ash	yik'ídookah
bik'ízhdogááł	bik'ízhdoo'ash	bik'ízhdokah

Singular (one person)	Dual Plural (two people)	Distributive Plural (three or more people)
T'ahdii - present		
I come upon it	we come upon it	we come upon it
you come upon it	you come upon it	you come upon it
she/he/it comes upon it	they come upon it	they come upon it
one comes upon it	people come upon it	people come upon it
T'áá íídą́ą́' - past		
I came upon it	we came upon it	we came upon it
you came upon it	you came upon it	you came upon it
she/he/it came upon it	they came upon it	they came upon it
one came upon it	people came upon it	people came upon it
T'ahígo - future		
I will come upon it	we will come upon it	we will come upon it
you will come upon it	you will come upon it	you will come upon it
she/he/it will come upon it	they will come upon it	they will come upon it
one will come upon it	people will come upon it	people will come upon it

cook, roast, bake

Áhát'íinii: /ji ł t'ees/ -> [jiłt'ees]   T'áadoo le'é ch'iyáán nilínígíí, ko' bee yéego jiniiłgah dóó t'áá wódáá' bíighahgo yit'is, éí óolyé jiłt'ees.
Verb: one roasts; cook; cook on the fire, bake

T'áałá'ígo	Naakigo	Táá'dóó Ba'aa
T'ahdii - imperfective		
yist'ees	yiilt'ees	deiilt'ees
niłt'ees	wołt'ees	daałt'ees
yiłt'ees	yiłt'ees	deiłt'ees
jiłt'ees	jiłt'ees	dajiłt'ees
T'áá íídą́ą́' - perfective		
séłt'é	siilt'é	dasiilt'é
síníłt'é	soołt'é	dasoołt'é
yist'é	yist'é	deist'é
jist'é	jist'é	dajist'é
T'ahígo - future		
deest'is	diilt'is	dadiilt'is
dííłt'is	doołt'is	dadoołt'is
yidoołt'is	yidoołt'is	deidoołt'is
jidoołt'is	jidoołt'is	dazhdoołt'is

Singular (one person)	Dual Plural (two people)	Distributive Plural (three or more people)
T'ahdii - present		
I roast	we roast	we roast
you roast	you roast	you roast
she/he/it roasts	they roast	they roast
one roasts	people roast	people roast
T'áá íídą́ą́' - past		
I roasted	we roasted	we roasted
you roasted	you roasted	you roasted
she/he/it roasted	they roasted	they roasted
one roasted	people roasted	people roasted
T'ahígo - future		
I will roast	we will roast	we will roast
you will roast	you will roast	you will roast
she/he/it will roast	they will roast	they will roast
one will roast	people will roast	people will roast

copy, copy it

Áhát'íinii: /bi ná' a ji d lééh/-> [béé'jídlééh]   T'áadoo le'é ts'ídá t'áá át'éii nahalingo ádeeshłííł jinízingo, éí béé'jídlééhgo, ákót'éego ájiił'įįh.
Verb: one copies; to copy; to make a copy of it

T'ááłá'ígo	Naakigo	Táá'dóó Ba'ąą
T'ahdii- imperfective		
béé'áshdlééh	béé'iilnééh	bééda'iilnééh
béé'ídlééh	béé'óhdlééh	bééda'ohdlééh
yéé'ádlééh	yéé'ádlééh	yééda'adlééh
béé'jídlééh	béé'jídlééh	bééda'jidlééh
T'áá íídą́ą́'- perfective		
béé'iishdlaa	béé'iilyaa	bééda'iilyaa
béé'iinidlaa	béé'oohdlaa	bééda'oohdlaa
yéé'iidlaa	yéé'iidlaa	yééda'iidlaa
béé'jiidlaa	béé'jiidlaa	bééda'jiidlaa
T'ahígo - future		
béé'déeshdlííł	béé'diilnííł	bééda'diilnííł
béé'díídlííł	béé'doohdlííł	bééda'doodlííł
yéé'doodlííł	yéé'doodlííł	yééda'doodlííł
béézh'doodlííł	béézh'doodlííł	béédazh'doodlííł

Singular (one person)	Dual Plural (two people)	Distributive Plural (three or more people)
T'ahdii - present		
I copy	we copy	we copy
you copy	you copy	you copy
she/he/it copies	they copy	they copy
one copies	people copy	people copy
T'áá íídą́ą́' - past		
I copied	we copied	we copied
you copied	you copied	you copied
she/he/it copied	they copied	they copied
one copied	people copied	people copied
T'ahígo - future		
I will copy	we will copy	we will copy
you will copy	you will copy	you will copy
she/he/it will copy	they will copy	they will copy
one will copy	people will copy	people will copy

C verbs

cover it with dirt

Áhát'íinii: /bi k'i ji i O géed/ -> [bik'ihojiigééd] T'áadoo le'é łeeh jiléehgo, łeezh bik'ijiigo', éí bik'ihojiigééd wolyé.

Verb: to cover it with dirt; put under a mound of dirt

T'áálá'ígo	Naakigo	Táá'dóó Ba'ąą
T'ahdii - imperfective		
bik'ihooshgééd	bik'ihwiigééd	bik'idahwiigééd
bik'ihoogééd	bik'ihoohgééd	bik'idahoohgééd
yik'ihoogééd	yik'ihoogééd	yik'idahoogééd
bik'ihojiigééd	bik'ihojiigééd	bik'idahojiigééd
T'áá íídą́ą́' - perfective		
bik'ihoogeed	bik'ihwiigeed	bik'idahwiigeed
bik'ihwiinigeed	bik'ihoogeed	bik'idahoogeed
yik'ihoogeed	yik'ihoogeed	yik'idahoogeed
bik'ihojiigeed	bik'ihojiigeed	bik'idahojiigeed
T'ahígo - future		
bik'ihwiideeshgoł	bik'ihwiidiigoł	bik'idahwiidiigoł
bik'ihwiidíígoł	bik'ihwiidoohgoł	bik'idahwiidoohgoł
yik'ihwiidoogoł	yik'ihwiidoogoł	yik'idahwiidoogoł
bik'ihwiizhdoogoł	bik'ihwiizhdoogoł	bik'idahwiizhdoogoł

Singular (one person)	Dual Plural (two people)	Distributive Plural (three or more people)
T'ahdii - present		
I cover	we cover	we cover
you cover	you cover	you cover
she/he/it covers	they cover	they cover
one covers	people cover	people cover
T'áá íídą́ą́' - past		
I covered	we covered	we covered
you covered	you covered	you covered
she/he/it covered	they covered	they covered
one covered	people covered	people covered
T'ahígo - future		
I will cover	we will cover	we will cover
you will cover	you will cover	you will cover
she/he/it will cover	they will cover	they will cover
one will cover	people will cover	people will cover

crack nuts, eat nuts

Áhát'íinii: /a ji ł ts'il/-> [ajiłts'il] Neeshch'íí' ał'ąą áát'eeł ła' jiyáągo, éí ajiłts'ilgo átsé áádóó índa bii'ígíí jiyáą łeh.
Verb: one eats nuts; to crack nuts; to eat nuts; to shell pinons

T'ááłá'ígo	Naakigo	Táá'dóó Ba'ąą
T'ahdii - imperfective		
asts'il	iilts'il	da'iilts'il
íłts'il	ołts'il	da'ołts'il
ałts'il	ałts'il	da'ałts'il
ajiłts'il	ajiłts'il	da'jiłts'il
T'áá íídą́ą́' - perfective		
ííłts'il	iilts'il	da'iilts'il
ííníłts'il	oołts'il	da'oołts'il
ííłts'il	ííłts'il	da'ííłts'il
ajííłts'il	ajííłts'il	da'jííłts'il
T'ahígo - future		
adeests'ił	adiilts'ił	da'diilts'ił
adííłts'ił	adoołts'ił	da'doołts'ił
adoołts'ił	adoołts'ił	da'doołts'ił
azhdoołts'ił	azhdoołts'ił	dazh'doołts'ił

Singular (one person)	Dual Plural (two people)	Distributive Plural (three or more people)
T'ahdii - present		
I eat nuts	we eat nuts	we eat nuts
you eat nuts	you eat nuts	you eat nuts
she/he/it eats nuts	they eat nuts	they eat nuts
one eats nuts	people eat nuts	people eat nuts
T'áá íídą́ą́' - past		
I ate nuts	we ate nuts	we ate nuts
you ate nuts	you ate nuts	you ate nuts
she/he/it ate nuts	they ate nuts	they ate nuts
one ate nuts	people ate nuts	people ate nuts
T'ahígo - future		
I will eat nuts	we will eat nuts	we will eat nuts
you will eat nuts	you will eat nuts	you will eat nuts
she/he/it will eat nuts	they will eat nuts	they will eat nuts
one will eat nuts	people will eat nuts	people will eat nuts

C verbs

crawl

Áhát'íinii: /joo (ji + yi) d nah/ -> [joo'nah]   Ni'góó jiztį́įgo, t'áá habid bee ni'góó jiyoolghałgo, joo'nah łeh.
Verb: To crawl; crawl on a surface

T'áałá'ígo	Naakigo	Táá'dóó Ba'ąą
T'ahdii - progressive		
yish'nah	yii'nah	deínii'nééh
yí'nah	woh'nah	deínóh'nééh
yi'nah	yi'nah	deí'nééh
joo'nah	joo'nah	dají'nééh
T'áá íídą́ą́' - perfective		
nish'na'	nii'na'	danii'na'
yíní'na'	nooh'na'	danooh'na'
yí'na'	yí'na'	deí'na'
jí'na'	jí'na'	dají'na'
T'ahígo - future		
deesh'nah	dii'nah	dadii'nah
díí'nah	dooh'nah	dadooh'nah
doo'nah	doo'nah	dadoo'nah
jidoo'nah	jidoo'nah	dazhdoo'nah

Singular	Dual Plural	Distributive Plural
(one person)	(two people)	(three or more people)
T'ahdii - present		
I am crawling along	we are crawling along	we are crawling along
you are crawling along	you are crawling along	you are crawling along
she/he/it is crawlings along	they are crawling along	they are crawling along
one is crawlings along	people are crawling along	people are crawling along
T'áá íídą́ą́' - past		
I crawled	we crawled	we crawled
you crawled	you crawled	you crawled
she/he/it crawled	they crawled	they crawled
one crawled	people crawled	people crawled
T'ahígo - future		
I will crawl	we will crawl	we will crawl
you will crawl	you will crawl	you will crawl
she/he/it will crawl	they will crawl	they will crawl
one will crawl	people will crawl	people will crawl

crawl, creep around, move on all four legs

Áhát'íinii: /ni ji l dlosh/-> [nijooldlosh] Hagod dóó hála' bee nááś kójooniiłgo shį́į́ éí jooldlosh dooleeł.

Verb: one crawls around; to go about on all fours; to go about on hands and knees

T'ááłá'ígo	Naakigo	Táá'dóó Ba'ąą
T'ahdii- imperfective		
naashdloosh	neiildlosh	nideiildloosh
nanildloosh	naałdloosh	nidaałdloosh
naaldlosh	naaldlosh	nidaaldloosh
nijildlosh	nijildlosh	nidajildloosh
T'áá íídą́ą́'- perfective		
nishishdloozh	nishiildloozh	nidashiildloozh
nishíníldloozh	nishoołdloozh	nidashoołdloozh
naashdloozh	naashdloozh	nidaashdloozh
nijishdloozh	nijishdloozh	nidajishdloozh
T'ahígo - future		
nideeshdlosh	nidiildlosh	nidadiildlosh
nidíídlosh	nidoołdlosh	nidadoołdlosh
nidooldlosh	nidooldlosh	nidadooldlosh
nizhdooldlosh	nizhdooldlosh	nidazhdooldlosh

Singular (one person)	Dual Plural (two people)	Distributive Plural (three or more people)
T'ahdii - present		
I crawl	we crawl	we crawl
you crawl	you crawl	you crawl
she/he/it crawls	they crawl	they crawl
one crawls	people crawl	people crawl
T'áá íídą́ą́' - past		
I crawled	we crawled	we crawled
you crawled	you crawled	you crawled
she/he/it crawled	they crawled	they crawled
one crawled	people crawled	people crawled
T'ahígo - future		
I will crawl	we will crawl	we will crawl
you will crawl	you will crawl	you will crawl
she/he/it will crawl	they will crawl	they will crawl
one will crawl	people will crawl	people will crawl

credit, receive credit

Áhát'íinii: /h aah ha O jííł/ -> [baah haajííł]   Habéeso doo bíighahgóó, t'óó t'áá náasdi índa bik'é ni'deeshłééł jinízingo, haah haajííłgo t'éí ádoonííł.
Verb: to get credit; to go into debt; one obtains credit

T'áałá'ígo	Naakigo	Táá'dóó Ba'aa
T'ahdii - imperfective		
shaah haajííł	nihaah haajííł	nihaah hadaajííł
naah haajííł	nihaah haajííł	nihaah hadaajííł
baah haajííł	baah haajííł	baah hadaajííł
haah haajííł	haah haajííł	haah hadaajííł
T'áá íídą́ą́' - perfective		
shaah háájil	nihaah háájil	nihaah hadaazhjil
naah háájil	nihaah háájil	nihaah hadaazhjil
baah háájil	baah háájil	baah hadaazhjil
haah háájil	haah háájil	haah hadaazhjil
T'ahígo - future		
shaah hadoojił	nihaah hadoojił	nihaah hadadoojił
naah hadoojił	nihaah hadoojił	nihaah hadadoojił
baah hadoojił	baah hadoojił	baah hadadoojił
haah hadoojił	haah hadoojił	haah hadadoojił

Singular (one person)	Dual Plural (two people)	Distributive Plural (three or more people)
T'ahdii - present		
I get credit	we get credit	we get credit
you get credit	you get credit	you get credit
she/he/it gets credit	they get credit	they get credit
one gets credit	people get credit	people get credit
T'áá íídą́ą́' - past		
I got credit	we got credit	we got credit
you got credit	you got credit	you got credit
she/he/it got credit	they got credit	they got credit
one got credit	people got credit	people got credit
T'ahígo - future		
I will get credit	we will get credit	we will get credit
you will get credit	you will get credit	you will get credit
she/he/it will get credit	they will get credit	they will get credit
one will get credit	people will get credit	people will get credit

cry, crys, sobs

Áhát'íinii: /ji O cha//-> [yicha] Ts'ídá yéego, ha'át'íída ho'diił'áago, éí bik'ee hajizhił dóó hanák'eeshto' digoh, éí óolyé jicha.
Verb: one cries; cry; sobs

T'ááłá'ígo	Naakigo	Táá'dóó Ba'aa
T'ahdii- imperfective		
yishcha	yiicha	deiicha
nicha	wohcha	daahcha
yicha	yicha	daacha
jicha	jicha	dajicha
T'áá íídą́ą́' - perfective		
yícha	yiicha	deiicha
yínícha	woocha	daoocha
yícha	yícha	dáácha
jíícha	jíícha	dajíícha
T'ahígo - future		
deeshchah	diichah	dadiichah
dííchah	doohchah	dadoohchah
doochah	doochah	dadoochah
jidoochah	jidoochah	dazhdoochah

Singular (one person)	Dual Plural (two people)	Distributive Plural (three or more people)
T'ahdii - present		
I cry	we cry	we cry
you cry	you cry	you cry
she/he/it cries	they cry	they cry
one cries	people cry	people cry
T'áá íídą́ą́' - past		
I cried	we cried	we cried
you cried	you cried	you cried
she/he/it cried	they cried	they cried
one cried	people cried	people cried
T'ahígo - future		
I will cry	we will cry	we will cry
you will cry	you will cry	you will cry
she/he/it will cry	they will cry	they will cry
one will cry	people will cry	people will cry

C verbs

cry, make others cry

Áhát'íinii: /a a ni ji O né/-> [ee nijiné]   Áłchíní ła' atíjíłł'íigo, dóó hak'ee daachxago, éí ee nijiné wolyé
Verb: To make other children cry; to be naughty; to cause problems

T'ááłá'ígo	Naakigo	Táá'dóó Ba'ąą
T'ahdii - imperfective		
ee naashné	ee neii'né	ee nideii'né
ee naniné	ee naahné	ee nidaahné
ee naané	ee naané	ee nidaané
ee nijiné	ee nijiné	ee nidajiné
T'áá íídą́ą́' - perfective		
ee niséne'	ee nisii'ne'	ee nidasii'ne'
ee nisíníne'	ee nisoone'	ee nidasoone'
ee naazne'	ee naazne'	ee nidaazne'
ee nijizne'	ee nijizne'	ee nidajizne'
T'ahígo - future		
ee nideeshneeł	ee nidii'neeł	ee nidadii'neeł
ee nidííneeł	ee nidoohneeł	ee nidadoohneeł
ee nidooneeł	ee nidooneeł	ee nidadooneeł
ee nizhdooneeł	ee nizhdooneeł	ee nidazhdooneeł

Singular (one person)	Dual Plural (two people)	Distributive Plural (three or more people)
T'ahdii - present		
I am naughty	we are naughty	we are naughty
you are naughty	you are naughty	you are naughty
she/he/it is naughty	they are naughty	they are naughty
one is naughty	people are naughty	people are naughty
T'áá íídą́ą́' - past		
I was naughty	we were naughty	we were naughty
you were naughty	you were naughty	you were naughty
she/he/it was naughty	they were naughty	they were naughty
one was naughty	people were naughty	people were naughty
T'ahígo - future		
I will be naughty	we will be naughty	we will be naughty
you will be naughty	you will be naughty	you will be naughty
she/he/it will be naughty	they will be naughty	they will be naughty
one will be naughty	people will be naughty	people will be naughty

curl it

Áhát'íinii: /ji i ł ch'ííł/ -> [jiiłch'ííł] T'áadoo le'é yishch'ilgo ájiléehgo éí jiiłch'ííł wolyé.
Verb: one curls it; to curl it; curl hair

T'ááłá'ígo	Naakigo	Táá'dóó Ba'ąą
T'ahdii - imperfective		
yiishch'ííł	yiilch'ííł	deiilch'ííł
yiiłch'ííł	woołch'ííł	daoołch'ííł
yiyiiłch'ííł	yiyiiłch'ííł	dayiiłch'ííł
jiiłch'ííł	jiiłch'ííł	dajiiłch'ííł
T'áá íídą́ą́' - perfective		
yiiłch'iil	yiilch'iil	deiilch'iil
yinitch'iil	woołch'iil	daoołch'iil
yiyiiłch'iil	yiyiiłch'iil	dayiiłch'iil
jiiłch'iil	jiiłch'iil	dajiiłch'iil
T'ahígo - future		
yideeshch'ił	yidiilch'ił	deidiilch'ił
yidííłch'ił	yidoołch'ił	deidoołch'ił
yiidoołch'ił	yiidoołch'ił	deidoołch'ił
jiidoołch'ił	jiidoołch'ił	deizhdoołch'ił

Singular (one person)	Dual Plural (two people)	Distributive Plural (three or more people)
T'ahdii - present		
I curl	we curl	we curl
you curl	you curl	you curl
she/he/it curls	they curl	they curl
one curls	people curl	people curl
T'áá íídą́ą́' - past		
I curled	we curled	we curled
you curled	you curled	you curled
she/he/it curled	they curled	they curled
one curled	people curled	people curled
T'ahígo - future		
I will curl	we will curl	we will curl
you will curl	you will curl	you will curl
she/he/it will curl	they will curl	they will curl
one will curl	people will curl	people will curl

curse it, him/her, use profane language

Áhát'íinii: /ji ó (yíní) d dziih/-> jódziih   Ła'nida t'áá áníłchǫ'ígi ji'įįgo, bá yájíłt'go, éí jódziih wolyé. Doo ajódziih da, éí yéego baa hasti'go át'é.
Verb: one curses; to curse it; to use profane language

T'ááłá'ígo	Naakigo	Táá'dóó Ba'ąą
T'ahdii- imperfective		
yínísdziih	yíníidziih	deíníidziih
yínídziih	yínóhdziih	deínóhdziih
yódziih	yódziih	dayódziih
jódziih	jódziih	dajódziih
T'áá íídą́ą́'- perfective		
yéédzíí'	yíníidzíí'	deíníidzíí'
yínídzíí'	yínóohdzíí'	dawóohdzíí'
yiyíídzíí'	yiyíídzíí'	dayéédzíí'
jéédzíí'	jéédzíí'	dajéédzíí'
T'ahígo - future		
yídéesdzih	yídíidzih	deídíidzih
yídíídzih	yídóohdzih	deídóohdzih
yídóodzih	yídóodzih	deídóodzih
yízhdóodzih	yízhdóodzih	deízhdóodzih

Singular (one person)	Dual Plural (two people)	Distributive Plural (three or more people)
T'ahdii - present		
I curse	we curse	we curse
you curse	you curse	you curse
she/he/it curses	they curse	they curse
one curses	people curse	people curse
T'áá íídą́ą́' - past		
I cursed	we cursed	we cursed
you cursed	you cursed	you cursed
she/he/it cursed	they cursed	they cursed
one cursed	people cursed	people cursed
T'ahígo - future		
I will curse	we will curse	we will curse
you will curse	you will curse	you will curse
she/he/it will curse	they will curse	they will curse
one will curse	people will curse	people will curse

cut away, peel, pare it

Áhát'íinii: /b í ji ł géésh/ -> [bíjiłgéésh]   T'áadoo le'é bikágí béésh bee nahgóó kójíleehgo, éí bíjiłgéésh wolyé.
Verb: to peel; to pare; one pares, cut away

T'áałá'ígo	Naakigo	Táá'dóó Ba'ąą
T'ahdii - imperfective		
béshgéésh	bíilgéésh	bídeiilgéésh
bíníłgéésh	bółgéésh	bídaałgéésh
yííłgéésh	yííłgéésh	yídeiłgéésh
bíjíłgéésh	bíjíłgéésh	bídajiłgéésh
T'áá íídą́ą́' - perfective		
bééłgizh	bíilgizh	bídeiilgizh
bííníłgizh	bóołgizh	bídaoołgizh
yíyííłgizh	yíyííłgizh	yídayííłgizh
bíjííłgizh	bíjííłgizh	bídajííłgizh
T'ahígo - future		
bídeeshgish	bídiilgish	bídadiilgish
bídííłgish	bídoołgish	bídadoołgish
yíidoołgish	yíidoołgish	yídeidoołgish
bízhdoołgish	bízhdoołgish	bídazhdoołgish

Singular (one person)	Dual Plural (two people)	Distributive Plural (three or more people)
T'ahdii - present		
I pare	we pare	we pare
you pare	you pare	you pare
she/he/it pares	they pare	they pare
one pares	people pare	people pare
T'áá íídą́ą́' - past		
I pared	we pared	we pared
you pared	you pared	you pared
she/he/it pared	they pared	they pared
one pared	people pared	people pared
T'ahígo - future		
I will pare	we will pare	we will pare
you will pare	you will pare	you will pare
she/he/it will pare	they will pare	they will pare
one will pare	people will pare	people will pare

cut in a line

Áhát'íinii: /jo ł gish/-> [joołgish]   T'áadoo le'é beesh bee ahájíłt'ąąsgo, éí joołgish łeh.
Verb: to cut along (a straight line); one cuts along

T'áálá'ígo	Naakigo	Táá'dóó Ba'ąą
T'ahdii - progressive		
yishgish	yiilgish	deíníilgéésh
yíłgish	wołgish	deínółgéésh
yoołgish	yoołgish	deíłgéésh
joołgish	joołgish	dajíłgéésh
T'áá íídą́ą́' - perfective		
níłgizh	niilgizh	daniilgizh
yíníłgizh	noołgizh	danoołgizh
yiníłgizh	yiníłgizh	deiníłgizh
jiníłgizh	jiníłgizh	dazhníłgizh
T'ahígo - future		
deeshgish	diilgish	dadiilgish
díłgish	doołgizh	dadoołgish
yidoołgish	yidoołgish	deidoołgish
jidoołgish	jidoołgish	dazhdoołgish

Singular	Dual Plural	Distributive Plural
(one person)	(two people)	(three or more people)
T'ahdii - present		
I am cutting	we are cutting	we are cutting
you are cutting	you are cutting	you are cutting
she/he/it is cutting	they are cutting	they are cutting
one is cutting	people are cutting	people are cutting
T'áá íídą́ą́' - past		
I cut	we cut	we cut
you cut	you cut	you cut
she/he/it cut	they cut	they cut
one cut	people cut	people cut
T'ahígo - future		
I will cut	we will cut	we will cut
you will cut	you will cut	you will cut
she/he/it will cut	they will cut	they will cut
one will cut	people will cut	people will cut

cut it in half, cut it off

Áhát'íinii: /k'í ji O géésh/-> [k'íjígéésh]   T'áadoo le'é nizhónígo ahádeeshnił jinízingo, béésh bee , índa béésh ahédiłí bee k'íjígéeshgo, k'íjígish.
Verb: to cut off; cut in two

T'áałá'ígo	Naakigo	Táá'dóó Ba'ąą
T'ahdii - imperfective		
k'ínishgéésh	k'íniigéésh	k'ídaniigéésh
k'ínígéésh	k'ínóhgéésh	k'ídanohgéésh
k'íígéésh	k'íígéésh	k'ídeígéésh
k'íjígéésh	k'íjígéésh	k'ídajígéésh
T'áá íídą́ą́' - perfective		
k'ínígizh	k'íniigizh	k'ídaniigizh
k'íínígizh	k'ínoogizh	k'ídanoogizh
k'íinígizh	k'íinígizh	k'ídeizhgizh
k'ízhnígizh	k'ízhnígizh	k'ídajizhgizh
T'ahígo - future		
k'ídeeshgish	k'ídiigish	k'ídadiigish
k'ídíígish	k'ídoohgish	k'ídadoohgish
k'íidoogish	k'íidoogish	k'ídeidoogish
k'ízhdoogish	k'ízhdoogish	k'ídazhdoogish

Singular (one person)	Dual Plural (two people)	Distributive Plural (three or more people)
T'ahdii - present		
I cut it	we cut it	we cut it
you cut it	you cut it	you cut it
she/he/it cuts it	they cut it	they cut it
one cutss it	people cut it	people cut it
T'áá íídą́ą́' - past		
I cut it	we cut it	we cut it
you cut it	you cut it	you cut it
she/he/it cut it	they cut it	they cut it
one cut it	people cut it	people cut it
T'ahígo - future		
I will cut it	we will cut it	we will cut it
you will cut it	you will cut it	you will cut it
she/he/it will cut it	they will cut it	they will cut it
one will cut it	people will cut it	people will cut it

cut it out, cut a pattern

Áhát'íinii: /ha ji ł géésh/-> [hajiłgéésh] T'áadoo le'é nitsaago, t'áá ałts'íísígo jinízingo, bizhdigish, éí hajiłgéésh wolyé ałdó'.
Verb: to cut it out; to cut a pattern

T'áałá'ígo	Naakigo	Táá'dóó Ba'ąą
T'ahdii - imperfective		
haashgéésh	haiilgéésh	hadeiilgéésh
haniłgéésh	haałgéésh	hadaałgéésh
haiłgéésh	haiłgéésh	hadeiłgéésh
hajiłgéésh	hajiłgéésh	hadajiłgéésh
T'áá íídą́ą́' - perfective		
hááłgizh	haiilgizh	hadeiilgizh
háíníłgizh	haoołgizh	hadaoołgizh
hayííłgizh	hayííłgizh	hadeishgizh
hajííłgizh	hajííłgizh	hadajishgizh
T'ahígo - future		
hadeeshgish	hadiilgish	hadadiilgish
hadííłgish	hadoołgish	hadoołgish
haidoołgish	haidoołgish	hadeidoołgish
hazhdoołgish	hazhdoołgish	hadazhdoołgish

Singular (one person)	Dual Plural (two people)	Distributive Plural (three or more people)
T'ahdii - present		
I cut it out	we cut it out	we cut it out
you cut it out	you cut it out	you cut it out
she/he/it cuts it out	they cut it out	they cut it out
one cuts it out	people cut it out	people cut it out
T'áá íídą́ą́' - past		
I cut it out	we cut it out	we cut it out
you cut it out	you cut it out	you cut it out
she/he/it cut it out	they cut it out	they cut it out
one cut it out	people cut it out	people cut it out
T'ahígo - future		
I will cut it out	we will cut it out	we will cut it out
you will cut it out	you will cut it out	you will cut it out
she/he/it will cut it out	they will cut it out	they will cut it out
one will cut it out	people will cut it out	people will cut it out

cut it up, slice it up

Áhát'íinii: /ni hi ji ł géésh/-> [nijiiłgéésh] T'áadoo le'é nizhónígo, ahádeeshnił jinízingo, éí béésh bee, índa béésh ahédiłí bee k'íjígish, éí ałdó' nijiiłgéésh wolyé.
Verb: to cut it up; one cuts it up; slice it up

T'áałá'ígo	Naakigo	Táá'dóó Ba'ąą
T'ahdii - imperfective		
nihishgéésh	nihiilgéésh	nidahiilgéésh
nihíłgéésh	nihołgéésh	nidahołgéésh
niyiiłgéésh	niyiiłgéésh	nidayiiłgéésh
nijiiłgéésh	nijiiłgéésh	nidajiiłgéésh
T'áá íídą́ą́' - perfective		
nihéłgizh	niheelgizh	nidahaalgizh
nihíníłgizh	nihoołgizh	nidahishoołgizh
niyiishgizh	niyiishgizh	nidayiishgizh
nijiishgizh	nijiishgizh	nidajiishgizh
T'ahígo - future		
nihideeshgish	nihidiilgish	nidahidiilgish
nihidííłgish	nihidoołgish	nidahidoołgish
niidiyoołgish	niidiyoołgish	nideidiyoołgish
nihizhdoołgish	nihizhdoołgish	nidahizhdoołgish

Singular (one person)	Dual Plural (two people)	Distributive Plural (three or more people)
T'ahdii - present		
I cut it up	we cut it up	we cut it up
you cut it up	you cut it up	you cut it up
she/he/it cuts it up	they cut it up	they cut it up
one cuts it up	people cut it up	people cut it up
T'áá íídą́ą́' - past		
I cut it up	we cut it up	we cut it up
you cut it up	you cut it up	you cut it up
she/he/it cut it up	they cut it up	they cut it up
one cut it up	people cut it up	people cut it up
T'ahígo - future		
I will cut it up	we will cut it up	we will cut it up
you will cut it up	you will cut it up	you will cut it up
she/he/it will cut it up	they will cut it up	they will cut it up
one will cut it up	people will cut it up	people will cut it up

C verbs

dance

Áhát'íinii: /a ji l zhish/ -> [ajilzhish] Sin dóó ásaa' diits'a'go bich'į' naanáhijoot'eełgo, dóó hahizhdil'éesgo, ajilzhish wolyé.
Verb: one dances; to dance

T'áálá'ígo	Naakigo	Táá'dóó Ba'ąą
T'ahdii - imperfective		
ashzhish	iilzhish	da'iilzhish
ílzhish	ołzhish	da'ołzhish
alzhish	alzhish	da'alzhish
ajilzhish	ajilzhish	da'jilzhish
T'áá íídą́ą́' - perfective		
eeshzhiizh	iilzhiizh	da'iilzhiizh
íínílzhiizh	oołzhiizh	da'oołzhiizh
oolzhiizh	oolzhiizh	da'oolzhiizh
ajoolzhiizh	ajoolzhiizh	da'joolzhiizh
T'ahígo - future		
adeeshzhish	adiilzhish	da'diilzhish
adíílzhish	adoołzhish	da'doołzhish
adoolzhish	adoolzhish	da'doolzhish
azhdoolzhish	azhdoolzhish	dazh'doolzhish

Singular (one person)	Dual Plural (two people)	Distributive Plural (three or more people)
T'ahdii - present		
I dance	we dance	we dance
you dance	you dance	you dance
she/he/it dances	they dance	they dance
one dances	people dance	people dance
T'áá íídą́ą́' - past		
I danced	we danced	we danced
you danced	you danced	you danced
she/he/it danced	they danced	they danced
one danced	people danced	people danced
T'ahígo - future		
I will dance	we will dance	we will dance
you will dance	you will dance	you will dance
she/he/it will dance	they will dance	they will dance
one will dance	people will dance	people will dance

deliver it, bring a load, set it down

Áhát'íinii: /ni ji O yeeh/-> [nijíyeeh] T'áadoo le'é nidaazgo da, łą́ągoda, éí haghangóó dooleeł jinízingo, éí nijíyeehgo jíyééh.
Verb: one delivers; to bring a load; to deliver a load of load of heavy objects; haul in a truck

T'ááłá'ígo	Naakigo	Táá'dóó Ba'ąą
T'ahdii - imperfective		
ninishheeh	niniigeeh	nidaniigeeh
niníyeeh	nihohheeh	nidahohheeh
niiyíyeeh	niiyíyeeh	nideíyeeh
nijíyeeh	nijíyeeh	nidajíyeeh
T'áá íídą́ą́' - perfective		
niníyí	niniigí	nidaniigí
nííníyí	ninooyí	nidanooyí
niiníyí	niiníyí	nideizyí
nizhníyí	nizhníyí	nidazhníyí
T'ahígo - future		
nideeshhééł	nidiigééł	nidadiigééł
nidííyééł	nidoohhééł	nidadoohhééł
niidooyééł	niidooyééł	nideidooyééł
nizhdooyééł	nizhdooyééł	nidazhdooyééł

Singular (one person)	Dual Plural (two people)	Distributive Plural (three or more people)
T'ahdii - present		
I deliver	we deliver	we deliver
you deliver	you deliver	you deliver
she/he/it delivers	they deliver	they deliver
one delivers	people deliver	people deliver
T'áá íídą́ą́' - past		
I delivered	we delivered	we delivered
you delivered	you delivered	you delivered
she/he/it delivered	they delivered	they delivered
one delivered	people delivered	people delivered
T'ahígo - future		
I will deliver	we will deliver	we will deliver
you will deliver	you will deliver	you will deliver
she/he/it will deliver	they will deliver	they will deliver
one will deliver	people will deliver	people will deliver

design, create, draw it

Áhát'íinii: /ni ji O ch'ąąh/ -> [nijich'ąąh]   T'áadoo le'é ts'ídá nizhónígo ádeeshłííł jinízingo, éí t'áá hózhnízinígi át'éego, nijich'ąąhgo ájiił'įįh.
Verb: one draws; to design it; to draw it

T'ááłá'ígo	Naakigo	Táá'dóó Ba'ąą
T'ahdii - imperfective		
naashch'ąąh	neiich'ąąh	nideiich'ąąh
nanich'ąąh	naahch'ąąh	nidaahch'ąąh
neich'ąąh	neich'ąąh	nideich'ąąh
nijich'ąąh	nijich'ąąh	nidajich'ąąh
T'áá íídą́ą́' - perfective		
nishéch'ąą'	nishiich'ąą'	nidashiich'ąą'
nishíních'ąą'	nishooch'ąą'	nidashooch'ąą
neizhch'ąą'	neizhch'ąą'	nideizhch'ąą'
nijizhch'ąą'	nijizhch'ąą'	nidajizhch'ąą'
T'ahígo - future		
nideeshch'ąh	nidiich'ąh	nidadiich'ąh
nidíích'ąh	nidoohch'ąh	nidadoohch'ąh
neidooch'ąh	neidooch'ąh	nideidooch'ąh
nizhdooch'ąh	nizhdooch'ąh	nidazhdooch'ąh

Singular (one person)	Dual Plural (two people)	Distributive Plural (three or more people)
T'ahdii - present		
I draw	we draw	we draw
you draw	you draw	you draw
she/he/it draws	they draw	they draw
one draws	people draw	people draw
T'áá íídą́ą́' - past		
I drew	we drew	we drew
you drew	you drew	you drew
she/he/it drew	they drew	they drew
one drew	people drew	people drew
T'ahígo - future		
I will draw	we will draw	we will draw
you will draw	you will draw	you will draw
she/he/it will draw	they will draw	they will draw
one will draw	people will draw	people will draw

D verbs

dig it out, excavate it, uncover it

Áhát'íinii: /b ááh a ji di O gééd/-> [báázh'dígééd]   T'áadoo le'é łeeyi'di siláago, éí ha'jigeedgo, bik'i'jígo'go, báázh'dígééd dóó báázh'dígo'.
Verb: to unearth; to dig it out; to uncover; excavate

T'ááłá'ígo	Naakigo	Táá'dóó Ba'ąą
T'ahdii - imperfective		
báá'díshgééd	báá'diigééd	bááda'diigééd
báá'dígééd	báá'dóhgééd	bááda'dohgééd
yáá'dígééd	yáá'dígééd	yááda'digééd
báázh'digééd	báázh'digééd	báádazh'digééd
T'áá íídą́ą́' - perfective		
báá'díígeed	báá'diigeed	bááda'diigeed
báá'díínígeed	báá'doogeed	bááda'doogeed
yáá'díígeed	yáá'díígeed	yááda'díígeed
báázh'díígeed	báázh'díígeed	báádazh'díígeed
T'ahígo - future		
báádi'deeshgoł	báádi'diigoł	báádadi'diigoł
báádi'díígoł	báádi'doohgoł	báádadi'doohgoł
yáádi'doogoł	yáádi'doogoł	yáádadi'doogoł
báázhdi'doogoł	báázhdi'doogoł	báádazhdi'doogoł

Singular (one person)	Dual Plural (two people)	Distributive Plural (three or more people)
T'ahdii - present		
I uncover	we uncover	we uncover
you uncover	you uncover	you uncover
she/he/it uncovers	they uncover	they uncover
one uncovers	people uncover	people uncover
T'áá íídą́ą́' - past		
I uncovered	we uncovered	we uncovered
you uncovered	you uncovered	you uncovered
she/he/it uncovered	they uncovered	they uncovered
one uncovered	people uncovered	people uncovered
T'ahígo - future		
I will uncover	we will uncover	we will uncover
you will uncover	you will uncover	you will uncover
she/he/it will uncover	they will uncover	they will uncover
one will uncover	people will uncover	people will uncover

D verbs

dig it out, mine it

Áhát'íinii: /ha ji O géed/-> [hajigééd]   T'áadoo le'é łeeyi'digo, éí hadeeshłééł jinízingo, łeezh nahji' kójiił'įįh éí hajigééd ákót'áo.
Verb: to dig it out; to mine; dig ditches

T'áálá'ígo	Naakigo	Táá'dóó Ba'ąą
T'ahdii - imperfective		
haashgééd	haiigééd	hadeiigééd
hanigééd	haahgééd	hadaahgééd
haigééd	haigééd	hadeigééd
hajigééd	hajigééd	hadajigééd
T'áá íídą́ą́' - perfective		
háágeed	haiigeed	hadasiigeed
háínígeed	haoogeed	hadasoogeed
hayíígeed	hayíígeed	hadeizgeed
hajíígeed	hajíígeed	hadajizgeed
T'ahígo - future		
hadeeshgoł	hadiigoł	hadadiigoł
hadíígoł	hadoohgoł	hadadoohgoł
haidoogoł	haidoogoł	hadeidoogoł
hazhdoogoł	hazhdoogoł	hadazhdoogoł

Singular (one person)	Dual Plural (two people)	Distributive Plural (three or more people)
T'ahdii - present		
I dig out	we dig out	we dig out
you dig out	you dig out	you dig out
she/he/it digs out	they dig out	they dig out
one digs out	people dig out	people dig out
T'áá íídą́ą́' - past		
I dug out	we dug out	we dug out
you dug out	you dug out	you dug out
she/he/it dug out	they dug out	they dug out
one dug out	people dug out	people dug out
T'ahígo - future		
I will dig out	we will dig out	we will dig out
you will dig out	you will dig out	you will dig out
she/he/it will dig out	they will dig out	they will dig out
one will dig out	people will dig out	people will dig out

discover, find it out

Áhát'íinii: /ho ił bi éé ho O ziih/-> [hoł bééhooziih] T'áadoo le'é doo baa ákoznízin da nít'éé'go, hazhó'ó baa ákozniiziihgo, éí hoł bééhooziih wolyé.
Verb: one finds out; to discover; to find out

T'áałá'ígo	Naakigo	Táá'dóó Ba'aa
T'ahdii - imperfective		
shił bééhooziih	nihił bééhooziih	nihił béédahooziih
nił bééhooziih	nihił bééhooziih	nihił béédahooziih
bił bééhooziih	bił bééhooziih	bił béédahooziih
hoł bééhooziih	hoł bééhooziih	hoł béédahooziih
T'áá íídą́ą́' - perfective		
shił bééhoozin	nihił bééhoozin	nihił béédahoozin
nił bééhoozin	nihił bééhoozin	nihił béédahoozin
bił bééhoozin	bił bééhoozin	bił béédahoozin
hoł bééhoozin	hoł bééhoozin	hoł béédahoozin
T'ahígo - future		
shił bééhoodooziił	nihił bééhoodooziił	nihił béédahoodooziił
nił bééhoodooziił	nihił bééhoodooziił	nihił béédahoodooziił
bił bééhoodooziił	bił bééhoodooziił	bił béédahoodooziił
hoł bééhoodooziił	hoł bééhoodooziił	hoł béédahoodooziił

Singular (one person)	Dual Plural (two people)	Distributive Plural (three or more people)
T'ahdii - present		
I find out	we find out	we find out
you find out	you find out	you find out
she/he/it finds out	they find out	they find out
one finds out	people find out	people find out
T'áá íídą́ą́' - past		
I found out	we found out	we found out
you found out	you found out	you found out
she/he/it found out	they found out	they found out
one found out	people found out	people found out
T'ahígo - future		
I will find out	we will find out	we will find out
you will find out	you will find out	you will find out
she/he/it will find out	they will find out	they will find out
one will find out	people will find out	people will find out

D verbs

dislike it

Áhát'íinii: /ho ił t'óó b aa O 'ih/-> [hoł t'óó baa'ih]   T'áadoo le'é doo hoł yá'át'éehgóó, éí óolyé hoł t'óó baa'ih.
Verb: to dislike; to be repelled by; to be disgusted by; one dislikes

T'ááłá'ígo	Naakigo	Táá'dóó Ba'ąą
T'ahdii - present		
shił t'óó baa'ih	nihił t'óó baa'ih	nihił t'óó baa'ih
nił t'óó baa'ih	nihił t'óó baa'ih	nihił t'óó baa'ih
bił t'óó baa'ih	bił t'óó baa'ih	bił t'óó badaa'ih
hoł t'óó baa'ih	hoł t'óó baa'ih	hoł t'óó badaa'ih
T'áá íídą́ą́' - past		
shił t'óó baa'ih nít'éé'	nihił t'óó baa'ih nít'éé'	nihił t'óó baa'ih nít'éé'
nił t'óó baa'ih nít'éé'	nihił t'óó baa'ih nít'éé'	nihił t'óó baa'ih nít'éé'
bił t'óó baa'ih nít'éé'	bił t'óó baa'ih nít'éé'	bił t'óó badaa'ih nít'éé'
hoł t'óó baa'ih nít'éé'	hoł t'óó baa'ih nít'éé'	hoł t'óó badaa'ih nít'éé'
T'ahígo - future		
shil t'óó baa'ih doo	nihił t'óó baa'ih doo	nihił t'óó baa'ih doo
nił t'óó baa'ih doo	nihił t'óó baa'ih doo	nihił t'óó baa'ih doo
bił t'óó baa'ih doo	bił t'óó baa'ih doo	bił t'óó badaa'ih doo
hoł t'óó baa'ih doo	hoł t'óó baa'ih doo	hoł t'óó badaa'ih doo

Singular (one person)	Dual Plural (two people)	Distributive Plural (three or more people)
T'ahdii - present		
I dislike	we dislike	we dislike
you dislike	you dislike	you dislike
she/he/it dislikes	they dislike	they dislike
one dislikes	people dislike	people dislike
T'áá íídą́ą́' - past		
I disliked	we disliked	we disliked
you disliked	you disliked	you disliked
she/he/it disliked	they disliked	they disliked
one disliked	people disliked	people disliked
T'ahígo - future		
I will dislike	we will dislike	we will dislike
you will dislike	you will dislike	you will dislike
she/he/it will dislike	they will dislike	they will dislike
one will dislike	people will dislike	people will dislike

dive

Áhát'íinii: /taah ji l nood/> [taah jilnood]   T'áá wódahdę́ę́' nizhónígo táyi góne' hatsii' ha'yaa átséego taah níjílwo'go taah jilnood wolyé.
Verb: to dive into the water; one dives

T'áálá'ígo	Naakigo	Táá'dóó Ba'ąą
T'ahdii - imperfective		
taah yishnood	taah yiilnood	taah deiilnood
taah nilnood	taah wołnood	taah daałnood
taah yilnood	taah yilnood	taah daalnood
taah jilnood	taah jilnood	taah dajilnood
T'áá íídą́ą́' - perfective		
taah yishnóód	taah yiilnóód	taah deiilnóód
taah yínílnóód	taah wołnóód	taah daołnóód
taah yilnóód	taah yilnóód	taah daalnóód
taah joolnóód	taah joolnóód	taah dajoolnóód
T'ahígo - future		
taah deeshnoł	taah diilnoł	taah dadiilnoł
taah díílnoł	taah doołnoł	taah dadoołnoł
taah doolnoł	taah doolnoł	taah dadoolnoł
taah jidoolnoł	taah jidoolnoł	taah dazhdoolnoł

Singular (one person)	Dual Plural (two people)	Distributive Plural (three or more people)
T'ahdii - present		
I dive	we dive	we dive
you dive	you dive	you dive
she/he/it dives	they dive	they dive
one dives	people dive	people dive
T'áá íídą́ą́' - past		
I dove	we dove	we dove
you dove	you dove	you dove
she/he/it dove	they dove	they dove
one dove	people dove	people dove
T'ahígo - future		
I will dive	we will dive	we will dive
you will dive	you will dive	you will dive
she/he/it will dive	they will dive	they will dive
one will dive	people will dive	people will dive

D verbs

divide numbers, objects

Áhát'íinii: /ałts'á ji O zóóh/ -> [ałts'ájízóóh] T'áadoo le'é naadiingo dah shijaa'go, díí'góó ałts'ájíníiłgo, dóó naaltsoos bikáá' ájíléehgo, éí ałts'ájízóóh dooleeł.
Verb: one divides; to divide objects and numbers; to divide by writing numbers

T'áałá'ígo	Naakigo	Táá'dóó Ba'ąą
T'ahdii - imperfective		
ałts'áníssóóh	ałts'ániidzóóh	ałts'ádeiidzóóh
ałts'ánízóóh	ałts'ánósóóh	ałts'ádanohsóóh
ałts'áízóóh	ałts'áínízóóh	ałts'ádeizóóh
ałts'ájízóóh	ałts'ájínizóóh	ałts'ádajizóóh
T'áá íídą́ą́' - perfective		
ałts'ánízo	ałts'ániidzo	ałts'ádeiidzo
ałts'áínízo	ałts'ánoozo	ałts'ádaoozo
ałts'áínízo	ałts'áínízo	ałts'ádeizzo
ałts'ájinízo	ałts'ájinízo	ałts'ádajiizzo
T'ahígo - future		
ałts'ádeessoh	ałts'ádiidzoh	ałts'ádadiidzoh
ałts'ádíízoh	ałts'ádoohsoh	ałts'ádadoohsoh
ałts'áyidoozoh	ałts'áyidoozoh	ałts'ádeidoozoh
ałts'ázhdoozoh	ałts'ázhdoozoh	ałts'ádazhdoozoh

Singular (one person)	Dual Plural (two people)	Distributive Plural (three or more people)
T'ahdii - present		
I divide	we divide	we divide
you divide	you divide	you divide
she/he/it divides	they divide	they divide
one divides	people divide	people divide
T'áá íídą́ą́' - past		
I divided	we divided	we divided
you divided	you divided	you divided
she/he/it divided	they divided	they divided
one divided	people divided	people divided
T'ahígo - future		
I will divide	we will divide	we will divide
you will divide	you will divide	you will divide
she/he/it will divide	they will divide	they will divide
one will divide	people will divide	people will divide

dots, make dots, imprints

Áhát'íinii: /a ji yi ł kíísh/ -> [ajiiłkíísh] Áłts'íísígo dah da'alzhingo ájíléehgo, éí ajiiłkíísh dooleeł.
Verb: to put dots on an object; to put imprints on an object; also, to put white dots on a patient in a ceremony; one dots

T'áálá'ígo	Naakigo	Táá'dóó Ba'ąą
T'ahdii - imperfective		
iishkíísh	iilkíísh	da'iilkíísh
iiłkíísh	oołkíísh	da'oołkkíísh
iiłkíísh	iiłkíísh	da'iiłkíísh
ajiiłkíísh	ajiiłkíísh	da'jiiłkíísh
T'áá íídą́ą́' - perfective		
iiłkiizh	iilkiizh	da'iilkiizh
iinilkiizh	oołkiizh	da'oołkiizh
iiłkiizh	iiłkiizh	da'iiłkiizh
ajiiłkiizh	ajiiłkiizh	da'jiiłkiizh
T'ahígo - future		
iideeshkish	iidiilkish	da'iidiilkish
iidíiłkish	iidoołkish	da'iidoołkish
iidoołkish	iidoołkish	da'iidoołkish
iizhdoołkish	iizhdoołkish	da'iizhdoołkish

Singular (one person)	Dual Plural (two people)	Distributive Plural (three or more people)
T'ahdii - present		
I dot	we dot	we dot
you dot	you dot	you dot
she/he/it dots	they dot	they dot
one dots	people dot	people dot
T'áá íídą́ą́' - past		
I dotted	we dotted	we dotted
you dotted	you dotted	you dotted
she/he/it dotted	they dotted	they dotted
one dotted	people dotted	people dotted
T'ahígo - future		
I will dot	we will dot	we will dot
you will dot	you will dot	you will dot
she/he/it will dot	they will dot	they will dot
one will dot	people will dot	people will dot

draw, color, design

Áhát'íinii: /ni '(a) ji O ch'ąąjh/ -> [ni'jich'ąąh] T'áadoo le'é nizhónígo ájílééhgo ni'jich'ąąh łeh.
Verb: one draws; to draw; to design; to paint a picture

T'áałá'ígo	Naakigo	Táá'dóó Ba'ąą
T'ahdii- imperfective		
na'ashch'ąąh	na'iich'ąąh	nida'iich'ąąh
na'ích'ąąh	na'ohch'ąąh	nida'ohch'ąąh
na'ach'ąąh	na'ach'ąąh	nida'ach'ąąh
ni'jich'ąąh	ni'jich'ąąh	nida'jich'ąąh
T'áá íídą́ą́' - perfective		
ni'shéch'ąą'	ni'shiich'ąą'	nida'shiich'ąą'
ni'shínich'ąą'	ni'shooch'ąą'	nida'shooch'ąą
na'azhch'ąą'	na'azhch'ąą'	nida'azhch'ąą'
ni'jizhch'ąą'	ni'jizhch'ąą'	nida'jizhch'ąą'
T'ahígo - future		
ni'deeshch'ąh	ni'diich'ąh	nida'diich'ąh
ni'díích'ąh	ni'doohch'ąh	nida'doohch'ąh
ni'dooch'ąh	ni'dooch'ąh	nida'dooch'ąh
nizh'dooch'ąh	nizh'dooch'ąh	nidazh'dooch'ąh

Singular (one person)	Dual Plural (two people)	Distributive Plural (three or more people)
T'ahdii - present		
I draw	we draw	we draw
you draw	you draw	you draw
she/he/it draws	they draw	they draw
one draws	people draw	people draw
T'áá íídą́ą́' - past		
I drew	we drew	we drew
you drew	you drew	you drew
she/he/it drew	they drew	they drew
one drew	people drew	people drew
T'ahígo - future		
I will draw	we will draw	we will draw
you will draw	you will draw	you will draw
she/he/it will draw	they will draw	they will draw
one will draw	people will draw	people will draw

dress, put clothes on

Áhát'íinii: /ééh ji O ghááh/-> [ééh jighááh] Ha'éé' ádąąh nijí'nííłgo, 'ééh jigháah wolyé.
Verb: to dress; to put one's clothes on; one dresses

T'ááłá'ígo	Naakigo	Táá'dóó Ba'ąą
T'ahdii - imperfective		
ééh yisháah	ééh yiit'aash	ééh deiikááh
ééh nínááh	ééh woh'aash	ééh daahkááh
ééh yigháah	ééh yi'aash	ééh daakááh
ééh jigháah	ééh ji'aash	ééh jikááh
T'áá íídą́ą́' - perfective		
ééh yíyá	ééh yiit'áázh	ééh yiikai
ééh yíníyá	ééh woo'áázh	ééh woohkai
ééh yíyá	ééh yí'áázh	ééh yikai
ééh jííyá	ééh jíí'áázh	ééh jookai
T'ahígo - future		
ééh deesháał	ééh diit'ash	ééh diikah
ééh díínáał	ééh dooh'ash	ééh doohkah
ééh doogááł	ééh doo'ash	ééh dookah
ééh jidoogááł	ééh jidoo'ash	ééh jidookah

Singular (one person)	Dual Plural (two people)	Distributive Plural (three or more people)
T'ahdii - present		
I dress	we dress	we dress
you dress	you dress	you dress
she/he/it dresses	they dress	they dress
one dresses	people dress	people dress
T'áá íídą́ą́' - past		
I dressed	we dressed	we dressed
you dressed	you dressed	you dressed
she/he/it dressed	they dressed	they dressed
one dressed	people dressed	people dressed
T'ahígo - future		
I will dress	we will dress	we will dress
you will dress	you will dress	you will dress
she/he/it will dress	they will dress	they will dress
one will dress	people will dress	people will dress

D verbs

dress up

Áhát'íinii: /ha ji di O nééh/-> [hazhdinééh]   Ha'éé' yá'át'éhígíí ádąąh niji'níiłgo, hazhdinééh wolyé.
Verb: to dress up; to put on one's best clothes, or a costume, traditional outfit

T'áałá'ígo	Naakigo	Táá'dóó Ba'ąą
T'ahdii - imperfective		
hadishnééh	hadii'nééh	hadadii'nééh
hadínééh	hadohnééh	hadadohnééh
hadinééh	hadinééh	hadadinééh
hazhdinééh	hazhdinééh	hadazhdinééh
T'áá íídą́ą́' - perfective		
hadiisdzaa	hadiidzaa	hadadiidzaa
hadinidzaa	hadoohdzaa	hadadoohdzaa
hadiidzaa	hadiidzaa	hadadiidzaa
hazhdiidzaa	hazhdiidzaa	hadazhdiidzaa
T'ahígo - future		
hadideeshníił	hadidii'níił	hadadidii'níił
hadidííníił	hadidoohníił	hadadidoohníił
hadidooníił	hadidooníił	hadadidooníił
hazhdidooníił	hazhdidooníił	hadazhdidooníił

Singular (one person)	Dual Plural (two people)	Distributive Plural (three or more people)
T'ahdii - present		
I dress up	we dress up	we dress up
you dress up	you dress up	you dress up
she/he/it dresses up	they dress up	they dress up
one dresses up	people dress up	people dress up
T'áá íídą́ą́' - past		
I dressed up	we dressed up	we dressed up
you dressed up	you dressed up	you dressed up
she/he/it dressed up	they dressed up	they dressed up
one dressed up	people dressed up	people dressed up
T'ahígo - future		
I will dress up	we will dress up	we will dress up
you will dress up	you will dress up	you will dress up
she/he/it will dress up	they will dress up	they will dress up
one will dress up	people will dress up	people will dress up

drill through it

Áhát'íinii: /bi ghá ji 'a di l táás/ -> [bigházh'deełtáás] Bee'agháda'a'nilí bee aghá'jíníiłgo, éí t'áadoo le'é bigházh'deełtáás.
Verb: one drills through; to drill through it

T'áałá'ígo	Naakigo	Táá'dóó Ba'ąą
T'ahdii - imperfective		
bighádi'nistáás	bighádi'niiltáás	bighádadi'niiltáás
bighádi'níłtáás	bighádi'nołtáás	bighádadi'nołtáás
yighá'deełtáás	yighá'deełtáás	yigháda'deełtáás
bigházh'deełtáás	bigházh'deełtáás	bighádazh'deełtáás
T'áá íídą́ą́' - perfective		
bighádi'níłtaaz	bighádi'niiltaaz	bighádadi'niiltaaz
bighádíí'níłtaaz	bighádi'noołtaaz	bighádadi'noołtaaz
yighádi'níłtaaz	yighádi'níłtaaz	yighádadí'níłtaaz
bighádizh'níłtaaz	bighádizh'níłtaaz	bighádazhdí'níłtaaz
T'ahígo - future		
bighádi'deestas	bighádi'diiltas	bighádadi'diiltas
bighádi'díłtas	bighádi'doołtas	bighádadi'doołtas
yighádi'doołtas	yighádi'doołtas	yighádadi'doołtas
bigházhdi'doołtas	bigházhdi'doołtas	bighádazhdi'doołtas

Singular (one person)	Dual Plural (two people)	Distributive Plural (three or more people)
T'ahdii - present		
I drill	we drill	we drill
you drill	you drill	you drill
she/he/it drills	they drill	they drill
one drills	people drill	people drill
T'áá íídą́ą́' - past		
I drilled	we drilled	we drilled
you drilled	you drilled	you drilled
she/he/it drilled	they drilled	they drilled
one drilled	people drilled	people drilled
T'ahígo - future		
I will drill	we will drill	we will drill
you will drill	you will drill	you will drill
she/he/it will drill	they will drill	they will drill
one will drill	people will drill	people will drill

D verbs

drink

Áhát'íinii: /a ji d dlą́/ -> [ájiłdįih] T'áadoo le'é tóogo nidaago'ígíí ádiih jikáahgo ajidlą́ wolyé.
Verb: one drinks; to drink; to take a drink

T'áałá'ígo	Naakigo	Táá'dóó Ba'ąą
T'ahdii- imperfective		
ashdlą́	iidlą́	da'iidlą́
ídlą́	ohdlą́	da'ohdlą́
adlą́	adla	da'adlą́
ajidlą́	ajidlą́	da'jidlą́
T'áá íídą́ą́'- perfective		
eeshdlą́ą́'	iidlą́ą́'	da'iidlą́ą́'
íínídlą́ą́'	oohdlą́ą́'	da'oohdlą́ą́'
oodlą́ą́'	oodlą́ą́'	da'oodlą́ą́'
ajoodlą́ą́'	ajoodlą́ą́'	da'joodlą́ą́'
T'ahígo - future		
adeeshdlį́į́ł	adiidlį́į́ł	da'diidlį́į́ł
adíídlį́į́ł	adoohdlį́į́ł	da'doohdlį́į́ł
adoodlį́į́ł	adoodlį́į́ł	da'doodlį́į́ł
azhdoodlį́į́ł	azhdoodlį́į́ł	dazh'doodlį́į́ł

Singular (one person)	Dual Plural (two people)	Distributive Plural (three or more people)
T'ahdii - present		
I drink	we drink	we drink
you drink	you drink	you drink
she/he/it drinks	they drink	they drink
one drinks	people drink	people drink
T'áá íídą́ą́' - past		
I drank	we drank	we drank
you drank	you drank	you drank
she/he/it drank	they drank	they drank
one drank	people drank	people drank
T'ahígo - future		
I will drink	we will drink	we will drink
you will drink	you will drink	you will drink
she/he/it will drink	they will drink	they will drink
one will drink	people will drink	people will drink

drink it

Áhát'íinii: /ji d dlą́/-> [jidlą́] T'áá ałtsoní daadą́ągi ał'ąą át'éego wójí, tó ákót'é, tó yidą́ągi saad éí jidlą́ągo wójí.
Verb: one drinks; to drink it

T'ááłá'ígo	Naakigo	Táá'dóó Ba'ąą
T'ahdii- imperfective		
yishdlą́	yiidlą́	deiidlą́
nidlą́	wohdlą́	daahdlą́
yidlą́	yidlą́	deidlą́
jidlą́	jidlą́	dajidlą́
T'áá íídą́ą́'- perfective		
yishdlą́ą́'	yiidlą́ą́'	deiidlą́ą́'
yínídlą́ą́'	woohdlą́ą́'	daoohdlą́ą́'
yoodlą́ą́'	yoodlą́ą́'	dayoodlą́ą́'
joodlą́ą́'	joodlą́ą́'	dajoodlą́ą́'
T'ahígo - future		
deeshdlį́įł	diidlį́įł	dadiidlį́įł
díídlį́įł	doohdlį́įł	dadoohdlį́įł
yidoodlį́įł	yidoodlį́įł	deidoodlį́įł
jidoodlį́įł	jidoodlį́įł	dazhdoodlį́įł

Singular (one person)	Dual Plural (two people)	Distributive Plural (three or more people)
T'ahdii - present		
I drink	we drink	we drink
you drink	you drink	you drink
she/he/it drinks	they drink	they drink
one drinks	people drink	people drink
T'áá íídą́ą́' - past		
I drank	we drank	we drank
you drank	you drank	you drank
she/he/it drank	they drank	they drank
one drank	people drank	people drank
T'ahígo - future		
I will drink	we will drink	we will drink
you will drink	you will drink	you will drink
she/he/it will drink	they will drink	they will drink
one will drink	people will drink	people will drink

start to drive (a car, vehicle)

Áhát'íinii: /niki'ajidiyiłbąąs/-> [nikizh'dii bą́ą́s]   Índa chidí naabąąs bíhojiił'aahgo, éí óolyé nikizh'diiłbąąs.
Verb: one learns to drive; to learn to drive a car, a truck, etc

T'áálá'ígo	Naakigo	Táá'dóó Ba'ąą
T'ahdii- imperfective		
niki'diisbąąs	niki'diilbąąs	nikida'diilbąąs
niki'diiłbąąs	niki'doołbąąs	nikida'doołbąąs
niki'diiłbąąs	niki'diiłbąąs	nikida'diiłbąąs
nikizh'diiłbąąs	nikizh'diiłbąąs	nikidazh'diiłbąąs
T'aa iidaa'- perfective		
niki'diiłbą́ą́z	niki'diilbą́ą́z	nikida'diilbą́ą́z
niki'diniłbą́ą́z	niki'doołbą́ą́z	nikida'doołbą́ą́z
niki'diiłbą́ą́z	niki'diiłbą́ą́z	nikida'diiłbą́ą́z
nikizh'diiłbą́ą́z	nikizh'diiłbą́ą́z	nikidazh'diiłbą́ą́s
T'ahigo - future		
nikidi'deesbas	nikidi'diilbas	nikida'didiilbas
nikidi'díílbas	nikidi'doołbas	nikida'didoołbas
nikidi'doołbas	nikidi'doołbas	nikida'didoołbas
nikizhdi'doołbas	nikizhdi'doołbas	nikidazhdi'doołas

Singular (one person)	Dual Plural (two people)	Distributive Plural (three or more people)
T'ahdii - present		
I learn to drive	we learn to drive	we learn to drive
you learn to drive	you learn to drive	you learn to drive
she/he learns to drive	they learn to drive	they learn to drive
one learns to drive	people learn to drive	people learn to drive
T'áá íídą́ą́' - past		
I learned to drive	we learned to drive	we learned to drive
you learned to drive	you learned to drive	you learned to drive
she/he learned to drive	they learned to drive	they learned to drive
one learned to drive	people learned to drive	people learned to drive
T'ahígo - future		
I will learn to drive	we will learn to drive	we will learn to drive
you will learn to drive	you will learn to drive	you will learn to drive
she/he will learn to drive	they will learn to drive	they will learn to drive
one will learn to drive	people will learn to drive	people will learn to drive

dye an object black

Áhát'íinii: /a ji i ł zhį́įh/ -> [ajiishį́įh] T'áadoo le'é łizhingo ádeeshłį́į́ jinízingo bee'iilzhį́hį́ bił jiłbish, éí ajiishį́įh wolyé.
Verb: one dyes; to dye an object black; dye wool in black dye etc.

T'ááłá'ígo	Naakigo	Táá'dóó Ba'ąą
T'ahdii - imperfective		
iishshį́įh	iilzhį́įh	da'iilzhį́įh
iishį́įh	oohshį́įh	da'oohshį́įh
iishį́įh	iishį́įh	da'iishį́įh
ajiishį́įh	ajiishį́įh	da'jiishį́įh
T'áá íídą́ą́' - perfective		
iishį́į'	iilzhį́į'	da'iilzhį́į'
iinishį́į'	ooshį́į'	da'ooshį́į'
iishį́į'	iishį́į'	da'iishį́į'
ajiishį́į'	ajiishį́į'	da'jiishį́į'
T'ahígo - future		
iideeshį́įł	iidiilzhį́įł	da'iidiilzhį́įł
iidííshį́įł	iidoohshį́įł	da'iidoohshį́įł
iidooshį́įł	iidooshį́įł	da'iidooshį́įł
iizhdooshį́įł	iizhdooshį́įł	da'iizhdooshį́įł

Singular (one person)	Dual Plural (two people)	Distributive Plural (three or more people)
T'ahdii - present		
I dye	we dye	we dye
you dye	you dye	you dye
she/he/it dyes	they dye	they dye
one dyes	people dye	people dye
T'áá íídą́ą́' - past		
I dyed	we dyed	we dyed
you dyed	you dyed	you dyed
she/he/it dyed	they dyed	they dyed
one dyed	people dyed	people dyed
T'ahígo - future		
I will dye	we will dye	we will dye
you will dye	you will dye	you will dye
she/he/it will dye	they will dye	they will dye
one will dye	people will dye	people will dye

dye blue, turn it blue

Áhát'íinii: /a ji di i ł tł'íísh/ -> [azhdiiłtł'íísh] T'áadoo le'é dootł'izhgo ádeeshłííł jinízingo, bee'adi-iłtł'íshí bił jiłbish, éí azhdiiłtł'íísh wolyé.
Verb: one dyes; to dye an object blue or green

T'áałá'ígo	Naakigo	Táá'dóó Ba'ąą
T'ahdii - imperfective		
adiishtł'íísh	adiiltł'íísh	da'diiltł'íísh
adiiłtł'íísh	adooltł'íísh	da'dooltł'íísh
adiiłtł'íísh	adiiłtł'íísh	da'diiłtł'íísh
azhdiiłtł'íísh	azhdiiłtł'íísh	dazh'diiłtł'íísh
T'áá íídą́ą́' - perfective		
adiiłtł'iizh	adiiltł'iizh	da'diiltł'iizh
adiniłtł'iizh	adooltł'iizh	da'dooltł'iizh
adiiłtł'iizh	adiiłtł'iizh	da'diiłtł'iizh
azhdiiłtł'iizh	azhdiiłtł'iizh	dazh'diiłtł'iizh
T'ahígo - future		
adideeshtł'ish	adidiiltł'ish	dadi'diiltł'ish
adidííłtł'ish	adidooltł'ish	dadi'dooltł'ish
adidooltł'ish	adidooltł'ish	dadi'dooltł'ish
azhdidooltł'ish	azhdidooltł'ish	dazhdi'dooltł'ish

Singular (one person)	Dual Plural (two people)	Distributive Plural (three or more people)
T'ahdii - present		
I dye	we dye	we dye
you dye	you dye	you dye
she/he/it dyes	they dye	they dye
one dyes	people dye	people dye
T'áá íídą́ą́' - past		
I dyed	we dyed	we dyed
you dyed	you dyed	you dyed
she/he/it dyed	they dyed	they dyed
one dyed	people dyed	people dyed
T'ahígo - future		
I will dye	we will dye	we will dye
you will dye	you will dye	you will dye
she/he/it will dye	they will dye	they will dye
one will dye	people will dye	people will dye

dye, dye red

Áhát'íinii: /'a ji ł chíîh/ -> [ajiiłchíîh] T'áadoo le'é łichíí'go ádeeshłíîł jinízingo, bee'iilchxíhí bił jiłbish, éí ajiiłchííh wolyé.
Verb: one dyes; to dye an object red

T'ááłá'ígo	Naakigo	Táá'dóó Ba'ąą
T'ahdii - imperfective		
iishchííh	iilchííh	da'iilchííh
iiłchííh	oołchííh	da'oołchííh
iiłchííh	iiłchííh	da'iiłchííh
ajiiłchííh	ajiiłchííh	da'jiiłchííh
T'áá íídą́ą́'- perfective		
iiłchii'	iilchii'	da'iilchii'
iinitchii'	oołchii'	da'oołchii'
iiłchii'	iiłchii'	da'iiłchii'
ajiiłchii'	ajiiłchii'	da'jiiłchii'
T'ahígo - future		
iideeshchih	iidiilchih	da'iidiilchih
iidíîłchih	iidoołchih	da'iidoołchih
iidoołchih	iidoołchih	da'iidoołchih
iizhdoołchih	iizhdoołchih	da'iizhdoołchih

Singular (one person)	Dual Plural (two people)	Distributive Plural (three or more people)
T'ahdii - present		
I dye	we dye	we dye
you dye	you dye	you dye
she/he/it dyes	they dye	they dye
one dyes	people dye	people dye
T'áá íídą́ą́' - past		
I dyed	we dyed	we dyed
you dyed	you dyed	you dyed
she/he/it dyed	they dyed	they dyed
one dyed	people dyed	people dyed
T'ahígo - future		
I will dye	we will dye	we will dye
you will dye	you will dye	you will dye
she/he/it will dye	they will dye	they will dye
one will dye	people will dye	people will dye

dye orange or yellow

Áhát'íinii: /a ji i ł tsxóóh/-> [ajiiłtsxóóh] T'áadoo le'é łitsxogo ádeeshłííł jinízingo, bee'iiltsxohí bił jiłbish, éí ajiiłtsxóóh wolyé.
Verb: one dyes; to dye an object yellow or orange

T'áałá'ígo	Naakigo	Táá'dóó Ba'ąą
T'ahdii - imperfective		
iistsxóóh	iiłtsxóóh	da'iiltsxóóh
iiłtsxóóh	oołtsxóóh	da'oołtsxóóh
iiłtsxóóh	iiłtsxóóh	da'iiłtsxóóh
ajiiłtsxóóh	ajiiłtsxóóh	da'jiiłtsxóóh
T'áá íídą́ą́' - perfective		
iiłtsxoii	iiłtsxoii	da'iiltsxoii
iiniłtsxoii	oołtsxoii	da'oołtsxoii
iiłtsxoii	iiłtsxoii	da'iiłtsxoii
ajiiltsxoii	ajiiltsxoii	da'jiiltsxoii
T'ahígo - future		
iideestsxoh	iidiiltsxoh	da'iidiiltsxoh
iidííłtsxoh	iidoołtsxoh	da'iidoołtsxoh
iidoołtsxoh	iidoołtsxoh	da'iidoołtsxoh
iizhdoołtsxoh	iizhdoołtsxoh	da'iizhdoołtsxoh

Singular (one person)	Dual Plural (two people)	Distributive Plural (three or more people)
T'ahdii - present		
I dye	we dye	we dye
you dye	you dye	you dye
she/he/it dyes	they dye	they dye
one dyes	people dye	people dye
T'áá íídą́ą́' - past		
I dyed	we dyed	we dyed
you dyed	you dyed	you dyed
she/he/it dyed	they dyed	they dyed
one dyed	people dyed	people dyed
T'ahígo - future		
I will dye	we will dye	we will dye
you will dye	you will dye	you will dye
she/he/it will dye	they will dye	they will dye
one will dye	people will dye	people will dye

eat

Áhát'íinii: /a jiO yá/ -> [ajiyá]   Ch'iyáán hazajiiníiłgo, ji'aał dóó ajiiłneehgo, ajiyá wolyé.
Verb: one eats; to eat something; eat an indefinite object

T'áałá'ígo	Naakigo	Táá'dóó Ba'aa
T'ahdii - imperfective		
ashą́	iidą́	da'iidą́
íyą́	osą́	da'osą́
ayą́	ayą́	da'ayą́
ajiyą́	ajiyą́	da'jiyą́
T'áá íídą́ą́' - perfective		
ííyą́ą́'	iidą́ą́'	da'iidą́ą́'
ííníyą́ą́'	ooyą́ą́'	da'ooyą́ą́'
ííyą́ą́'	ííyą́ą́'	da'ííyą́ą́'
ajííyą́ą́'	ajííyą́ą́'	da'ajííyą́ą́'
T'ahígo - future		
adeeshį́į́ł	adiidį́į́ł	da'diidį́į́ł
adííyį́į́ł	adoosį́į́ł	da'doosį́į́ł
adooyį́į́ł	adooyį́į́ł	da'dooyį́į́ł
azhdooyį́į́ł	azhdooyį́į́ł	dazhdooyį́į́ł

Singular (one person)	Dual Plural (two people)	Distributive Plural (three or more people)
T'ahdii - present		
I eat	we eat	we eat
you eat	you eat	you eat
she/he/it eats	they eat	they eat
one eats	people eat	people eat
T'áá íídą́ą́' - past		
I ate	we ate	we ate
you ate	you ate	you ate
she/he/it ate	they ate	they ate
one ate	people ate	people ate
T'ahígo - future		
I will eat	we will eat	we will eat
you will eat	you will eat	you will eat
she/he/it will eat	they will eat	they will eat
one will eat	people will eat	people will eat

E verbs

eat (corn, eat hard objects)

Áhát'íinii: /a ji O 'aał/ -> [aji 'aał], Naadą́ą́' dóó t'áadoo le'é danitł'izígíí jiyą́ągo, éí aji'aał wolyé.
Verb: one eats corn; to eat corn; the verb aji'aał is most often used to mean eat corn

T'áálá'ígo	Naakigo	Táá'dóó Ba'ąą
T'ahdii - imperfective		
ash'aał	iit'aał	da'iit'aał
í'aał	oh'aał	dá'oh'aał
a'aał	a'aał	da'a'aał
aji'aał	aji'aał	da'ji'aał
T'áá íídą́ą́' - perfective		
íí'aal	iit'aal	da'iit'aal
ííní'aal	oo'aal	da'oo'aal
íí'aal	íí'aal	da'íí'aal
ajíí'aal	ajíí'aal	da'jíí'aal
T'ahígo - future		
adeesh'ał	adiit'ał	da'diit'ał
adíí'ał	adooh'ał	da'dooh'ał
adoo'ał	adoo'ał	da'doo'ał
azhdoo'ał	azhdoo'ał	dazh'doo'ał

Singular (one person)	Dual Plural (two people)	Distributive Plural (three or more people)
T'ahdii - present		
I eat corn	we eat corn	we eat corn
you eat corn	you eat corn	you eat corn
she/he/it eats corn	they eat corn	they eat corn
one eats corn	people eat corn	people eat corn
T'áá íídą́ą́' - past		
I ate corn	we ate corn	we ate corn
you ate corn	you ate corn	you ate corn
she/he/it ate corn	they ate corn	they ate corn
one ate corn	people ate corn	people ate corn
T'ahígo - future		
I will eat corn	we will eat corn	we will eat corn
you will eat corn	you will eat corn	you will eat corn
she/he/it will eat corn	they will eat corn	they will eat corn
one will eat corn	people will eat corn	people will eat corn

eat (meat)

Áhát'íinii: /a ji l ghał/ -> [ajilghał] Ach'ą ho'niiłhéehgo, atsį' ła' nizhónígo jiłt'is dóó t'áá hóznízingo jiyį́į́h, éí óolyé ajilghał.
Verb: to eat meat; one eats meat

T'áálá'ígo	Naakigo	Táá'dóó Ba'ąą
T'ahdii - imperfective		
ashghał	iilghał	da'iilghał
ílghał	ołghał	da'ołghał
alghał	alghał	da'alghał
ajilghał	ajilghał	da'jilghał
T'áá íídą́ą́' - perfective		
eeshghal	iilghal	da'iilghal
íínílghal	oołghal	da'oołghal
oolghal	oolghal	da'oolghal
ajoolghal	ajoolghal	da'joolghal
T'ahígo - future		
adeeshghał	adiilghał	da'diilghał
adíílghał	adoołghał	da'doołghał
adoolghał	adoolghał	da'doolghał
azhdoolghał	azhdoolghał	dazh'doolghał

Singular (one person)	Dual Plural (two people)	Distributive Plural (three or more people)
T'ahdii - present		
I eat meat	we eat meat	we eat meat
you eat meat	you eat meat	you eat meat
she/he/it eats meat	they eat meat	they eat meat
one eats meat	people eat meat	people eat meat
T'áá íídą́ą́' - past		
I ate meat	we ate meat	we ate meat
you ate meat	you ate meat	you ate meat
she/he/it ate meat	they ate meat	they ate meat
one ate meat	people ate meat	people ate meat
T'ahígo - future		
I will eat meat	we will eat meat	we will eat meat
you will eat meat	you will eat meat	you will eat meat
she/he/it will eat meat	they will eat meat	they will eat meat
one will eat meat	people will eat meat	people will eat meat

eat it (a definite object)

Áhát'íinii: /ji O yá/ -> [jiyá]   Dichin ho'niiłhéehgo, ch'iyáán ła' bee ná'ádízhníilcháadgo, éí ch'iyáán jiyą́ą dooleeł.
Verb: one eats; to eat a definite object; eat bread, an apple etc.

T'ááłá'ígo	Naakigo	Táá'dóó Ba'ąą
T'ahdii - imperfective		
yishą́	yiidą́	deiidą́
niyą́	wosą́	daasą́
yiyą́	yiyą́	deiyą́
jiyą́	jiyą́	dajiyą́
T'áá íídą́ą́' - perfective		
yíyą́ą́'	yiidą́ą́'	deiidą́ą́'
yíníyą́ą́'	wooyą́ą́'	daooyą́ą́'
yiyííyą́ą́'	yiyííyą́ą́'	dayííyą́ą́'
jííyą́ą́'	jííyą́ą́'	dajííyą́ą́'
T'ahígo - future		
deeshį́į́ł	diidį́į́ł	dadiidį́į́ł
dííyį́į́ł	doosį́į́ł	dadoosį́į́ł
yidooyį́į́ł	yidooyį́į́ł	deidooyį́į́ł
jidooyį́į́ł	jidooyį́į́ł	dazhdooyį́į́ł

Singular (one person)	Dual Plural (two people)	Distributive Plural (three or more people)
T'ahdii - present		
I eat	we eat	we eat
you eat	you eat	you eat
she/he/it eats	they eat	they eat
one eats	people eat	people eat
T'áá íídą́ą́' - past		
I ate	we ate	we ate
you ate	you ate	you ate
she/he/it ate	they ate	they ate
one ate	people ate	people ate
T'ahígo - future		
I will eat	we will eat	we will eat
you will eat	you will eat	you will eat
she/he/it will eat	they will eat	they will eat
one will eat	people will eat	people will eat

eat it (meat)

Áhát'íinii: /ji l ghał/-> [jilghał]   Atsį' jiyą́ągo éí atsį' jilghał wolyé.
Verb: to eat meat; one eats meat

T'ááłá'ígo	Naakigo	Táá'dóó Ba'ąą
T'ahdii - imperfective		
yishghał	yiilghał	deiilghał
nilghał	wołghał	daałghał
yilghał	yilghał	deilghał
jilghał	jilghał	dajilghał
T'áá íídą́ą́' - perfective		
yishghal	yiilghal	deiilghal
yínílghal	woołghal	daołghal
yoolghal	yoolghal	dayoolghal
joolghal	joolghal	dajoolghal
T'ahígo - future		
deeshghał	diilghał	dadiilghał
díílghał	doołghał	dadoołghał
yidoolghał	yidoolghał	deidoolghał
jidoolghał	jidoolghał	dazhdoolghał

Singular (one person)	Dual Plural (two people)	Distributive Plural (three or more people)
T'ahdii - present		
I eat meat	we eat meat	we eat meat
you eat meat	you eat meat	you eat meat
she/he/it eats meat	they eat meat	they eat meat
one eats meat	people eat meat	people eat meat
T'áá íídą́ą́' - past		
I ate meat	we ate meat	we ate meat
you ate meat	you ate meat	you ate meat
she/he/it ate meat	they ate meat	they ate meat
one ate meat	people ate meat	people ate meat
T'ahígo - future		
I will eat meat	we will eat meat	we will eat meat
you will eat meat	you will eat meat	you will eat meat
she/he/it will eat meat	they will eat meat	they will eat meat
one will eat meat	people will eat meat	people will eat meat

E verbs

eat it (mushy food)

Áhát'íinii: /ji ł ts'ééh/ -> [jiłts'ééh] Ch'iyáán t'áá yéego tanashgizgo jiyáágo jiłts'ééh wolyé.
Verb: one eats mush; to eat mush; to eat food that has a mushy texture. Ajiłts'ééh refers to eating mush during the Navajo wedding.

T'ááłá'ígo	Naakigo	Táá'dóó Ba'ąą
T'ahdii - imperfective		
yists'ééh	yiilts'ééh	deiilts'ééh
niłts'ééh	wołts'ééh	daałts'ééh
yiłts'ééh	yiłts'ééh	deiłts'ééh
jiłts'ééh	jiłts'ééh	dajiłts'ééh
T'áá íídą́ą́' - perfective		
yíłts'ee'	yiilts'ee'	deiilts'ee'
yíníłts'ee'	woołts'ee'	daoołts'ee'
yiyííłts'ee'	yiyííłts'ee'	dayííłts'ee'
jííłts'ee'	jííłts'ee'	dajííłts'ee'
T'ahígo - future		
deests'ah	diilts'ah	dadiilts'ah
dííłts'ah	doołts'ah	dadoołts'ah
yidoołts'ah	yidoołts'ah	deidoołts'ah
jidoołts'ah	jidoołts'ah	dazhdoołts'ah

Singular (one person)	Dual Plural (two people)	Distributive Plural (three or more people)
T'ahdii - present		
I eat mush	we eat mush	we eat mush
you eat mush	you eat mush	you eat mush
she/he/it eats mush	they eat mush	they eat mush
one eats mush	people eat mush	people eat mush
T'áá íídą́ą́' - past		
I ate mush	we ate mush	we ate mush
you ate mush	you ate mush	you ate mush
she/he/it ate mush	they ate mush	they ate mush
one ate mush	people ate mush	people ate mush
T'ahígo - future		
I will eat mush	we will eat mush	we will eat mush
you will eat mush	you will eat mush	you will eat mush
she/he/it will eat mush	they will eat mush	they will eat mush
one will eat mush	people will eat mush	people will eat mush

eat them, eat plural objects

Áhát'íinii: /ji l deeł/ -> [jildeeł] Ch'iyáán ádaałts'ísígo ázajiijáahgo, dóó t'áá łáągo jiyáągo, éí jildeeł łeh.

Verb: one eats; to eat plural objects

T'ááłá'ígo	Naakigo	Táá'dóó Ba'ąą
T'ahdii - imperfective		
yishdeeł	yiildeeł	deiildeeł
nildeeł	wołdeeł	daałdeeł
yildeeł	yildeeł	deildeeł
jildeeł	jildeeł	jildeeł
T'áá íídą́ą́' - perfective		
yishdééł	yiildééł	deiildééł
yíníldééł	woołdééł	daoołdééł
yooldééł	yooldééł	dayooldééł
jooldééł	jooldééł	dajooldééł
T'ahígo - future		
deeshdił	diildił	dadiildił
díídił	doołdił	dadoołdił
yidooldił	yidooldił	deidooldił
jidooldił	jidooldił	dazhdooldił

Singular (one person)	Dual Plural (two people)	Distributive Plural (three or more people)
T'ahdii - present		
I eat	we eat	we eat
you eat	you eat	you eat
she/he/it eats	they eat	they eat
one eats	people eat	people eat
T'áá íídą́ą́' - past		
I ate	we ate	we ate
you ate	you ate	you ate
she/he/it ate	they ate	they ate
one ate	people ate	people ate
T'ahígo - future		
I will eat	we will eat	we will eat
you will eat	you will eat	you will eat
she/he/it will eat	they will eat	they will eat
one will eat	people will eat	people will eat

E verbs

enter, go inside

Áhát'íinii: /yah a ji O ghááh/ -> [yah ajighááh] Tł'óó'déé' wóne' góne' yah ahojileehgo, yah ajighááh.
Verb: to enter; to go into a shelter; one enters

T'ááłá'ígo	Naakigo	Táá'dóó Ba'ąą
T'ahdii - imperfective		
yah iishááh	yah iit'aash	yah iikááh
yah aninááh	yah ooh'aash	yah oohkááh
yah iighááh	yah ii'aash	yah iikááh
yah ajighááh	yah aji'aash	yah ajikááh
T'áá íídą́ą́' - perfective		
yah ííyá	yah iit'áázh	yah iikai
yah ííníyá	yah oo'áázh	yah oohkai
yah ííyá	yah íí'áázh	yah eekai
yah ajííyá	yah ajíí'áázh	yah ajookai
T'ahígo - future		
yah adeesháał	yah adiit'ash	yah adiikah
yah adíínáał	yah adooh'ash	yah adoohkah
yah adoogááł	yah adoo'ash	yah adookah
yah azhdoogááł	yah azhdoo'ash	yah azhdookah

Singular (one person)	Dual Plural (two people)	Distributive Plural (three or more people)
T'ahdii - present		
I enter	we enter	we enter
you enter	you enter	you enter
she/he/it enters	they enter	they enter
one enters	people enter	people enter
T'áá íídą́ą́' - past		
I entered	we entered	we entered
you entered	you entered	you entered
she/he/it entered	they entered	they entered
one entered	people entered	people entered
T'ahígo - future		
I will enter	we will enter	we will enter
you will enter	you will enter	you will enter
she/he/it will enter	they will enter	they will enter
one will enter	people will enter	people will enter

erase, destroy it

Áhát'íinii: /k'é ná 'a ji ł chǫǫh/ -> [k'éé'jiłchǫǫh] T'áadoo le'é ályaa nít'ée'go éí jilchǫǫhgo éí k'éé'jiłchǫǫh wolyé.
Verb: one erases; to erase; to destroy something

T'áałá'ígo	Naakigo	Táá'dóó Ba'ąą
T'ahdii - imperfective		
k'éé'éshchǫǫh	k'éé'iilchǫǫh	k'ééda'iilchǫǫh
k'éé'iłchǫǫh	k'éé'ółchǫǫh	k'ééda'ołchǫǫh
k'éé'éłchǫǫh	k'éé'éłchǫǫh	k'ééda'ałchǫǫh
k'éé'jiłchǫǫh	k'éé'jiłchǫǫh	k'ééda'jiłchǫǫh
T'áá íídą́ą́' - perfective		
k'éé'íłchǫ'	k'éé'iilchǫ'	k'ééda'iilchǫ'
k'éé'íiníłchǫ'	k'éé'oołchǫ'	k'ééda'oołchǫ'
k'éé'íłchǫ'	k'éé'íłchǫ'	k'ééda'íłchǫ'
k'éé'jííłchǫ'	k'éé'jííłchǫ'	k'ééda'jííłchǫ'
T'ahígo - future		
k'éé'deeshchǫǫł	k'éé'diilchǫǫł	k'ééda'diilchǫǫł
k'éé'díiłchǫǫł	k'éé'doołchǫǫł	k'ééda'doołchǫǫł
k'éé'doołchǫǫł	k'éé'doołchǫǫł	k'ééda'doołchǫǫł
k'éézh'doołchǫǫł	k'éézh'doołchǫǫł	k'ééazh'doołchǫǫł

Singular (one person)	Dual Plural (two people)	Distributive Plural (three or more people)
T'ahdii - present		
I erase	we erase	we erase
you erase	you erase	you erase
she/he/it erases	they erase	they erase
one erases	people erase	people erase
T'áá íídą́ą́ - past		
I erased	we erased	we erased
you erased	you erased	you erased
she/he/it erased	they erased	they erased
one erased	people erased	people erased
T'ahígo - future		
I will erase	we will erase	we will erase
you will erase	you will erase	you will erase
she/he/it will erase	they will erase	they will erase
one will erase	people will erase	people will erase

E verbs

excited, emotional

Áhát'íinii: /ádił na ho ji di l chił/-> [adił nahozhdilchił] T'áadoo le'é ho'diił'áago, ch'ééh hasht'eezhdit'eehgo, éí ádił nahozhdilchił wolyé.
Verb: one is excited; hyper; emotional

T'áałá'ígo	Naakigo	Táá'dóó Ba'ąą
T'ahdii - imperfective		
ádił nahodishchił	ádił nahodiilchił	ádił nidahodiilchił
ádił nahodílchił	ádił nahodołchił	ádił nidahodołchił
ádił nahodilchił	ádił nahodilchił	ádił nidahodilchił
ádił nahozhdilchił	ádił nahozhdilchił	ádił nidahozhdilchił
T'áá íídą́ą́'- perfective		
ádił nahodéshchil	ádił nahodeelchil	ádił nidahodeelchil
ádił nahodínílchil	ádił nahodoołchil	ádił nidahodoołchil
ádił nahodeeshchil	ádił nahodeeshchil	ádił nidahodeeschchil
ádił nahozhdeeshchil	ádił nahozhdeeshchil	ádił nidahozhdeeshchil
T'ahígo - future		
ádił nahodideeshchił	ádił nahodidiilchił	ádił nidahodidiilchił
ádił nahodidíílchił	ádił nahodidoołchił	ádił nidahodidoołchił
ádił nahodidoolchił	ádił nahodidoolchił	ádił nidahodidoolchił
ádił nahozhdidoolchił	ádił nahozhdidoolchił	ádił nidahozhdidoolchił

Singular (one person)	Dual Plural (two people)	Distributive Plural (three or more people)
T'ahdii - present		
I am excited	we are excited	we are excited
you are excited	you are excited	you are excited
she/he/it is excited	they are excited	they are excited
one is excited	people are excited	people are excited
T'áá íídą́ą́' - past		
I became excited	we became excited	we became excited
you became excited	you became excited	you became excited
she/he/it became excited	they became excited	they became excited
one became excited	people became excited	people became excited
T'ahígo - future		
I will become excited	we will become excited	we will become excited
you will become excited	you will become excited	you will become excited
she/he/it will become excited	they will become excited	they will become excited
one will become excited	people will become excited	people will become excited

fall (animate object)

Áhát'íinii: /adah a ji O tłíísh/-> [adah ajitłíísh] Wódahdi ájít'éé nít'éé'go, wóyahdi nijinítłizhgo éí adah ajitłíísh wolyé.
Verb: one falls down; to fall down from a higher position, falling animate objects

T'áałá'ígo	Naakigo	Táá'dóó Ba'ąą
T'ahdii - imperfective		
adah iishtłíísh	adah aniidééh	adah adaniidééh
adah anitłíísh	adah anohdééh	adah adanohdééh
adah iitłíísh	adah anidééh	adah adanidééh
adah ajitłíísh	adah azhnidééh	adah adazhnidééh
T'áá íídą́ą́' - perfective		
adah íítłizh	adah aniidee'	adah adaniidee'
adah íínítłizh	adah anoodee'	adah adanoodee'
adah íítłizh	adah aníídee'	adah adaníídee'
adah ajíítłizh	adah azhníídee'	adah adazhníídee'
T'ahígo - future		
adah adeeshtłish	adah adíníidah	adah adadíníidah
adah adíítłish	adah adínóohdah	adah adadínóohdah
adah adootłish	adah adínóodah	adah adadínóodah
adah azhdootłish	adah azhdínóodah	adah adazhdínóodah

Singular (one person)	Dual Plural (two people)	Distributive Plural (three or more people)
T'ahdii - present		
I fall	we fall	we fall
you fall	you fall	you fall
she/he/it falls	they fall	they fall
one falls	people fall	people fall
T'áá íídą́ą́' - past		
I fell	we fell	we fell
you fell	you fell	you fell
she/he/it fell	they fell	they fell
one fell	people fell	people fell
T'ahígo - future		
I will fall	we will fall	we will fall
you will fall	you will fall	you will fall
she/he/it will fall	they will fall	they will fall
one will fall	people will fall	people will fall

fall down from above, animate object falls

Áhát'íinii: /ni ji O tłíísh/ -> [nijitłíísh] Wódahdę́ę́' nijigeehgo, éí nijitłíísh łeh.
Verb: one falls down; to fall down from a higher position. This verb refers to animate objects

T'ááłá'ígo	Naakigo	Táá'dóó Ba'ą̨ą
T'ahdii - imperfective		
naashtłíísh	naniidééh	nidaniidééh
nanitłíísh	nanohdééh	nidanohdééh
naatłíísh	nanidééh	nidanidééh
nijitłíísh	nazhnidééh	nidazhnidééh
T'áá íídą́ą́' - perfective		
nááłtizh	naniidee'	nidaniidee'
néínítłizh	nanoodee'	nidanoodee'
nááłtizh	naníídee'	nidaníídee'
nijíítłizh	nazhníídee'	nidazhníídee'
T'ahígo - future		
nideeshtłish	nidíníidah	nidadíníidah
nidíítłish	nidínóohdah	nidadínóohdah
nidootłish	nidínóodah	nidadínóodah
nizhdootłish	nidízhnóodah	nidazhdínóodah

Singular (one person)	Dual Plural (two people)	Distributive Plural (three or more people)
T'ahdii - present		
I fall	we fall	we fall
you fall	you fall	you fall
she/he/it falls	they fall	they fall
one falls	people fall	people fall
T'áá íídą́ą́' - past		
I fell	we fell	we fell
you fell	you fell	you fell
she/he/it fell	they fell	they fell
one fell	people fell	people fell
T'ahígo - future		
I will fall	we will fall	we will fall
you will fall	you will fall	you will fall
she/he/it will fall	they will fall	they will fall
one will fall	people will fall	people will fall

fall, trip, stumble

Áhát'íinii: /ji di O geeh/ -> [jidigeeh]   T'áadoo hooyání jiditłishgo, índa t'áadoo le'é jiitałgo, éí jidigeeh wolyé.
Verb: to stumble; to fall; to trip; one falls

T'áałá'ígo	Naakigo	Táá'dóó Ba'ąą
T'ahdii - imperfective		
dishgeeh	diigeeh	dadiigeeh
dígeeh	dohgeeh	dadohgeeh
digeeh	digeeh	dadigeeh
jidigeeh	jidigeeh	dazhdigeeh
T'áá íídą́ą́' - perfective		
dégo'	deego'	dadeego'
dínígo'	disoogo'	dasidoogo'
deezgo'	deezgo'	dadeezgo'
jideezgo'	jideezgo'	dazhdeezgo'
T'ahígo - future		
dideeshgoh	didiigoh	dadidiigoh
didíígoh	didoohgoh	dadidoohgoh
didoogoh	didoogoh	dadidoogoh
jididoogoh	jididoogoh	dazhdidoogoh

Singular (one person)	Dual Plural (two people)	Distributive Plural (three or more people)
T'ahdii - present		
I fall	we fall	we fall
you fall	you fall	you fall
she/he/it falls	they fall	they fall
one falls	people fall	people fall
T'áá íídą́ą́' - past		
I fell	we fell	we fell
you fell	you fell	you fell
she/he/it fell	they fell	they fell
one fell	people fell	people fell
T'ahígo - future		
I will fall	we will fall	we will fall
you will fall	you will fall	you will fall
she/he/it will fall	they will fall	they will fall
one will fall	people will fall	people will fall

F verbs

fight, attack him

Áhát'íinii: /bi k'i ji i l yeed/ -> [bik'ijiilyeed] Ła'nida bich'į' doo hoł hoozhǫǫh dóó bich'į' hááháchįįhgo, doo bik'ijiilyeed da.
Verb: one fights; to fight with; to pick a fight with; attack

T'ááłá'ígo	Naakigo	Táá'dóó Ba'ąą
T'ahdii - imperfective		
bik'iishyeed	bik'ihi'niilchééh	bik'iijeeh
bik'iilyeed	bik'ihi'noołchééh	bik'ioohjeeh
yik'iilyeed	yik'ihi'niilchééh	yik'iijeeh
bik'ijiilyeed	bik'ihizh'niilchééh	bik'ijiijeeh
T'áá íídą́ą́' - perfective		
bik'iishwod	bik'ihi'niilchą́ą́'	bik'iijéé'
bik'iinilwod	bik'ihi'noołchą́ą́'	bik'ioojéé'
yik'iilwod	yik'ihi'niilchą́ą́'	yik'iijéé'
bik'ijiilwod	bik'ihizh'niilchą́ą́'	bik'ijiijéé'
T'ahígo - future		
bik'iideeshwoł	bik'ihidí'níilchééł	bik'iidiijah
bik'iidíílwoł	bik'ihidí'nóołchééł	bik'iidoohjah
yik'iidoolwoł	yik'ihidí'nóolchééł	yik'iidoojah
bik'iizhdoolwoł	bik'iizhdínóolchééł	bik'iizhdoojah

Singular (one person)	Dual Plural (two people)	Distributive Plural (three or more people)
T'ahdii - present		
I fight with	we fight with	we fight with
you fight with	you fight with	you fight with
she/he/it fights with	they fight with	they fight with
one fights with	people fight with	people fight with
T'áá íídą́ą́' - past		
I fought with	we fought with	we fought with
you fought with	you fought with	you fought with
she/he/it fought with	they fought with	they fought with
one fought with	people fought with	people fought with
T'ahígo - future		
I will fight with	we will fight with	we will fight with
you will fight with	you will fight with	you will fight with
she/he/it will fight with	they will fight with	they will fight with
one will fight with	people will fight with	people will fight with

fill it up

Áhát'íinii: /ha ji di ł bin/ -> [hazhdiłbin] T'áadoo le'é biih hool'áago, ákóne' i'ijiiníiłgo, bii' doo haz'ą́ą da yileehgo, éí bii' hazhdiłbin wolyé.

Verb: one fills up; to fill; to fill up a container

T'áałá'ígo	Naakigo	Táá'dóó Ba'ąą
T'ahdii - imperfective		
hadishbin	hadiilbin	hadadiilbin
hadiłbin	hadołbin	hadadołbin
haidiłbin	haidiłbin	hadeidiłbin
hazhdiłbin	hazhdiłbin	hadazhdiłbin
T'áá íídą́ą́' - perfective		
hadéélbįįd	hadiilbįįd	hadadeelbįįd
hadíínílbįįd	hadoolbįįd	hadadoolbįįd
haidéélbįįd	haidéélbįįd	hadeidéélbįįd
hazhdéélbįįd	hazhdéélbįįd	hadazhdéélbįįd
T'ahígo - future		
hadideeshbį́į́ł	hadidiilbį́į́ł	hadadidiilbį́į́ł
hadidííłbį́į́ł	hadidoołbį́į́ł	hadadidoołbį́į́ł
haididoołbį́į́ł	haididoołbį́į́ł	hadeididoołbį́į́ł
hazhdidoołbį́į́ł	hazhdidoołbį́į́ł	hadazhdidoołbį́į́ł

Singular (one person)	Dual Plural (two people)	Distributive Plural (three or more people)
T'ahdii - present		
I fill	we fill	we fill
you fill	you fill	you fill
she/he/it fills	they fill	they fill
one fills	people fill	people fill
T'aa iidaa' - past		
I filled	we filled	we filled
you filled	you filled	you filled
she/he/it filled	they filled	they filled
one filled	people filled	people filled
T'ahígo - future		
I will fill	we will fill	we will fill
you will fill	you will fill	you will fill
she/he/it will fill	they will fill	they will fill
one will fill	people will fill	people will fill

fear, be afraid, get scared

Áhát'íinii: /ná ji l dzid/-> [níjíldzid]   Łahda t'áadoo le'é bik'ee hoł hóyée'go, índa t'áadoo le'é béédahadzidígíí nijólíigo, éí níjíldzid wolyé.
Verb: one is scared; to be afraid; fear the unknown; to be scared

T'áałá'ígo	Naakigo	Táá'dóó Ba'ąą
T'ahdii- imperfective		
násdzid	néiildzid	nídeiildzid
náníldzid	náłdzid	nídaałdzid
náldzid	náldzid	nídaaldzid
níjíldzid	níjíldzid	nídajildzid
T'áá íídą́ą́'- perfective		
nísísdzííd	nísiildzííd	nídasiildzííd
nísíníldzííd	nísoołdzííd	nídasoołdzííd
násdzííd	násdzííd	nídaasdzííd
níjísdzííd	níjísdzííd	nídajisdzííd
T'ahígo - future		
nídeesdzííł	nídiildzííł	nídadiildzííł
nídííldzííł	nídoołdzííł	nídadoołdzííł
nídooldzííł	nidooldzííł	nídadooldzííł
nízhdooldzííł	nízhdooldzííł	nídazdooldzííł

Singular (one person)	Dual Plural (two people)	Distributive Plural (three or more people)
T'ahdii - present		
I am scared	we are scared	we are scared
you are scared	you are scared	you are scared
she/he/it is scared	they are scared	they are scared
one is scared	people are scared	people are scared
T'áá íídą́ą́' - past		
I got scared	we got scared	we got scared
you got scared	you got scared	you got scared
she/he/it got scared	they got scared	they got scared
one got scared	people got scared	people got scared
T'ahígo - future		
I will get scared	we will get scared	we will get scared
you will get scared	you will get scared	you will get scared
she/he/it will get scared	they will get scared	they will get scared
one will get scared	people will get scared	people will get scared

feed it (hay) to animals

Áhát'íinii: /b á ni a ji ł jooł/-> [bá ni'jíłjooł] Halíí' (naaldlooshii) tł'oh ła' bich'iyą' ájíléehgo, éí bá ni'jíłjooł wolyé.
Verb: to feed hay to animals

T'ááłá'ígo	Naakigo	Táá'dóó Ba'ąą
T'ahdii - imperfective		
bá ni'nishjooł	bá ni'niiljooł	bá nida'niiljooł
bá ni'níłjooł	bá ni'nołjooł	bá nida'nołjooł
yá ni'íłjooł	yá ni'íłjooł	yá nida'íłjooł
bá ni'jíłjooł	bá ni'jíłjooł	bá nida'jíłjooł
T'áá íídą́ą́' - perfective		
bá ni'níłjool	bá ni'niiljool	bá nida'shiiljool
bá ni'ííníłjool	bá ni'noołjool	bá nida'shoołjool
yá ni'níłjool	yá ni'níłjool	yá nida'ashjool
bá nizh'níłjool	bá nizh'níłjool	bá nida'jishjool
T'ahígo - future		
bá ni'deeshjoł	bá ni'diiljoł	bá nida'diiłjoł
bá ni'díłjoł	bá ni'doołjoł	bá nida'doołjoł
yá ni'doołjoł	yá ni'doołjoł	yá nida'doołjoł
bá nizh'doołjoł	bá nizh'doołjoł	bá nidazh'doołjoł

Singular (one person)	Dual Plural (two people)	Distributive Plural (three or more people)
T'ahdii - imperfective		
I feed	we feed	we feed
you feed	you feed	you feed
she/he/it feeds	they feed	they feed
one feeds	people feed	people feed
T'áá íídą́ą́' - perfective		
I fed	we fed	we fed
you fed	you fed	you fed
she/he/it fed	they fed	they fed
one fed	people fed	people fed
T'ahígo - future		
I will feed	we will feed	we will feed
you will feed	you will feed	you will feed
she/he/it will feed	they will feed	they will feed
one will feed	people will feed	people will feed

feed them (animals)

Áhát'íinii: /b á ni 'a ji O jááh/-> [bá ni'jíjaah] Halíí', naaldlooshii dei'aałígíí, bich'iya' bá ájíléehgo, éí bá ni'jíjááh wolyé.
Verb: to feed grain to animals; feed corn to a horse, to give the horses plural objects

T'ááłá'ígo	Naakigo	Táá'dóó Ba'ąą
T'ahdii - imperfective		
bá ni'nishjááh	bá ni'niijááh	bá nida'niijááh
bá ni'níjááh	bá ni'nohjááh	bá nida'nohjááh
yá ni'íjááh	yá ni'íjááh	yá nida'íjááh
bá ni'jíjááh	bá ni'jíjááh	bá nida'jíjááh
T'áá íídą́ą́' - perfective		
bá ni'níjaa'	bá ni'niijaa'	bá nida'niijaa'
bá ni'ííníjaa'	bá ni'noojaa'	bá nida'noojaa'
yá ni'níjaa'	yá ni'níjaa'	yá nida'azhjaa'
bá nizh'níjaa'	bá nizh'níjaa'	bá nida'jizhjaa'
T'ahígo - future		
bá ni'deeshjih	bá ni'diijih	bá' nida'diijih
bá ni'dííjih	bá ni'doohjih	bá nida'doohjih
yá ni'doojih	yá ni'doojhih	yá nida'doojih
bá nizh'doojih	bá nizh'doojih	bá nidazh'doojih

Singular (one person)	Dual Plural (two people)	Distributive Plural (three or more people)
T'ahdii - imperfective		
I feed	we feed	we feed
you feed	you feed	you feed
she/he/it feeds	they feed	they feed
one feeds	people feed	people feed
T'áá íídą́ą́' - perfective		
I fed	we fed	we fed
you fed	you fed	you fed
she/he/it fed	they fed	they fed
one fed	people fed	people fed
T'ahígo - future		
I will feed	we will feed	we will feed
you will feed	you will feed	you will feed
she/he/it will feed	they will feed	they will feed
one will feed	people will feed	people will feed

frighten, scare, startle him

Áhát'íinii: /bi ya ho ji di ł hées/-> [biyahozhdiłhéés] T'áadoo le'é t'áadoo hooyání bich'į' ch'íjílwo'-go, t'áadoo hooyání bizhdilchi'go, éí doodaii' t'áadoo hooyání bich'į' hajidzihgo, biyahozhdiłhis. T'áá biyahozhdiłhéés bits'ą́ą́dóó saad át'é.

Verb: to frighten it; to startle it; to surprise

T'áálá'ígo	Naakigo	Táá'dóó Ba'ąą
T'ahdii - imperfective		
biyahodisxéés	biyahodiilyéés	biyadahodiilyéés
biyahodíłhéés	biyahodołhéés	biyadahodołhéés
yiyahodiłhéés	yiyahodiłhéés	yiyadahodiłhéés
biyahozhdiłhéés	biyahozhdiłhéés	biyahdahozhdiłhéés
T'áá íídą́ą́' - perfective		
biyahodéłhiz	biyahodeelyiz	biyadahodeelyiz
biyahodíníłhiz	biyahodoołhiz	biyadahodoołhiz
yiyahodeesxiz	yiyahodeesxiz	yiyadahodeesxiz
biyahozdeesxiz	biyahozdeesxiz	biyadahozdeesxiz
T'ahígo - future		
biyahodideesxis	biyahodidiilyis	biyadahodidiilyis
biyahodidíiłhis	biyahodidoołhis	biyadahodidoołhis
yiyahodidoołhis	yiyahodidoołhis	yiyadahodidoołhis
biyahozhdidoołhis	biyahozhdidoołhis	biyadahozhdidoołhis

Singular (one person)	Dual Plural (two people)	Distributive Plural (three or more people)
T'ahdii - present		
I frighten	we frighten	we frighten
you frighten	you frighten	you frighten
she/he/it frightens	they frighten	they frighten
one frightens	people frighten	people frighten
T'áá íídą́ą́' - past		
I frightened	we frightened	we frightened
you frightened	you frightened	you frightened
she/he/it frightened	they frightened	they frightened
one frightened	people frightened	people frightened
T'ahígo - future		
I will frighten	we will frighten	we will frighten
you will frighten	you will frighten	you will frighten
she/he/it will frighten	they will frighten	they will frighten
one will frighten	people will frighten	people will frighten

gather, collect them (plural objects)

Áhát'íinii: /ni ji hi O lááh/ -> [níjiilááh]   T'áadoo le'é nideeshbéezhgo, éí bitaajigháago, t'ááłá'í ní'ánígo, ná hizhdiiníiłgo, éí níjiilááh wolyé.
Verb: to gather; to gather plural objects; to gather off the ground; one gathers

T'ááłá'ígo	Naakigo	Táá'dóó Ba'ąą
T'ahdii - imperfective		
náháshłááh	náhiidlááh	nídahiidlááh
náhíłááh	náhóhłááh	nídahohłááh
náyiilááh	náyiilááh	nídayiilááh
níjiilááh	níjiilááh	nídajiilááh
T'áá íídą́ą́' - perfective		
náháláá'	náhiidláá'	nídahaadláá'
náhíníláá'	náhooláá'	nídahisooláá'
níyiizláá'	náyiizláá'	nídayiizláá'
níjiizláá'	níjiizláá'	nídajiizláá'
T'ahígo - future		
náhideeshłah	náhidiidlah	nídahidiidlah
náhidíílah	náhidoohłah	nídahidoołah
néidiyoolah	néidiyoolah	nídeidiyoolah
náhizhdoolah	náhizhdoolah	nídahizhdoolah

Singular (one person)	Dual Plural (two people)	Distributive Plural (three or more people)
T'ahdii - present		
I gather	we gather	we gather
you gather	you gather	you gather
she/he/it gathers	they gather	they gather
one gathers	people gather	people gather
T'áá íídą́ą́' - past		
I gathered	we gathered	we gathered
you gathered	you gathered	you gathered
she/he/it gathered	they gathered	they gathered
one gathered	people gathered	people gathered
T'ahígo - future		
I will gather	we will gather	we will gather
you will gather	you will gather	you will gather
she/he/it will gather	they will gather	they will gather
one will gather	people will gather	people will gather

get up, get out of bed

Áhát'íinii: /ná ji di i d dááh/ -> [nízhdiidaah] Jiztíí nít'ée'go k'ad éí doo sétį́į da dooleeł jinízingo éí nízhdii'nah dóó nízhdiidááh .
Verb: one gets out of bed; to get up out of bed; to get up from sleeping

T'ááła'ígo	Naakigo	Táá'dóó Ba'ąą
T'ahdii - imperfective		
nídiishdááh	nídiit'aash	nídadiijeeh
nídiidááh	nídooht'aash	nídadoohjeeh
nídiidááh	nídiit'aash	nídadiijeeh
nízhdiidááh	nízhdiit'aash	nídazhdiijeeh
T'áá íídą́ą́' - perfective		
nídiisdzá	nídiit'áázh	nídadiijéé'
nídinidzá	nídooht'áázh	nídadoojéé'
nídiidzá	nídiit'áázh	nídadiijéé'
nízhdiidzá	nízhdiit'áázh	nídazhdiijéé'
T'ahígo - future		
nídideeshdááł	nídidiit'ash	nídadidiijah
nídidíídááł	nídidooht'ash	nídadidoohjah
nídidoodááł	nídidoot'ash	nídadidoojah
nízhdidoodááł	nízhdidoot'ash	nídazhdidoojah

Singular (one person)	Dual Plural (two people)	Distributive Plural (three or more people)
T'ahdii - present		
I get up	we get up	we get up
you get up	you get up	you get up
she/he/it gets up	they get up	they get up
one gets up	people get up	people get up
T'áá íídą́ą́' - past		
I got up	we got up	we got up
you got up	you got up	you got up
she/he/it got up	they got up	they got up
one got up	people got up	people got up
T'ahígo - future		
I will get up	we will get up	we will get up
you will get up	you will get up	you will get up
she/he/it will get up	they will get up	they will get up
one will get up	people will get up	people will get up

G verbs

give an animate object

Áhát'íinii: /n aa ji ł teeh/-> [naa jíłteeh]   T'áadoo le'é dahinánígíí éí naaltéego t'éí bee bá yáti', ákó dibé haa yílteeh dooleeł.
Verb: one gives you; to give one an animate object; this object could be an animal, insect, a fish, or a person; to be given in marriage.

T'áálá'ígo	Naakigo	Táá'dóó Ba'ąą
T'ahdii - imperfective		
naa nishteeh	naa niilteeh	naa daniilteeh
baa níłteeh	baa nołteeh	baa danołteeh
naa yíłteeh	naa yíłteeh	naa deíłteeh
naa jíłteeh	naa jíłteeh	naa dajíłteeh
T'áá íídą́ą́' - perfective		
naa níłtį́	naa niiltį́	naa daniiltį́
baa yíníłtį́	baa noołtį́	baa danoołtį́
naa yiníłtį́	naa yiníłtį́	naa deistį́
naazhníłtį́	naazhníłtį́	naa dadzistį́
T'ahígo - future		
naa deeshtééł	naa diiltééł	naa dadiiltééł
baa dííłtééł	baa doołtééł	baa dadoołtééł
naa yidoołtééł	naa yidoołtééł	naa deidoołtééł
naazhdoołtééł	naazhdoołtééł	naa dazhdoołtééł

Singular (one person)	Dual Plural (two people)	Distributive Plural (three or more people)
T'ahdii - present		
I give you	we give you	we give you
you give him	you give him	you give him
she/he/it gives you	they give you	they give you
one gives you	people give you	people give you
T'áá íídą́ą́' - past		
I gave you	we gave you	we gave you
you gave him	you gave him	you gave him
she/he/it gave you	they gave you	they gave you
one gave you	people gave you	people gave you
T'ahígo - future		
I will give you	we will give you	we will give you
you will give you	you will give you	you will give you
she/he/it will give you	they will give you	they will give you
one will give you	people will give you	people will give you

give, give a flat flexible object

Áhát'íinii: /ni aa ji ł tsóós/-> [naa jíłtsóós] T'áadoo le'é daniteelígíí, t'áá noolkaadgi át'éí haa yílyéego éí naa jíłtsóós ho'di'niih.
Verb: one gives you; to give a flat, flexible object. This could be a blanket, a sheet of paper, or a shirt

T'áálá'ígo	Naakigo	Táá'dóó Ba'ąą
naa nistsóós	naa niiltsóós	naa daniiltsóós
baa níłtsóós	baa nołtsóós	baa danołtsóós
naa yíłtsóós	naa yíłtsóós	naa deíłtsóós
naa jíłtsóós	naa jíłtsóós	naa dajíłtsóós

T'áá íídą́ą́' - perfective

naa níłtsooz	naa niiltsooz	naa daniiltsooz
baa yíníłtsooz	baa noołtsooz	baa danoołtsooz
naa yiníłtsooz	naa yiníłtsooz	naa deiníłtsooz
naazhníłtsooz	naazhníłtsooz	naa dazhníłtsooz

T'ahígo - future

naa deestsos	naa diiltsos	naa dadiiltsos
baa dííłtsos	baa doołtsos	baa dadoołtsos
naa yidoołtsos	naa yidoołtsos	naa deidoołtsos
naazhdoołtsos	naazhdoołtsos	naa dazhdoołtsos

Singular (one person)	Dual Plural (two people)	Distributive Plural (three or more people)

T'ahdii - present

I give you	we give you	we give you
you give him	you give him	you give him
she/he/it gives you	they give you	they give you
one gives you	people give you	people give you

T'áá íídą́ą́' - past

I gave you	we gave you	we gave you
you gave him	you gave him	you gave him
she/he/it gave you	they gave you	they gave you
one gave you	people gave you	people gave you

T'ahígo - future

I will give you	we will give you	we will give you
you will give him	you will give him	you will give him
she/he/it will give you	they will give you	they will give you
one will give you	people will give you	people will give you

G verbs

give, give in an open container

Áhát'íinii: /ni aa jí O kaah/-> [naa jíkaah] T'áadoo le'é bee nida'akáhígíí bii'go haa yíléego, éí naa jíkaah hodi'doo'niił.
Verb: to give a container filled with liquid or solid objects

T'áálá'ígo	Naakigo	Táá'dóó Ba'ąą
T'ahdii - imperfective		
naa nishkaah	naa niikaah	naa daniikaah
baa níkaah	baa nohkaah	baa danohkaah
naa yíkaah	naa yíkaah	naa deíkaah
naa jíkaah	naa jíkaah	naa dajíkaah
T'áá íídą́ą́' - perfective		
naa níką́	naa niiką́	naa daniiką́
baa yíníką́	baa nooką́	baa danooką́
neiníką́	neiníką́	naa deizką́
naazhníką́	naazhníką́	naa dadzizką́
T'ahígo - future		
naa deeshkááł	naa diikááł	naa dadiikááł
baa dííkááł	baa doohkááł	baa dadohkááł
neidookááł	neidookááł	naa deidookááł
naazhdookááł	naazhdookááł	naadazhdookááł

Singular (one person)	Dual Plural (two people)	Distributive Plural (three or more people)
T'ahdii - present		
I give you	we give you	we give you
you give him	you give him	you give him
she/he/it gives you	they give you	they give you
one gives you	people give you	people give you
T'áá íídą́ą́' - past		
I gave you	we gave you	we gave you
you gave him	you gave him	you gave him
she/he/it gave you	they gave you	they gave you
one gave you	people gave you	people gave you
T'ahígo - future		
I will give you	we will give you	we will give you
you will give him	you will give him	you will give him
she/he/it will give you	they will give you	they will give you
one will give you	people will give you	people will give you

give, give them (plural objects)

Áhát'íinii:/n aa ji O jááh/-> [naa jíjááh] T'áadoo le'é t'áá díkwíigo da haa yí'nííłgo éí naa jíjááh hodi'doo'niił.
Verb: to give plural objects that are "smaller" in size; This could refer to sand, corn, coins, etc.

T'ááłá'ígo	Naakigo	Táá'dóó Ba'ąą
T'ahdii - imperfective		
naa nishjááh	naa niijááh	naa daniijááh
baa níjááh	baa nohjááh	baa danohjááh
naa yíjááh	naa yíjááh	naa deíjááh
naa jíjááh	naa jíjááh	naa dajíjááh
T'áá íídą́ą́' - perfective		
naa níjaa'	naa niijaa'	naa daniijaa'
baa yíníjaa'	baa noojaa'	baa danoojaa'
naa yiníjaa'	naa yiníjaa'	naa deizhjaa'
naazhníjaa'	naazhníjaa'	naa dajizhjaa'
T'ahígo - future		
naa deeshjih	naa diijih	naa dadiijih
baa dííjih	baa doohjih	baa dadoohjih
naa yidoojih	naa yidoojih	naa deidoojih
naazhdóojijh	naazhdoojih	naadazhdoojih

Singular (one person)	Dual Plural (two people)	Distributive Plural (three or more people)
T'ahdii - present		
I give them to you	we give them to you	we give them to you
you give them to him	you give them to him	you give them to him
she/he/it gives them to you	they give them to you	they give them to you
one gives them to you	people give them to you	people give them to you
T'áá íídą́ą́' - past		
I gave them to you	we gave them to you	we gave them to you
you gave them to him	you gave them to him	you gave them to him
she/he/it gave them to you	they gave them to you	they gave them to you
one gave them to you	people gave them to you	people gave them to you
T'ahígo - future		
I will give them to you	we will give them to you	we will give them to you
you will give them to him	you will give them to him	you will give them to him
she/he/it will give them to you	they will give them to you	they will give them to you
one will give them to you	people will give them to you	people will give them to you

give a long slender object

Áhát'íinii: /n aa ji O tįįh -> [naa jítįįh] T'áadoo le'é nitłiz dóó hideeneezgo haa yílyéego, éí naa jítįįh hodi'doo'niił.
Verb: one gives you; to give a long slender object; this could be a needle, a broom, a stick of gum, or a peice of cardboard

T'ááłá'ígo	Naakigo	Táá'dóó Ba'ąą
T'ahdii - imperfective		
naa nishtįįh	naa niitįįh	naa daniitįįh
baa nítįįh	baa nohtįįh	baa danohtįįh
naa yítįįh	naa yítįįh	naa deítįįh
naa jítįįh	naa jítįįh	naa dajítįįh
T'áá íídą́ą́' - perfective		
naa nítą́	naa niitą́	naa daniitą́
baa yínítą́	baa nootą́	baa danootą́
naa yinítą́	naa yinítą́	naa deiztą́
naazhnítą́	naazhnítą́	naa dajiztą́
T'ahígo - future		
naa deeshtį́į́ł	naa diitį́į́ł	naa dadiitį́į́ł
baa díítį́į́ł	baa doohtį́į́ł	baa dadoohtį́į́ł
naa yidootį́į́ł	naa yidootį́į́ł	naa deidootį́į́ł
naazhdootį́į́ł	naazhdootį́į́ł	naa dazhdootį́į́ł

Singular (one person)	Dual Plural (two people)	Distributive Plural (three or more people)
T'ahdii - present		
I give you	we give you	we give you
you give you	you give you	you give you
she/he/it gives you	they give you	they give you
one gives you	people give you	people give you
T'áá íídą́ą́' - past		
I gave you	we gave you	we gave you
you gave him	you gave him	you gave him
she/he/it gave you	they gave you	they gave you
one gave you	people gave you	people gave you
T'ahígo - future		
I will give you	we will give you	we will give you
you will give you	you will give you	you will give you
she/he/it will give you	they will give you	they will give you
one will give you	people will give you	people will give you

give a mushy object

Áhát'íinii: /ni aa ji O tłeeh/ -> [naa jítłeeh] T'áadoo le'é hashtł'ish nahalingo nidaat'oodígíí haa yílyéego, éí naa jítłeeh hodi'doo'niił.
Verb: one gives you; to give one a mushy substance; this could be ice cream, mashed potatoes or mud

T'áałá'ígo	Naakigo	Táá'dóó Ba'ąą
T'ahdii - imperfective		
naa nishtłeeh	naa niitłeeh	naa daniitłeeh
baa nítłeeh	baa nohtłeeh	baa danohtłeeh
naa yítłeeh	naa yítłeeh	naa deítłeeh
naa jítłeeh	naa jítłeeh	naa dajítłeeh
T'áá íídą́ą́' - perfective		
naa nítłę́ę́'	naa niitłę́ę́'	naa daniitłę́ę́'
baa yínítłę́ę́'	baa nootłę́ę́'	baa danootłę́ę́'
naa yinítłę́ę́'	naa yinítłę́ę́'	naa deiztłę́ę́'
naazhnítłę́ę́'	naazhnítłę́ę́'	naa dajiztłę́ę́'
T'ahígo - future		
naa deeshtłoh	naa diitłoh	naa dadiitłoh
baa díítłoh	baa doohtłoh	baa dadoohtłoh
naa yidootłoh	naa yidootłoh	naa deidootłoh
naazhdootłoh	naazhdootłoh	naa dazhdootłoh

Singular (one person)	Dual Plural (two people)	Distributive Plural (three or more people)
T'ahdii - present		
I give you	we give you	we give you
you give him	you give him	you give him
she/he/it gives you	they give you	they give you
one gives you	people give you	people give you
T'áá íídą́ą́' - past		
I gave you	we gave you	we gave you
you gave him	you gave him	you gave him
she/he/it gave you	they gave you	they gave you
one gave you	people gave you	people gave you
T'ahígo - future		
I will give you	we will give you	we will give you
you will give him	you will give him	you will give him
she/he/it will give you	they will give you	they will give you
one will give you	people will give you	people will give you

give him (a bundle of objects)

Áhát'íinii: /ni aa ji O yeeh/-> [naa jíyeeh] Héél t'áá łáago ła'nida haa yíníłgo, azis bee, índa chidí da bee, éí haa yígíí doołeł dóó héél naa jíyeeh hodi'doo'nił.
Verb: one gives you; to give one a bundle of objects. This could be a load of wool, a bag of puppies, a heavy coat, etc.

T'ááłá'ígo	Naakigo	Táá'dóó Ba'ąą
T'ahdii - imperfective		
naa nishheeh	naa niigeeh	naa daniigeeh
baa níyeeh	baa nohheeh	baa danohheeh
naa yíyeeh	naa yíyeeh	naa deíyeeh
naa jíyeeh	naa jíyeeh	naa dajíyeeh
T'áá íídą́ą́' - perfective		
naa níyį́	naa niigį́	naa daniigį́
baa yíníyį́	baa nooyį́	baa danooyį́
naa yiníyį́	naa yiníyį́	naa deizyį́
naazhníyį́	naazhníyį́	naa dajizyį́
T'ahígo - future		
naa deeshhééł	naa diigééł	naa dadiigééł
baa díyééł	baa doohhééł	baa dadoohhééł
naa yidooyééł	naa yidooyééł	naa deidooyééł
naazhdooyééł	naazhdooyééł	naa dazhdooyééł

Singular (one person)	Dual Plural (two people)	Distributive Plural (three or more people)
T'ahdii - present		
I give you	we give you	we give you
you give him	you give him	you give him
she/he/it gives you	they give you	they give you
one gives you	people give you	people give you
T'áá íídą́ą́' - past		
I gave you	we gave you	we gave you
you gave him	you gave him	you gave him
she/he/it gave you	they gave you	they gave you
one gave you	people gave you	people gave you
T'ahígo - future		
I will give you	we will give you	we will give you
you will give you	you will give you	you will give you
she/he/it will give you	they will give you	they will give you
one will give you	people will give you	people will give you

give it (a rope-like object)

Áhát'íinii: /naa ji O lé/-> [naa jílé] T'áadoo le'é tł'óół nahalingo, nineez dóó naatł'iidígíí éí haa yílyéego, naa jílé hodi'doo'niił.
Verb: to give one a rope-like object; this could be thread, a snake, shoes, or a pair of socks; one gives you

T'ááłá'ígo	Naakigo	Táá'dóó Ba'aa
T'ahdii - imperfective		
naa nishłé	naa niilyé	naa daniilyé
baa nílé	baa nohłé	baa danohłé
naa yílé	naa yílé	naa deílé
naa jílé	naa jílé	naa dajílé
T'áá íídą́ą́' - perfective		
naa nílá	naa niilyá	naa daniilyá
baa yínílá	baa noolá	baa danoolá
naa yinílá	naa yinílá	naa deizlá
naazhnílá	naazhnílá	naa dadzizlá
T'ahígo - future		
naa deeshłééł	naa diilyééł	naa dadiilyééł
baa díílééł	baa doohłééł	baa dadoohłééł
naa yidoolééł	baa yidoolééł	naa deidoolééł
naazhdoolééł	naazhdoolééł	naa dazhdoolééł

Singular (one person)	Dual Plural (two people)	Distributive Plural (three or more people)
T'ahdii - present		
I give it to	we give you some	we give you some
you give it to	you give him some	you give him some
she/he/it gives it to	they give you some	they give you some
one gives it to	people give you some	people give you some
T'áá íídą́ą́' - past		
I gave it to you	we gave it to you	we gave it to you
you gave it to him	you gave it to him	you gave it to him
she/he/it gave it to you	they gave it to you	they gave it to you
one gave it to you	people gave it to you	people gave it to you
T'ahígo - future		
I will give it to you	we will give it to you	we will give it to you
you will give it to him	you will give it to him	you will give it to him
she/he/it will give it to you	they will give it to you	they will give it to you
one will give it to you	people will give it to you	people will give it to you

give it (a wool like object)

Áhát'íinii: /n aa ji O jooł/ -> [naa jíłjooł]   T'áadoo le'é naaljoołígíí haa yílyéego éí naa jíłjooł hodi'doo'niił.
Verb: to give one a soft object; this could be cotton, clothing, wool, hay, or cotton candy; one gives you

T'ááłá'ígo	Naakigo	Táá'dóó Ba'ąą
T'ahdii - imperfective		
naa nishjooł	naa niiljooł	naa daniiljooł
baa níłjooł	baa nołjooł	baa danołjooł
naa yíłjooł	naa yíłjooł	naa deíłjooł
naa jíłjooł	naa jíłjooł	naa dajíłjooł
T'áá íídą́ą́' - perfective		
naa níłjool	naa niiljool	naa daniiljool
baa yíníłjool	baa noołjool	baa danoołjool
naa yiníłjool	naa yiníłjool	naa deishjool
naazhníłjool	naazhníłjool	naa dajishjool
T'ahígo - future		
naa deeshjoł	naa diiljoł	naa dadiiljoł
baa dííłjoł	baa doołjoł	baa dadoołjoł
naa yidoołjoł	naa yidoołjoł	naa deidoołjoł
naazhdoołjoł	naazhdoołjoł	naa dazhdoołjoł

Singular (one person)	Dual Plural (two people)	Distributive Plural (three or more people)
T'ahdii - present		
I give you	we give you	we give you
you give him	you give him	you give him
she/he/it gives you	they give you	they give you
one gives you	people give you	people give you
T'áá íídą́ą́' - past		
I gave you	we gave you	we gave you
you gave him	you gave him	you gave him
she/he/it gave you	they gave you	they gave you
one gave you	people gave you	people gave you
T'ahígo - future		
I will give you	we will give you	we will give you
you will give him	you will give him	you will give him
she/he/it will give you	they will give you	they will give you
one will give you	people will give you	people will give you

give them (plural objects)

Áhát'íinii: /n aa ji O nííł/ -> [naa jínííł]   T'áadoo le'é, t'áá díkwíigo da haa yí'níiłgo, éí naa jínííł ho'di'niih.
Verb: to give one plural objects; to give a number of different objects

T'áałá'ígo	Naakigo	Táá'dóó Ba'ąą
T'ahdii - imperfective		
naa nishnííł	naa nii'nííł	naa danii'nííł
baa nínííł	baa nohnííł	baa danohnííł
naa yínííł	naa yínííł	naa deinííł
naa jínííł	naa jínííł	naa dajínííł
T'áá íídą́ą́' - perfective		
naa nínil	naa nii'nil	naa danii'nil
baa yínínil	baa noonil	baa danoonil
naa yinínil	naa yinínil	naa deiznil
naazhnínil	naazhnínil	naajiznil
T'ahígo - future		
naa deeshnił	naa dii'nił	naa dadii'nił
baa díínił	baa doohnił	baa dadohnił
naa yidoonił	naa yidoonił	naa deidoonił
naazhdoonił	naazhdoonił	naa dazhdoonił

Singular (one person)	Dual Plural (two people)	Distributive Plural (three or more people)
T'ahdii - present		
I give them to you	we give them to you	we give them to you
you give them to him	you give them to him	you give them to him
she/he/it gives them to you	they give them to you	they give them to you
one gives them to you	people give them to you	people give them to you
T'áá íídą́ą́' - past		
I gave them to you	we gave them to you	we gave them to you
you gave them to him	you gave them to him	you gave them to him
she/he/it gave them to you	they gave them to you	they gave them to you
one gave them to you	people gave them to you	people gave them to you
T'ahígo - future		
I will give them to you	we will give them to you	we will give them to you
you will give them to him	you will give them to him	you will give them to him
she/he/it will give them to you	they will give them to you	they will give them to you
one will give them to you	people will give them to you	people will give them to you

G verbs

give up, give it up (a habit, custom)

Áhát'íinii: /yóó 'a ji di O 'aah/ /-> [yóó' azhdi'aah], T'áadoo le'é bíni'dii jinízingo, t'óó bi'jiłnihgo, éí yóó' azhdi'aah wolyé.

Verb: one gives up; to give it up; to put it out of one's mind; to quit

T'ááła'ígo	Naakigo	Táá'dóó Ba'aa
T'ahdii - imperfective		
yóó 'adish'aah	yóó' adiit'aah	yóó' adadiit'aah
yóó' adí'aah	yóó' adoh'aah	yóó' adadoh'aah
yóó' iidi'aah	yóó' iidi'aah	yóó' adeidi'aah
yóó' azhdi'aah	yóó' azhdi'aah	yóó' adazhdi'aah
T'áá íídą́ą́' - perfective		
yóó' adíí'ą́	yóó' adiit'ą́	yóó' adadiit'ą́
yóó' adííní'ą́	yóó' adoo'ą́	yóó' adadoo'ą́
yóó' iidíí'ą́	yóó' iidíí'ą́	yóó' adeidíí'ą́
yóó' azhdíí'ą́	yóó' azhdíí'ą́	yóó' adazhdíí'ą́
T'ahígo - future		
yóó' adideesh'ááł	yóó' adidiit'ááł	yóó' adadidiit'ááł
yóó' adidíí'ááł	yóó' adidooh'ááł	yóó' adadidooh'ááł
yóó' iididoo'ááł	yóó' iididoo'ááł	yóó' adeididoo'ááł
yóó' adizhdoo'ááł	yóó' adizhdoo'ááł	yóó' adadizhdoo'aał

Singular (one person)	Dual Plural (two people)	Distributive Plural (three or more people)
T'ahdii - present		
I give it up	we give it up	we give it up
you give it up	you give it up	you give it up
she/he gives it up	they give it up	they give it up
one gives it up	people give it up	people give it up
T'áá íídą́ą́' - past		
I gave it up	we gave it up	we gave it up
you gave it up	you gave it up	you gave it up
she/he gave it up	they gave it up	they gave it up
one gave it up	people gave it up	people gave it up
T'ahígo - future		
I will give it up	we will give it up	we will give it up
you will give it up	you will give it up	you will give it up
she/he/it will give it up	they will give it up	they will give it up
one will carry give it up	people will give it up	people will give it up

glue them together, paste it to it

Áhát'íinii: /b í ji di ł jeeh/-> [bízhdiiłjeeh]   T'áadoo le'é jeeh danilínígíí bee ajijeehgo, naaltsoos ahídajiiłjahgo éí bízhdiiłjeeh wolyé.
Verb: to paste one object to another; one pastes; glue

T'ááłá'ígo	Naakigo	Táá'dóó Ba'ąą
T'ahdii - imperfective		
bídiishjeeh	bídiiljeeh	bídadiiljeeh
bídiiłjeeh	bídoołjeeh	bídadoołjeeh
yíidiiłjeeh	yíidiiłjeeh	yídeidiiłjeeh
bízhdiiłjeeh	bízhdiiłjeeh	bídazhdiiłjeeh
T'áá íídą́ą́' - perfective		
bídiiłjéé'	bídiiljéé'	bídadiiljéé'
bídiniłjéé'	bídoołjéé'	bídadoołjéé'
yíidiiłjéé'	yíidiiłjéé'	yídeidiiłjéé'
bízhdiiłjéé'	bízhdiiłjéé'	bídazhdiiłjéé'
T'ahígo - future		
bídideeshjah	bídidiiljah	bídadidiiljah
bídidíiłjah	bídidoołjah	bídadidoołjah
yíididoołjah	yíididoołjah	yídeididoołjah
bízhdidoołjah	bízhdidoołjah	bídazhdidoołjah

Singular (one person)	Dual Plural (two people)	Distributive Plural (three or more people)
T'ahdii - present		
I paste	we paste	we paste
you paste	you paste	you paste
she/he/it pastes	they paste	they paste
one pastes	people paste	people paste
T'áá íídą́ą́' - past		
I pasted	we pasted	we pasted
you pasted	you pasted	you pasted
she/he/it pasted	they pasted	they pasted
one pasted	people pasted	people pasted
T'ahígo - future		
I will paste	we will paste	we will paste
you will paste	you will paste	you will paste
she/he/it will paste	they will paste	they will paste
one will paste	people will paste	people will paste

go and stop

Áhát'íinii: /ni ji O ghááh/ -> [nijíghááh]   T'áá hagáál yit'ih nít'ée'go, nijiltłi'ígi éí nijígháahgo át'é. Ła'nida kwe'é nínínááh hodidooniiłgo át'é.
Verb: to go to a stopping point; one goes to a stop; go up to; go as far as

T'ááłá'ígo	Naakigo	Táá'dóó Ba'ąą
T'ahdii - imperfective		
ninishááh	niniit'aash	niniikááh / nidaniikááh
nínínááh	nooh'aash	noohkááh / nidanoohkááh
niighááh	nii'aash	niikááh / nideíkááh
nijíghááh	nijí'aash	nijíkááh / nidajíkááh
T'áá íídą́ą́' - perfective		
niníyá	niniit'áázh	niniikai / nidaniikai
nííníyá	ninoo'áázh	ninoohkai / nidanoohkai
niníyá	niní'áázh	niíkai / nideíkai
nizhníyá	nizhní'áázh	nijíkai / nidajíkai
T'ahígo - future		
nideeshááł	nidiit'ash	nidiikah / nidadiikah
nidíínááł	nidooh'ash	nidoohkah / nidadoohkah
nidoogááł	nidoo'ash	nidookah / nidadookah
nizhdoogááł	nizhdoo'ash	nizhdookah / nidazhdookah

Singular (one person)	Dual Plural (two people)	Distributive Plural (three or more people)
T'ahdii - present		
I go to a stop	we go to a stop	we go to a stop
you go to a stop	you go to a stop	you go to a stop
she/he/it goes to a stop	they go to a stop	they go to a stop
one goes to a stop	people go to a stop	people go to a stop
T'áá íídą́ą́' - past		
I went until I stopped	we went until we stopped	we went until we stopped
you went until you stopped	you went until you stopped	you went until you stopped
she/he/it went until he/she/it stopped	two went until they stopped	they went until they stopped
one went until one stopped	they went until they stopped	people went until they stopped
T'ahígo - future		
I will go to a stop	we will go to a stop	we will go to a stop
you will go to a stop	you will go to a stop	you will go to a stop
she/he/it will go to a stop	they will go to a stop	they will go to a stop
one will go to a stop	people will go to a stop	people will go to a stop

go, begin to go

Áhát'íinii: /ji di O ghááh/-> [jidighááh] Háágo da hagáál naat'i'go, t'ahdoo dashdiighááhgóó, ínidída hagáál dah diit'ééhgo éí jidighááh dooleeł.
Verb: to begin to go; to begin to move; one begins to go

T'ááłá'ígo	Naakigo	Táá'dóó Ba'ąą
T'ahdii - imperfective		
dishááh	diit'aash	dadiikááh
dínááh	doh'aash	dadohkááh
dighááh	di'aash	dadikááh
jidighááh	jidi'aash	dazhdikááh
T'áá íídą́ą́' - perfective		
déyá	deet'áázh	dadeekai
díníyá	dishoo'áázh	dadisoohkai
deeyá	deezh'áázh	dadeeskai
jideeyá	jideezh'ááh	dazhdeeskai
T'ahígo - future		
dideesháał	didiit'ash	dadidiikah
didíínááł	didooh'ash	dadidoohkah
didoogááł	didoo'ash	dadidookah
jididoogááł	jididoo'ash	dajididookah

Singular (one person)	Dual Plural (two people)	Distributive Plural (three or more people)
T'ahdii - present		
I begin to go	we begin to go	we begin to go
you begin to go	you begin to go	you begin to go
she/he/it begins to go	they begin to go	they begin to go
one begins to go	people begin to go	people begin to go
T'áá íídą́ą́' - past		
I began to go	we began to go	we began to go
you began to go	you began to go	you began to go
she/he/it began to go	they began to go	they began to go
one began to go	people began to go	people began to go
T'ahígo - future		
I will begin to go	we will begin to go	we will begin to go
you will begin to go	you will begin to go	you will begin to go
she/he/it will begin to go	they will begin to go	they will begin to go
one will begin to go	people will begin to go	people will begin to go

go, go along (the path)

Áhát'íinii: /ji yi O gááł/-> [joogááł] Díí éiyá hagáál naat'i'go, t'áá ni'da, índa, łį́į́'da, chidí da bee nijigháago éí joogááł dooleeł.
Verb: to go along; one is going along

T'áałá'ígo	Naakigo	Táá'dóó Ba'ąą
T'ahdii - progressive		
yishááł	yiit'ash	yiikah
yínááł	woh'ash	wohkah
yigááł	yi'ash	yikah
joogááł	joo'ash	jookah
T'áá íídą́ą́' - past progressive		
yishááł nít'éé'	yiit'ash nít'éé'	yiikah nít'éé'
yínááł nít'éé'	woh'ash nít'éé'	wohkah nít'éé'
yigááł nít'éé'	yi'ash nít'éé'	yikah nít'éé'
joogááł nít'éé'	joo'ash nít'éé'	jookah nít'éé'
T'ahígo - future progressive		
yishááł doo	yiit'ash doo	yiikah doo
yínááł doo	woh'ash doo	wohkah doo
yigááł doo	yi'ash doo	yikah doo
joogááł doo	joo'ash doo	jookah doo

Singular (one person)	Dual Plural (two people)	Distributive Plural (three or more people)
T'ahdii - present		
I am going along	we are going along	we are going along
you are going along	you are going along	you are going along
she/he/it is going along	they are going along	they are going along
one is going along	people are going along	people are going along
T'áá íídą́ą́' - past		
I was going along	we were going along	we were going along
you were going along	you were going along	you were going along
she/he/it was going along	they were going along	they were going along
one was going along	people were going along	people were going along
T'ahígo - future		
I will be going along	we will be going along	we will be going along
you will be going along	you will be going along	you will be going along
she/he/it will be going along	they will be going along	they will be going along
one will be going along	people will be going along	people will be going along

go outside, use an outhouse

Áhát'íinii: /ch'í ji O ghááh/ -> [ch'íjíghááh] Wóne' nijigháá nít'ée'go, tł'óó'góó ajííyáago, ch'íjíghááh wolyé.
Verb: to go out; one goes outside; use an outhouse

T'ááłá'ígo	Naakigo	Táá'dóó Ba'ąą
T'ahdii - imperfective		
ch'íníshááh	ch'íniit'aash	ch'íniikááh
ch'ínínááh	ch'ínóh'aash	ch'ínóhkááh
ch'éghááh	ch'é'aash	ch'ékááh
ch'íjíghááh	ch'íjí'aash	ch'íjikááh
T'áá íídą́ą́' - perfective		
ch'íníyá	ch'íniit'áázh	ch'íniikai
ch'ííníyá	ch'ínoo'áázh	ch'inoohkai
ch'íníyá	ch'íní'áázh	ch'ékai
ch'ízhníyá	ch'ízhní'áázh	ch'íjíkai
T'ahígo - future		
ch'ídeesháał	ch'ídiit'ash	ch'ídiikah
ch'ídíínááł	ch'ídooh'ash	ch'ídoohkah
ch'ídoogááł	ch'ídoo'ash	ch'ídookah
ch'ízhdoogááł	ch'ízhdoo'ash	ch'ízhdookah

Singular (one person)	Dual Plural (two people)	Distributive Plural (three or more people)
T'ahdii - present		
I go out	we go out	we go out
you go out	you go out	you go out
she/he/it goes out	they go out	they go out
one goes out	people go out	people go out
T'áá íídą́ą́' - past		
I went out	we went out	we went out
you went out	you went out	you went out
she/he/it went out	they went out	they went out
one went out	people went out	people went out
T'ahígo - future		
I will go out	we will go out	we will go out
you will go out	you will go out	you will go out
she/he/it will go out	they will go out	they will go out
one will go out	people will go out	people will go out

G verbs

greedy, one hoards

Áhát'íinii: /áchá hi jí di l ni'/-> [ácháhízhdéelni']   T'áadoo le'é ts'ídá aláahdigo, t'éí jinízingo, éí ácháhízhdéelni' wolyé. The use of 'nít'éé' and 'doo' for past and future allows this verb to have a past and a future, but it turns out to be past and future progressive in English.
Verb: to hoard; one hoards; to be greedy

T'áálá'ígo	Naakigo	Táá'dóó Ba'ąą
T'ahdii - present		
ácháhídéeshni'	ácháhídíilni'	áchádahídíilni'
ácháhídíínílni'	ácháhídóołni'	áchádahídóołni'
ácháhídéelni'	ácháhídéelni'	áchádahídéelni'
ácháhízhdéelni'	ácháhizhdéelni'	áchádahízhdéelni'
T'áá íídą́ą́' - past		
ácháhídéeshni' nít'éé'	ácháhídíilni' nít'éé'	áchádahídíilni' nít'éé'
ácháhídíínílni' nít'éé'	ácháhídóołni' nít'éé'	áchádahídóołni' nít'éé'
ácháhídéelni' nít'éé'	ácháhídéelni' nít'éé'	áchádahídéelni' nít'éé'
ácháhízhdéelni' nít'éé'	ácháhízhdéelni' nít'éé'	áchádahízhdéelni' nít'éé'
T'ahígo - future		
ácháhídéeshni' doo	ácháhídíilni' doo	áchádahídíilni' doo
ácháhídíínílni' doo	ácháhídóołni' doo	áchádahídóołni' doo
ácháhídéelni' doo	ácháhídéelni' doo	áchádahídéelni' doo
ácháhízhdéelni' doo	ácháhizhdéelni' doo	áchádahízhdéelni' doo

Singular (one person)	Dual Plural (two people)	Distributive Plural (three or more people)
T'ahdii - present		
I hoard	we hoard	we hoard
you hoard	you hoard	you hoard
she/he/it hoards	they hoard	they hoard
one hoards	people hoard	people hoard
T'áá íídą́ą́' - past		
I hoarded	we hoarded	we hoarded
you hoarded	you hoarded	you hoarded
she/he/it hoarded	they hoarded	they hoarded
one hoarded	people hoarded	people hoarded
T'ahígo - future		
I will hoard	we will hoard	we will hoard
you will hoard	you will hoard	you will hoard
she/he/it will hoard	they will hoard	they will hoard
one will hoard	people will hoard	people will hoard

greedy, stingy

Áhát'íinii: /ho ił ha O tsoh/-> [hoł hatsoh] T'áadoo le'é ayóó bichá niji'áago, doo hahojoobá'ígóó aazhnichį'go, éí hoł hatsoh wolyé.
Verb: one is greedy; to be greedy; hoard material things, be stingy etc.

T'ááłá'ígo	Naakigo	Táá'dóó Ba'ąą
T'ahdii - neuter imperfective		
shił hatsoh	nihił hatsoh	nihił dahatsoh
nił hatsoh	nihił hatsoh	nihił dahatsoh
bił hatsoh	bił hatsoh	bił dahatsoh
hoł hatsoh	hoł hatsoh	hoł dahatsoh
T'áá íídą́ą́' - perfective		
shił hóótsoh	nihił hóótsoh	nihił dahóótsoh
nił hóótsoh	nihił hóótsoh	nihił dahóótsoh
bił hóótsoh	bił hóótsoh	bił dahóótsoh
hoł hóótsoh	hoł hóótsoh	hoł dahóótsoh
T'ahígo - future		
shił hodootsoh	nihił hodootsoh	nihił dahodootsoh
nił hodootsoh	nihił hodootsoh	nihił dahodootsoh
bił hodootsoh	bił hodootsoh	bił dahodootsoh
hoł hodootsoh	hoł hodootsoh	hoł dahodootsoh

Singular (one person)	Dual Plural (two people)	Distributive Plural (three or more people)
T'ahdii - present		
I am greedy	we are greedy	we are greedy
you are greedy	you are greedy	you are greedy
she/he/it is greedy	they are greedy	they are greedy
one is greedy	people are greedy	people are greedy
T'áá íídą́ą́' - past		
I got greedy	we got greedy	we got greedy
you got greedy	you got greedy	you got greedy
she/he/it got greedy	they got greedy	they got greedy
one got greedy	people got greedy	people got greedy
T'ahígo - future		
I will get greedy	we will get greedy	we will get greedy
you will get greedy	you will get greedy	you will get greedy
she/he/it will get greedy	they will get greedy	they will get greedy
one will get greedy	people will get greedy	people will get greedy

happy, have pleasant thoughts

Áhát'íinii: /ho ił ho O zhǫ́/-> [hoł hózhǫ́] T'áadoo ho'diiłáhígóó, ts'ídá t'áá át'éé nít'éé hatah áházólígo, dóó nizhónígo nitsíjíkeesgo éí hoł hózhǫ́ǫ łeh.
Verb: one is happy; to be happy; to have pleasant thoughts

T'áałá'ígo	Naakigo	Táá'dóó Ba'ąą
T'ahdii - imperfective		
shił hózhǫ́	nihił hózhǫ́	nihił dahózhǫ́
nił hózhǫ́	nihił hózhǫ́	nihił dahózhǫ́
bił hózhǫ́	bił hózhǫ́	bił dahózhǫ́
hoł hózhǫ́	hoł hózhǫ́	hoł dahózhǫ́
T'áá íídą́ą́' - perfective		
shił hózhǫ́ǫ nít'éé'	nihił hózhǫ́ǫ nít'éé'	nihił dahózhǫ́ǫ nít'éé'
nił hózhǫ́ǫ nít'éé'	nihił hózhǫ́ǫ nít'éé'	nihił dahózhǫ́ǫ nít'éé'
bił hózhǫ́ǫ nít'éé'	bił hózhǫ́ǫ nít'éé'	bił dahózhǫ́ǫ nít'éé'
hoł hózhǫ́ǫ nít'éé'	hoł hózhǫ́ǫ nít'éé'	hoł dahózhǫ́ǫ nít'éé'
T'ahígo - future		
shił hózhǫ́ǫ doo	nihił hózhǫ́ǫ doo	nihił dahózhǫ́ǫ doo
nił hózhǫ́ǫ doo	nihił hózhǫ́ǫ doo	nihił dahózhǫ́ǫ doo
bił hózhǫ́ǫ doo	bił hózhǫ́ǫ doo	bił dahózhǫ́ǫ doo
hoł hózhǫ́ǫ doo	hoł hózhǫ́ǫ doo	hoł dahózhǫ́ǫ doo

Singular (one person)	Dual Plural (two people)	Distributive Plural (three or more people)
T'ahdii - present		
I am happy	we are happy	we are happy
you are happy	you are happy	you are happy
she/he/it is happy	they are happy	they are happy
one is happy	people are happy	people are happy
T'áá íídą́ą́' - past		
I was happy	we were happy	we were happy
you were happy	you were happy	you were happy
she/he/it was happy	they were happy	they were happy
one was happy	people were happy	people were happy
T'ahígo - future		
I will be happy	we will be happy	we will be happy
you will be happy	you will be happy	you will be happy
she/he/it will be happy	they will be happy	they will be happy
one will be happy	people will be happy	people will be happy

harden it, temper metal

Áhát'íinii: /ji ł tł'is/ -> [jiłtł'is] Béésh názhniiłdohgo, t'áá naat'ood nít'éego, jiłtł'is.
Verb: one tempers; to temper metal by heating, harden metal by pounding

T'ááłá'ígo	Naakigo	Táá'dóó Ba'ąą
T'ahdii - imperfective		
yistł'is	yiiltł'is	deiiltł'is
niłtł'is	wołtł'is	daałtł'is
yiłtł'is	yiłtł'is	deiłtł'is
jiłtł'is	jiłtł'is	dajiłtł'is
T'áá íídą́ą́' - perfective		
yíłtł'is	yiiltł'is	deiiltł'is
níníłtł'is	woołtł'is	daoołtł'is
yiyííłtł'is	yiyííłtł'is	dayííłtł'is
jííłtł'is	jííłtł'is	dajííłtł'is
T'ahígo - future		
deestł'is	diiltł'is	dadiiltł'is
dííłtł'is	doołtł'is	dadoołtł'is
yidoołtł'is	yidoołtł'is	deidoołtł'is
jidoołtł'is	jidoołtł'is	dazhdoołtł'is

Singular (one person)	Dual Plural (two people)	Distributive Plural (three or more people)
T'ahdii - present		
I temper	we temper	we temper
you temper	you temper	you temper
she/he/it tempers	they temper	they temper
one tempers	people temper	people temper
T'áá íídą́ą́' - past		
I tempered	we tempered	we tempered
you tempered	you tempered	you tempered
she/he/it tempered	they tempered	they tempered
one tempered	people tempered	people tempered
T'ahígo - future		
I will temper	we will temper	we will temper
you will temper	you will temper	you will temper
she/he/it will temper	they will temper	they will temper
one will temper	people will temper	people will temper

hate it, abhor it, detest it

Áhát'íinii: /t'óó ji joo (ji yini) łá/-> [t'óó jijoołá] T'áadoo le'é t'áá yéego doo hoł yá'át'ééhgo, éí t'óó jijoołáa dooleeł.
Verb: to hate; to dislike very strongly; one detests

T'áałá'ígo	Naakigo	Táá'dóó Ba'ąą
T'ahdii - imperfective		
t'óó jooshłá	t'óó jiiniidlá	t'óó dajiiniidlá
t'óó jiinłłá	t'óó jiinohłá	t'óó dajiinohłá
t'óó yijoołá	t'óó yijoołá	t'óó deijoołá
t'óó jijoołá	t'óó jijoołá	t'óó dajijoołá
T'áá íídą́ą́' - perfective		
t'óó jiisélą́ą́'	t'óó jiisiidłą́ą́'	t'óó dajiisiidłą́ą́'
t'óó jiisínłłą́ą́'	t'óó jiisoołą́ą́'	t'óó dajiisoołą́ą́'
t'óó yijoosłą́ą́'	t'óó yijoosłą́ą́'	t'óó deijoosłą́ą́'
t'óó jijoosłą́ą́'	t'óó jijoosłą́ą́'	t'óó dajijoosłą́ą́'
T'ahígo - future		
t'óó jiideeshłaał	t'óó jiidiidlaał	t'óó dajiidiidlaał
t'óó jiidíłłaał	t'óó jiidoołaał	t'óó dajiidoołaał
t'óó yijiidoołaał	t'óó yijiidoołaał	t'óó deijiidoołaał
t'óó jijiidoołaał	t'óó jijiidoołaał	t'óó dajijiidoołaał

Singular	Dual Plural	Distributive Plural
(one person)	(two people)	(three or more people)
T'ahdii - present		
I hate	we hate	we hate
you hate	you hate	you hate
she/he/it hates	they hate	they hate
one hates	people hate	people hate
T'áá íídą́ą́' - past		
I hated	we hated	we hated
you hated	you hated	you hated
she/he/it hated	they hated	they hated
one hated	people hated	people hated
T'ahígo - future		
I will hate	we will hate	we will hate
you will hate	you will hate	you will hate
she/he/it will hate	they will hate	they will hate
one will hate	people will hate	people will hate

help an indefinite person

Áhát'íinii: /há ká a ji l yeed/-> [háká ajilyeed] T'áá háida bich'į anáhóót'i'go, áaji' t'áá hwee hólónígi bee baa jijoobaahgo, éí hákájilyeed wolyé
Verb: one helps one; to help out; help an indefinite person

T'áálá'ígo	Naakigo	Táá'dóó Ba'ąą
T'ahdii - imperfective		
háká iishyeed	háká ahi'niilchééh	háká iijeeh
háká anilyeed	háká ahi'nołchééh	háká oohjeeh
háká iilyeed	háká ahi'nilchééh	háká iijeeh
háká ajilyeed	háká ahizh'nilchééh	háká ajijeeh
T'áá íídą́ą́' - perfective		
háká eeshwod	háká ahi'niilchą́ą́'	háká iijéé'
háká íínílwod	háká ahi'noołchą́ą́'	háká oojéé'
háká eelwod	háká ahi'noolchą́ą́'	háká ííjéé'
háká ajoolwod	háká ahizh'noolchą́ą́'	háká adajííjéé'
T'ahígo - future		
háká adeeshwoł	háká ahidí'níilchééł	háká adiijah
háká adíílwoł	háká ahidí'nóołchééł	háká adoohjah
háká adoolwoł	háká ahidí'nóołchééł	háká adoojah
háká azhdoolwoł	háká ahizhdí'nóolchééł	háká azhdoojah

Singular (one person)	Dual Plural (two people)	Distributive Plural (three or more people)
T'ahdii - present		
I help a person	we help a person	we help a person
you help a person	you help a person	you help a person
she/he/it helps a person	they help a person	they help a person
one helps a person	people help a person	people help a person
T'áá íídą́ą́' - past		
I helped a person	we helped a person	we helped a person
you helped a person	you helped a person	you helped a person
she/he/it helped a person	they helped a person	they helped a person
one helped a person	people helped a person	people helped a person
T'ahígo - future		
I will help a person	we will help a person	we will help a person
you will help a person	you will help a person	you will help a person
she/he/it will help a person	they will help a person	they will help a person
one will help a person	people will help a person	people will help a person

help her, him or it

Áhát'íinii: /bí ká a ji l yeed/ -> [bíká ajilyeed] Diné ła' bich'į' anáhóót'i'go, áajį' t'áá hwee hólónígi bee baa jijoobaahgo, éí diné bíká ajilyeed wolyé.
Verb: one helps her; to help, her, it; to help a definite person

T'ááła'ígo	Naakigo	Táá'dóó Ba'ąą
T'ahdii - imperfective		
bíká iishyeed	bíká ahi'niilchééh	bíká iijeeh
bíká anilyeed	bíká ahi'nołchééh	bíká oohjeeh
yíká iilyeed	yíká ahi'nilchééh	yíká iijeeh
bíká ajilyeed	bíká ahizh'nilchééh	bíká ajijeeh
T'áá íídą́ą́' - perfective		
bíká eeshwod	bíká ahi'niilchą́ą́'	bíká iijéé'
bíká íínílwod	bíká ahi'noołchą́ą́'	bíká oojéé'
yíká eelwod	yíká ahi'noolchą́ą́'	yíká ííjéé'
bíká ajoolwod	bíká ahizh'noolchą́ą́'	bíká adajííjéé'
T'ahígo - future		
bíká adeeshwoł	bíká ahidí'níilchééł	bíká adiijah
bíká adíílwoł	bíká ahidí'nóołchééł	bíká adoohjah
yíká adoolwoł	yíká ahidí'nóołchééł	yíká adoojah
bíká azhdoolwoł	bíká ahizhdí'nóolchééł	bíká azhdoojah

Singular (one person)	Dual Plural (two people)	Distributive Plural (three or more people)
T'ahdii - present		
I help him	we help him	we help him
you help him	you help him	you help him
she/he/it helps him	they help him	they help him
one helps him	people help him	people help him
T'áá íídą́ą́' - past		
I helped him	we helped him	we helped him
you helped him	you helped him	you helped him
she/he/it helped him	they helped him	they helped him
one helped him	people helped him	people helped him
T'ahígo - future		
I will help him	we will help him	we will help him
you will help him	you will help him	you will help him
she/he/it will help him	they will help him	they will help him
one will help him	people will help him	people will help him

help someone, give help

Áhát'íinii: áká ajilyeed á ká a ji l yeed Diné bee bich'į' anáhóót'i'ii łah dóó bá bíyah jiigháahgo áká ajilyeed wolyé. T'áá ałtso bee áká'azhdoolwołgo haz'ą́.
Verb: one helps out; to help out; help someone

T'áálá'ígo	Naakigo	Táá'dóó Ba'ąą
T'ahdii - imperfective		
áká iishyeed	áká ahi'niilchééh	áká iijeeh
áká anilyeed	áká ahi'nołchééh	áká oohjeeh
áká iilyeed	áká ahi'nilchééh	áká iijeeh
áká ajilyeed	áká ahizh'nilchééh	áká ajijeeh
T'áá íídą́ą́' - perfective		
áká eeshwod	áká ahi'niilchą́ą́'	áká iijéé'
áká íínílwod	áká ahi'noołchą́ą́'	áká oojéé'
áká eelwod	áká ahi'noolchą́ą́'	áká íijéé'
áká ajoolwod	áká ahizh'noolchą́ą́'	áká ajíijéé'
T'ahígo - future		
áká adeeshwoł	áká ahidí'níilchééł	áká adiijah
áká adíílwoł	áká ahidí'nóołchééł	áká adoohjah
áká adoolwoł	áká ahidí'nóolchééł	áká adoojah
áká azhdoolwoł	áká ahizhdí'nóolchééł	áká azhdoojah

Singular (one person)	Dual Plural (two people)	Distributive Plural (three or more people)
T'ahdii - present		
I help	we help	we help
you help	you help	you help
she/he/it helps	they help	they help
one helps	people help	people help
T'áá íídą́ą́' - past		
I helped	we helped	we helped
you helped	you helped	you helped
she/he/it helped	they helped	they helped
one helped	people helped	people helped
T'ahígo - future		
I will help	we will help	we will help
you will help	you will help	you will help
she/he/it will help	they will help	they will help
one will help	people will help	people will help

hitch a team of horses to it

Áhát'íinii: /bi ghááh ji di O nííł/-> [bighááshdinííł]   Hatsiónaabąąs halíí' bighááhjidinił.
Bee nihwiildlaadí, tsinaalzhoodí dóó díkwíí shíí łíí'bighááhdidoo'nilgo át'é.
Verb: to hitch a team of horses to a wagon; one hitches horses to a sled, a plow and other farm machines.

T'áałá'ígo	Naakigo	Táá'dóó Ba'ąą
T'ahdii - imperfective		
bighááh dishnííł	bighááh dii'nííł	bighááh dadii'nííł
bighááh dínííł	bighááh dohnííł	bighááh dadohnííł
yighááh yidinííł	yighááh yidinííł	yighááh deidinííł
bighááshdinííł	bighááshdinííł	bighááh dazhdinííł
T'áá íídą́ą́' - perfective		
bighááh díínil	bighááh dii'nil	bighááh dadee'nil
bighááh díínínil	bigháąh doonil	bigháąh dadoonil
yighááh yidíínil	yighááh yidíínil	yighááh deideeznil
bighááshdíínil	bighááshdíínil	bigháąh dazhdeeznil
T'ahígo - future		
bighááh dideeshnił	bighááh didii'nil	bighááh dadidii'nil
bighááh didíínił	bighááh didoohnił	bighááh dadidoohnił
yighááh yididoonił	yighááh yididoonił	yighááh deididoonił
bighááshdidoonił	bighááshdidoonił	bighááh dazhdidoonił

Singular (one person)	Dual Plural (two people)	Distributive Plural (three or more people)
T'ahdii - present		
I hitch	we hitch	we hitch
you hitch	you hitch	you hitch
she/he/it hitches	they hitch	they hitch
one hitches	people hitch	people hitch
T'áá íídą́ą́' - past		
I hitched	we hitched	we hitched
you hitched	you hitched	you hitched
she/he/it hitched	they hitched	they hitched
one hitched	people hitched	people hitched
T'ahígo - future		
I will hitch	we will hitch	we will hitch
you will hitch	you will hitch	you will hitch
she/he/it will hitch	they will hitch	they will hitch
one will hitch	people will hitch	people will hitch

hit it, him with a club or a stick

Áhát'íinii:/ní jí di i ł haał/-> [nízhdiiłhaał]   T'áadoo le'é tsin bee atíjíléehgo, éí nízhdiiłhaał wolyé.
Verb: to hit with a stick; to club; one clubs

T'áałá'ígo	Naakigo	Táá'dóó Ba'ąą
T'ahdii - imperfective		
nídiishhaał	nídiilghaał	nídadiilghaał
nídiiłhaał	nídoołhaał	nídadoołhaał
néidiiłhaał	néidiiłhaał	nídeidiiłhaał
nízhdiiłhaał	nízhdiiłhaał	nídazhdiiłhaał
T'áá íídą́ą́' - perfective		
nídííłhaal	nídiilghaal	nídadiilghaal
nídííníłhaal	nídoołhaal	nídadoołhaal
néidííłhaal	néidííłhaal	nídeideesxaal
nízhdííłhaal	nízhdííłhaal	nídazhdeesxaal
T'ahígo - future		
nídideeshhał	nídidiilghał	nídadidiilghał
nídidííłhał	nídidoołhał	nídadidoołhał
néididoołhał	néididoołhał	nídeididoołhał
nízhdidoołhał	nízhdidoołhał	nídazhdidoołhał

Singular (one person)	Dual Plural (two people)	Distributive Plural (three or more people)
T'ahdii - present		
I club	we club	we club
you club	you club	you club
she/he/it clubs	they club	they club
one clubs	people club	people club
T'áá íídą́ą́' - past		
I clubbed	we clubbed	we clubbed
you clubbed	you clubbed	you clubbed
she/he/it clubbed	they clubbed	they clubbed
one clubbed	people clubbed	people clubbed
T'ahígo - future		
I will club	we will club	we will club
you will club	you will club	you will club
she/he/it will club	they will club	they will club
one will club	people will club	people will club

H verbs

hoe, hoe weeds

Áhát'íinii: /ná ho ji O god/-> [náhojigod]   K'izh'diléehgo, binaagóó ch'il haleehgo, éí ałtso bits'ą́ą' tó deidlį́į́h, éí biniinaa náhojigodgo t'éí ch'il jiłdah.
Verb: to hoe weeds; one hoes

T'áálá'ígo	Naakigo	Táá'dóó Ba'ąą
T'ahdii - imperfective		
náháshgod	náhwiigod	nídahwiigod
náhógod	náhóhgod	nídahohgod
náhágod	náhágod	nídahagod
náhojigod	náhojigod	nídahojigod
T'áá íídą́ą́' - perfective		
náhóógeed	náhwiigeed	nídahwiigeed
náhwíínígeed	náhoogeed	nídahoogeed
náhóógeed	náhóógeed	nídahóógeed
náhojíígeed	náhojíígeed	nídahojíígeed
T'ahígo - future		
náhodeeshgoł	náhodiigoł	nídahodiigoł
náhodíígoł	náhodoohgoł	nídahodoohgoł
náhodoogoł	náhodoogoł	nídahodoogoł
náhozhdoogoł	náhozhdoogoł	nídahozhdoogoł

Singular (one person)	Dual Plural (two people)	Distributive Plural (three or more people)
T'ahdii - present		
I hoe	we hoe	we hoe
you hoe	you hoe	you hoe
she/he/it hoes	they hoe	they hoe
one hoes	people hoe	people hoe
T'áá íídą́ą́' - past		
I hoed	we hoed	we hoed
you hoed	you hoed	you hoed
she/he/it hoed	they hoed	they hoed
one hoed	people hoed	people hoed
T'ahígo - future		
I will hoe	we will hoe	we will hoe
you will hoe	you will hoe	you will hoe
she/he/it will hoe	they will hoe	they will hoe
one will hoe	people will hoe	people will hoe

homesick, unhappy

Áhát'íinii: /doo ho ił ha O ts'íid da/-> [doo hoł hats'íid da] Haghan bídin jíłį́ígo, hoł hodiik'ą́ąhgo, éí doo hoł hats'íi da wolyé. Hak'éí da ła' doo bił haghangóó bídin jíłį́ígo éí doo hoł hats'íid da.
Verb: one is homesick; missing one's relatives etc.

T'ááłá'ígo	Naakigo	Táá'dóó Ba'ąą
T'ahdii - neuter imperfective		
doo shił hats'íid da	doo nihił hats'íid da	doo nihił dahats'íid da
doo nił hats'íid da	doo nihił hats'íid da	doo nihił dahats'íid da
doo bił hats'íid da	doo bił hats'íid da	doo bił dahats'íid da
doo hoł hats'íid da	doo hoł hats'íid da	doo hoł dahats'íid da
T'áá íídą́ą́' - perfective		
doo shił hóóts'íid da	doo nihił hóóts'íid da	doo nihił dahóóts'íid da
doo nił hóóts'íid da	doo nihił hóóts'íid da	doo nihił dahóóts'íid da
doo bił hóóts'íid da	doo bił hóóts'íid da	doo bił dahóóts'íid da
doo hoł hóóts'íid da	doo hoł hóóts'íid da	doo hoł dahóóts'íid da
T'ahígo - future		
doo shił hodoots'íid da	doo nihił hodoots'íid da	doo nihił dahodoots'íid da
doo nił hodoots'íid da	doo nihił hodoots'íid da	doo nihił dahodoots'íid da
doo bił hodoots'íid da	doo bił hodoots'íid da	doo bił dahodoots'íid da
doo hoł hodoots'íid da	doo hoł hodoots'íid da	doo hoł dahodoots'íid da

Singular (one person)	Dual Plural (two people)	Distributive Plural (three or more people)
T'ahdii - present		
I am homesick	we are homesick	we are homesick
you are homesick	you are homesick	you are homesick
she/he/it is homesicks	they are homesick	they are homesick
one is homesicks	people are homesick	people are homesick
T'áá íídą́ą́' - past		
I got homesick	we got homesick	we got homesick
you got homesick	you got homesick	you got homesick
she/he/it got homesick	they got homesick	they got homesick
one got homesick	people got homesick	people got homesick
T'ahígo - future		
I will get homesick	we will get homesick	we will get homesick
you will get homesick	you will get homesick	you will get homesick
she/he/it will get homesick	they will get homesick	they will get homesick
one will get homesick	people will get homesick	people will get homesick

imitate, copy it

Áhát'íinii: /bi ji l 'į́/ -> [bijil'į́] Ła'nida béé'jíl'į́įgo, t'áá át'ínígóó, ájít'į́įgo, éí bijil'į́ wolyé.
Verb: to imitate; to pretend to be someone else; to copy someone else; one imitates

T'áálá'ígo	Naakigo	Táá'dóó Ba'ąą
T'ahdii - imperfective		
beesh'į́	beiil'į́	bideiil'į́
binil'į́	beeł'i	bidaał'į́
yeel'į́	yeel'į́	yidaal'į́
bijil'į́	bijil'į́	bidajil'į́
T'áá íídą́ą́' - past		
beesh'íí nít'éé'	beiil'íí nít'éé'	bideiil'íí nít'éé'
binil'íí nít'éé'	beeł'íí nít'éé'	bidaal'íí nít'éé'
yeel'íí nít'éé'	yeel'íí nít'éé'	yidaal'íí nít'éé'
bijil'íí nít'éé'	bijil'íí nít'éé'	bidajil'íí nít'éé'
T'ahígo - future		
beesh'į́į doo	beiil'į́į doo	bideiil'į́į doo
binil'į́į doo	beeł'į́į doo	bidaał'į́į doo
yeel'į́į doo	yeel'į́į doo	yidaal'į́į doo
bijil'į́į doo	bijil'į́į doo	bidajil'į́į doo

Singular (one person)	Dual Plural (two people)	Distributive Plural (three or more people)
T'ahdii - present		
I imitate	we imitate	we imitate
you imitate	you imitate	you imitate
she/he/it imitates	they imitate	they imitate
one imitates	people imitate	people imitate
T'áá íídą́ą́' - past		
I imitated	we imitated	we imitated
you imitated	you imitated	you imitated
she/he/it imitated	they imitated	they imitated
one imitated	people imitated	people imitated
T'ahígo - future		
I will imitate	we will imitate	we will imitate
you will imitate	you will imitate	you will imitate
she/he/it will imitate	they will imitate	they will imitate
one will imitate	people will imitate	people will imitate

intelligent, to be wise, sensible

Áhát'íinii: /ho ji O yá/ -> [hojíyá] Hazhó'ó nitsídzíkeesgo, t'áadoo le'é baa ákoznízingo, dóó nizhónígo, ak'izhdiyiitįįhgo, éí hojíyá wolyé.
Verb: one is intelligent; to be intelligent, wise and sensible

T'áałá'ígo	Naakigo	Táá'dóó Ba'ąą
T'ahdii - neuter present		
honisą́	honiidzą́	dahoniidzą́
honíyą́	honohsą́	dahonohsą́
hóyą́	hóyą́	dahóyą́
hojíyą́	hojíyą́	dahojíyą́
T'áá íídą́ą́' - past		
honisą́ą́ nít'éé'	honiidzą́ą́ nít'éé'	dahoniidzą́ą́ nít'éé'
honíyą́ą́ nít'éé'	honohsą́ą́ nít'éé'	dahonohsą́ą́ nít'éé'
hóyą́ą́ nít'éé'	hóyą́ą́ nít'éé'	dahóyą́ą́ nít'éé'
hojíyą́ą́ nít'éé'	hojíyą́ą́ nít'éé'	dahojíyą́ą́ nít'éé'
T'ahígo - future		
honisą́ą doo	honiidzą́ą doo	dahonidzą́ą doo
honíyą́ą doo	honohsą́ą doo	dahonohsą́ą doo
hóyą́ą doo	hóyą́ą doo	dahóyą́ą doo
hojíyą́ą doo	hojíyą́ą doo	dahojíyą́ą doo

Singular (one person)	Dual Plural (two people)	Distributive Plural (three or more people)
T'ahdii - present		
I am wise	we are wise	we are wise
you are wise	you are wise	you are wise
she/he/it is wise	they are wise	they are wise
one is wise	people are wise	people are wise
T'áá íídą́ą́' - past		
I was wise	we were wise	we were wise
you were wise	you were wise	you were wise
she/he/it was wise	they were wise	they were wise
one was wise	people were wise	people were wise
T'ahígo - future		
I will be wise	we will be wise	we will be wise
you will be wise	you will be wise	you will be wise
she/he/it will be wise	they will be wise	they will be wise
one will be wise	people will be wise	people will be wise

I verbs

join it, beome a member of it

Áhát'íinii:/bi jidi i O ghááh/-> [bizhdiijghááh]   T'áadoo le'é ła' diné yee dahikahgo bił ła'í jileehgo, bizhdiighááh.
Verb: to join it; to become a member of it; one joins it

T'ááła'ígo	Naakigo	Táá'dóó Ba'ąą
T'ahdii - imperfective		
bidiishááh	bidiit'aash	bidiikááh
bidiinááh	bidooh'aash	bidoohkááh
yidiighááh	yidii'aash	yidiikááh
bizhdiighááh	bizhdii'aash	bizhdiikááh
T'áá íídą́ą́' - perfective		
bidiiyá	bidiit'áázh	bidiikai
bidiniyá	bidoo'áázh	bidoohkai
yidiiyá	yidii'áázh	yidiikai
bizhdiiyá	bizhdii'áázh	bizhdiikai
T'ahígo - future		
bidideeshááł	bididiit'ash	bididiikah
bididíínááł	bididooh'ash	bididoohkah
yididoogááł	yididoo'ash	yididookah
bizhdidoogááł	bizhdidoo'ash	bizhdidookah

Singular (one person)	Dual Plural (two people)	Distributive Plural (three or more people)
T'ahdii - present		
I join	we join	we join
you join	you join	you join
she/he/it joins	they join	they join
one joins	people join	people join
T'áá íídą́ą́' - past		
I joined	we joined	we joined
you joined	you joined	you joined
she/he/it joined	they joined	they joined
one joined	people joined	people joined
T'ahígo - future		
I will join	we will join	we will join
you will join	you will join	you will join
she/he/it will join	they will join	they will join
one will join	people will join	people will join

join, take part, be among

Áhát'íinii:/bi tah ji O ghááh/-> [bitah jijghááh]   T'ááni' nijigháago, ałnídeeshááł jinízingo, éí bitah jighááh.
Verb: to join it; to take part in it; to walk among; mingle with them

T'ááłá'ígo	Naakigo	Táá'dóó Ba'ąą
T'ahdii - imperfective		
bitah nishááh	bitah niit'aash	bitah niikááh
bitah nínááh	bitah noh'aash	bitah nohkááh
yitah yíghááh	yitah yí'aash	yitah yíkááh
bitah jíghááh	bitah jí'aash	bitah jíkááh
T'áá íídą́ą́' - perfective		
bitah níyá	bitah niit'áázh	bitah niikai
bitah yíníyá	bitah noo'áázh	bitah noohkai
yitah níyá	yitah ní'áázh	yitah yíkai
bitah jiníyá	bitashní'áázh	bitah jíkai
T'ahígo - future		
bitah deesháάł	bitah diit'ash	bitah diikah
bitah díínááł	bitah dooh'ash	bitah doohkah
yitah doogááł	yitah doo'ash	yitah dookah
bitashdoogááł	bitashdoo'ash	bitashdookah

Singular	Dual Plural	Distributive Plural
(one person)	(two people)	(three or more people)
T'ahdii - present		
I join	we join	we join
you join	you join	you join
she/he/it joins	they join	they join
one joins	people join	people join
T'áá íídą́ą́' - past		
I joined	we joined	we joined
you joined	you joined	you joined
she/he/it joined	they joined	they joined
one joined	people joined	people joined
T'ahígo - future		
I will join	we will join	we will join
you will join	you will join	you will join
she/he/it will join	they will join	they will join
one will join	people will join	people will join

J verbs

jump

Áhát'íinii: /dah ji ni l jííd/-> [dashniljííd]   Hajáád t'áá áłah bee dóó t'áá tsíįłgo, t'áá áyídíji' wódahgo, dashdiilwo'go, éí ałdó' dashniljííd wolyé.
Verb: to jump; one jumps

T'ááłá'ígo	Naakigo	Táá'dóó Ba'ąą
T'ahdii - imperfective		
dah nishjííd	dah niiljííd	dah daniiljííd
dah níljííd	dah nołjííd	dah danołjííd
dah niljííd	dah niljííd	dah daniljííd
dashniljííd	dashniljííd	dah dazhniljííd
T'áá íídą́ą́' - perfective		
dah néshjííd	dah neeljííd	dah daneeljííd
dah níníljííd	dah noołjííd	dah danoołjííd
dah neeshjííd	dah neeshjííd	dah daneeshjííd
dashneeshjííd	dashneeshjííd	dah dazhneeshjííd
T'ahígo - future		
dah dínéeshjííł	dah díníiljííł	dah dadíníiljííł
dah dínííljííł	dah dínóołjííł	dah dadínóołjííł
dah dínóoljííł	dah dínóoljííł	dah dadínóoljííł
dashdínóoljííł	dashdínóoljííł	dah dazhdínóoljííł

Singular (one person)	Dual Plural (two people)	Distributive Plural (three or more people)
T'ahdii - imperfective		
I jump	we jump	we jump
you jump	you jump	you jump
she/he/it jumps	they jump	they jump
one jumps	people jump	people jump
T'áá íídą́ą́' - perfective		
I jumped	we jumped	we jumped
you jumped	you jumped	you jumped
she/he/it jumped	they jumped	they jumped
one jumped	people jumped	people jumped
T'ahígo - future		
I will jump	we will jump	we will jump
you will jump	you will jump	you will jump
she/he/it will jump	they will jump	they will jump
one will jump	people will jump	people will jump

jump down off

Áhát'íinii: /adah dah ji di i l yeed/ -> [adah dashdiilyeed] Wódahdę́ę́' adah dashniljı̨́įdgo, ałdó' adah dashdiilyeed wolyé.
Verb: one jumps off; to jump off from a higher position; to jump off a bus; to jump off a ledge

T'áałá'ígo	Naakigo	Táá'dóó Ba'ąą
T'ahdii - imperfective		
adah dah diishyeed	adah dah ahidí'níilchééh	adah dah diijeeh
adah dah diilyeed	adah dah ahidí'nóołchééh	adah dah doojeeh
adah dah diilyeed	adah dah ahidí'níilchééh	adah dah diijeeh
adah dashdiilyeed	adah dah ahidízh'níilchééh	adah dashdiijeeh
T'áá íídą́ą́' - perfective		
adah dah diishwod	adah dah ahidí'níilchą́ą́'	adah dah diijéé'
adah dah dinilwod	adah dah ahidí'nóołchą́ą́'	adah dah doojéé'
adah dah diilwod	adah dah ahidí'níilchą́ą́'	adah dah diijéé'
adah dashdiilwod	adah dah ahidízh'níilchą́ą́'	adah dashdiijéé'
T'ahígo - future		
adah dah dideeshwoł	adah dah ahididí'níilchééł	adah dah didiijah
adah dah didíílwoł	adah dah ahididí'nóołchééł	adah dah didoojah
adah dah didoolwoł	adah dah ahididí'nóolchééł	adah dah didoojah
adah dashdidoolwoł	adah dah ahidizhdí'nóolchééł	adah dashdidoojah

Singular (one person)	Dual Plural (two people)	Distributive Plural (three or more people)
T'ahdii - present		
I jump off	we jump off	we jump off
you jump off	you jump off	you jump off
she/he/it jumps off	they jump off	they jump off
one jumps off	people jump off	people jump off
T'áá íídą́ą́' - past		
I jumped off	we jumped off	we jumped off
you jumped off	you jumped off	you jumped off
she/he/it jumped off	they jumped off	they jumped off
one jumped off	people jumped off	people jumped off
T'ahígo - future		
I will jump off	we will jump off	we will jump off
you will jump off	you will jump off	you will jump off
she/he/it will jump off	they will jump off	they will jump off
one will jump off	people will jump off	people will jump off

J verbs

jump up and down

Áhát'íinii: /dah ná ji ni l jííh/ -> [dah názhníljííh] Wódah háájídáahgo, áádéé' adah dah nízhdiilwo'-go éí dah názhníljííh wolyé.
Verb: to jump down over and over; this is a children's game; one jumps

T'áá ła'ígo	Naakigo	Táá'dóó Ba'ąą
T'ahdii - present iterative		
dah náníshjííh	dah nániiljííh	dah nídaniiljííh
dah náníljííh	dah nánołjííh	dah nídanołjííh
dah náníljííh	dah náníljííh	dah nídaniljííh
dah názhníljííh	dah názhníljííh	dah nídazhniljííh
T'áá íídą́ą́' - past iterative		
dah náníshjííh nít'éé'	dah nániiljííh nít'éé'	dah nídaniiljííh nít'éé'
dah náníljííh nít'éé'	dah nánołjííh nít'éé'	dah nídanołjííh nít'éé'
dah náníljííh nít'éé'	dah náníljííh nít'éé'	dah nídaniljííh nít'éé'
dah názhníljííh nít'éé'	dah názhníljííh nít'éé'	dah nídazhniljííh nít'éé'
T'ahígo - future iterative		
dah náníshjííh doo	dah nániiljííh doo	dah nidaniiljííh doo
dah náníljííh doo	dah nánołjííh doo	dah nidanołjííh doo
dah náníljííh doo	dah náníljííh doo	dah nidaniljííh doo
dah názhníljííh doo	dah názhníljííh doo	dah nidazhniljííh doo

Singular (one person)	Dual Plural (two people)	Distributive Plural (three or more people)
T'ahdii - present		
I jump	we jump	we jump
you jump	you jump	you jump
she/he/it jumps	they jump	they jump
one jumps	people jump	people jump
T'áá íídą́ą́' - past		
I jumped	we jumped	we jumped
you jumped	you jumped	you jumped
she/he/it jumped	they jumped	they jumped
one jumped	people jumped	people jumped
T'ahígo - future		
I will jump	we will jump	we will jump
you will jump	you will jump	you will jump
she/he/it will jump	they will jump	they will jump
one will jump	people will jump	people will jump

kick, kick it

Áhát'íinii: /ji i O tał/-> [jiitał] Jooł daatalígíí, bee nida'a'néegi, haahalzhishgo, hakee' bee yáábíjiitł'į́į́h ákót'éego éí jiitał wolyé.
Verb: one kicks; to kick, give it a kick

T'ááłá'ígo	Naakigo	Táá'dóó Ba'ąą
T'ahdii - imperfective		
yiishtał	yiitał	deiitał
yiitał	woohtał	daoohtał
yiyiitał	yiyiitał	dayiitał
jiitał	jiitał	dajiitał
T'áá íídą́ą́' - perfective		
sétał	siitał	dasiitał
sínítał	sootał	dasootał
yiztał	yiztał	deiztał
jiztał	jiztał	dajiztał
T'ahígo - future		
deeshtał	diitał	dadiitał
díítał	doohtał	dadoohtał
yidootał	yidootał	deidootał
jidootał	jidootał	dazhdootał

Singular (one person)	Dual Plural (two people)	Distributive Plural (three or more people)
T'ahdii - present		
I kick	we kick	we kick
you kick	you kick	you kick
she/he/it kicks	they kick	they kick
one kicks	people kick	people kick
T'áá íídą́ą́' - past		
I kicked	we kicked	we kicked
you kicked	you kicked	you kicked
she/he/it kicked	they kicked	they kicked
one kicked	people kicked	people kicked
T'ahígo - future		
I will kick	we will kick	we will kick
you will kick	you will kick	you will kick
she/he/it will kick	they will kick	they will kick
one will kick	people will kick	people will kick

K verbs

kill it

Áhát'íinii: /ji i ł hé/ -> [jiiłhé]   T'áadoo le'é dahinánígíí bizéé' hojiłeehgo, jiiłhé wolyé.
Verb: to kill; one kills; This verb requires an animate object.

T'áálá'ígo	Naakigo	Táá'dóó Ba'ąą
T'ahdii - imperfective		
sisxé	siilyé	dasiilyé
síłhé	sołhé	dasołhé
yiyiiłhé	yiyiiłhé	dayiiłhé
jiiłhé	jiiłhé	dajiiłhé
T'áá íídą́ą́' - perfective		
séłhí	seelyí	daseelyí
síníłhí	soołhí	dasoołhí
yiyiisxí	yiyiisxí	dayiisxí
jiisxí	jiisxí	dajiisxí
T'ahígo - future		
diyeeshxééł	diyiilyééł	dadiyiilyééł
diyííłhééł	diyoołhééł	dadiyoołhééł
yidiyoołhééł	yidiyoołhééł	deidiyoołhééł
jidiyoołhééł	jidiyoołhééł	dazhdiyoołhééł

Singular (one person)	Dual Plural (two people)	Distributive Plural (three or more people)
T'ahdii - present		
I kill	we kill	we kill
you kill	you kill	you kill
she/he/it kills	they kill	they kill
one kills	people kill	people kill
T'áá íídą́ą́' - past		
I killed	we killed	we killed
you killed	you killed	you killed
she/he/it killed	they killed	they killed
one killed	people killed	people killed
T'ahígo - future		
I will kill	we will kill	we will kill
you will kill	you will kill	you will kill
she/he/it will kill	they will kill	they will kill
one will kill	people will kill	people will kill

kind, to have pity on

Áhát'íinii: / ji yini 0 ba'/ -> [jijooba'], T'áadoo le'é hoł bahajoobá'ígo, bee bich'į' anáhóót'i' shį́į́ bee baa jijoobaah, éí óolyé jijooba'. Díí bił choo'į́: shaa, naa, baa, yaa dóó nihaa.
Verb: one pities; to be kind; to pity; to have mercy; to have empathy; to be benevolent

T'áálá'ígo	Naakigo	Táá'dóó Ba'ąą
T'ahdii- neuter imperfective		
jooshba'	jiiniiba'	dajiiniiba'
jiiníba'	jiinohba'	dajiinohba'
jooba'	jooba'	dajooba'
jijooba'	jijooba'	dajijooba'
T'áá íídą́ą́'- perfective		
jiiséba'	jiisiiba'	dajiisiiba'
jiisíníba'	jiisooba'	dajiisooba'
joozba'	joozba'	dajoozba'
jijoozba'	jijoozba'	dajijoozba'
T'ahígo - future		
jiideeshbaał	jiidiibaał	dajiidiibaał
jiidííbaał	jiidoohbaał	dajiidoohbaał
jiidoobaał	jiidoobaał	dajiidoobaał
jiizhdoobaał	jiizhdoobaał	dajiizhdoobaał

Singular (one person)	Dual Plural (two people)	Distributive Plural (three or more people)
T'ahdii - present		
I pity	we pity	we pity
you pity	you pity	you pity
she/he pities	they pity	they pity
one pities	people pity	people pity
T'áá íídą́ą́ - past		
I pitied	we pitied	we pitied
you pitied	you pitied	you pitied
she/he pitied	they pitied	they pitied
one pitied	people pitied	people pitied
T'ahigo - future		
I will pity	we will pity	we will pity
you will pity	you will pity	you will pity
she/he will pity	they will pity	they will pity
one will pity	people will pity	people will pity

kiss

Áhát'íinii: /ji O ts'ǫs/-> [jiits'ǫs] Ła' nida ayóó'ájó'níigo jiits'ǫs, nááná ła' éí doo ayóó ádayó'níi da nidi deits'ǫǫs łeh.
Verb: one kisses; to kiss

T'ááłá'ígo	Naakigo	Táá'dóó Ba'ąą
T'ahdii - imperfective		
yiists'ǫs	yiits'ǫs	deiits'ǫs
yiits'ǫs	woohts'ǫs	daahts'ǫs
yiyiits'ǫs	yiyiits'ǫs	dayiits'ǫs
jiits'ǫs	jiits'ǫs	dajiits'ǫs
T'áá íídą́ą́' - perfective		
séts'ǫs	siits'ǫs	dasiits'ǫs
síníts'ǫs	soots'ǫs	dasoots'ǫs
yizts'ǫs	yizts'ǫs	deizts'ǫs
jizts'ǫs	jizts'ǫs	dajizts'ǫs
T'ahígo - future		
deests'ǫs	diits'ǫs	dadiits'ǫs
dííts'ǫs	doohts'ǫs	dadoohts'ǫs
yidoots'ǫs	yidoots'ǫs	deidoots'ǫs
jidoots'ǫs	jidoots'ǫs	dazhdoots'ǫs

Singular (one person)	Dual Plural (two people)	Distributive Plural (three or more people)
T'ahdii - present		
I kiss	we kiss	we kiss
you kiss	you kiss	you kiss
she/he/it kisses	they kiss	they kiss
one kisses	people kiss	people kiss
T'áá íídą́ą́' - past		
I kissed	we kissed	we kissed
you kissed	you kissed	you kissed
she/he/it kissed	they kissed	they kissed
one kissed	people kissed	people kissed
T'ahígo - future		
I will kiss	we will kiss	we will kiss
you will kiss	you will kiss	you will kiss
she/he/it will kiss	they will kiss	they will kiss
one will kiss	people will kiss	people will kiss

know, find out

Áhát'íinii: /ho l bi éé hó O zin/ -> [hoł bééhózin] T'áadoo le'é jiniih dóó hazhó'ó baa ákoznízingo, éí hoł bééhózin wolyé.
Verb: one knows; to have knowledge; to know; to find out

T'áałá'ígo	Naakigo	Táá'dóó Ba'ąą
T'ahdii - neuter present		
shił bééhózin	nihił bééhózin	nihił béédahózin
nił bééhózin	nihił bééhózin	nihił béédahózin
bił bééhózin	bił bééhózin	bił béédahózin
hoł bééhózin	hoł bééhózin	hoł béédahózin
T'áá íídą́ą́' - perfective		
shił bééhoozin	nihił bééhoozin	nihił béédahoozin
nił bééhoozin	nihił bééhoozin	nihił béédahoozin
bił bééhoozin	bił bééhoozin	bił béédahoozin
hoł bééhoozin	hoł bééhoozin	hoł béédahoozin
T'ahígo - future		
shił bééhodoozįįł	nihił bééhodoozįįł	nihił béédahodoozįįł
nił bééhodoozįįł	nihił bééhodoozįįł	nihił béédahodoozįįł
bił bééhodoozįįł	bił bééhodoozįįł	bił béédahodoozįįł
hoł bééhodoozįįł	hoł bééhodoozįįł	hoł béédahodoozįįł

Singular (one person)	Dual Plural (two people)	Distributive Plural (three or more people)
T'ahdii - present		
I know	we know	we know
you know	you know	you know
she/he/it knows	they know	they know
one knows	people know	people know
T'áá íídą́ą́' - past		
I found out	we found out	we found out
you found out	you found out	you found out
she/he/it found out	they found out	they found out
one found out	people found out	people found out
T'ahígo - future		
I will find out	we will find out	we will find out
you will find out	you will find out	you will find out
she/he/it will find out	they will find out	they will find out
one will find out	people will find out	people will find out

K verbs

know, know someone, know it

Áhát'íinii: /béé ho ji ni ł zin/-> [bééhojísin]   T'áadoo le'é t'áá aaníí át'éii hoł bééhózingo, éí bééhojísin.
Verb: to know a person; to know it; to know something; one knows, become acquainted with him

T'áałá'ígo	Naakigo	Táá'dóó Ba'ąą
T'ahdii - neuter imperfective		
bééhonisin	bééhoniilzin	béédahoniilzin
bééhonísin	bééhonosin	béédahonosin
yééhósin	yééhósin	yéédahósin
bééhojísin	bééhojísin	béédahojísin
T'áá íídą́ą́' - perfective		
bééhosésįįd	bééhosiilzįįd	béédahosiilzįįd
bééhosínísįįd	bééhosoosįįd	béédahosoosįįd
yééhoosįįd	yééhoosįįd	yéédahoosįįd
bééhojoosįįd	bééhojoosįįd	béédahojoosįįd
T'ahígo - future		
bééhodeessįįł	bééhodiilzįįł	béédahodiilzįįł
bééhodíísįįł	bééhodoosįįł	béédahodoosįįł
yééhodoosįįł	yééhodoosįįł	yéédahodoosįįł
bééhozhdoosįįł	bééhozhdoosįįł	béédahozhdoosįįł

Singular (one person)	Dual Plural (two people)	Distributive Plural (three or more people)
T'ahdii - present		
I know	we know	we know
you know	you know	you know
she/he/it knows	they know	they know
one knows	people know	people know
T'áá íídą́ą́' - past		
I knew	we knew	we knew
you knew	you knew	you knew
she/he/it knew	they knew	they knew
one knew	people knew	people knew
T'ahígo - future		
I will know	we will know	we will know
you will know	you will know	you will know
she/he/it will know	they will know	they will know
one will know	people will know	people will know

late, fall behind

Áhát'íinii: /a kéé déé' ji di ni d leeh/-> [akéédéé' jidinidleeh]   Doohạh ájít'íígóó, haadááh hodiildohgo, akéédéé' jidinidleeh.
Verb: to fall behind in time; one falls behind

T'áałá'ígo	Naakigo	Táá'dóó Ba'ąą
T'ahdii - imperfective		
akéédéé' dinishdleeh	akéédéé' diniidleeh	akéédéé' dadiniidleeh
akéédéé' dinídleeh	akéédéé' dinohdleeh	akéédéé' dadinohdleeh
akéédéé' dinidleeh	akéédéé' dinidleeh	akéédéé' dadinidleeh
akéédéé' jidinidleeh	akéédéé' jidinidleeh	akéédéé' dazhdinidleeh
T'áá íídą́ą́' - perfective		
akéédéé' dinéshdlį́į'	akéédéé' dineedlį́į'	akéédéé' dadineedlį́į'
akéédéé' dinínídlį́į'	akéédéé' dinoohdlį́į'	akéédéé' dadinoohdlį́į'
akéédéé' dineesdlį́į'	akéédéé' dineesdlį́į'	akéédéé' dadineesdlį́į'
akéédéé' jidineesdlį́į'	akéédéé' jidineesdlį́į'	akéédéé' dazhdineesdlį́į'
T'ahígo - future		
akéédéé' didínéeshdleeł	akéédéé' didíníidleeł	akéédéé' dadidíníidleeł
akéédéé' didíníídleeł	akéédéé' didínóohdleeł	akéédéé' dadidínóohdleeł
akéédéé' didínóodleeł	akéédéé' didínóodleeł	akéédéé' dadínóodleeł
akéédéé' jidínóodleeł	akéédéé' jidínóodleeł	akéédéé' dazhdínóodleeł

Singular (one person)	Dual Plural (two people)	Distributive Plural (three or more people)
T'ahdii - present		
I fall behind	we fall behind	we fall behind
you fall behind	you fall behind	you fall behind
she/he/it falls behind	they fall behind	they fall behind
one falls behind	people fall behind	people fall behind
T'áá íídą́ą́' - past		
I fell behind	we fell behind	we fell behind
you fell behind	you fell behind	you fell behind
she/he/it fell behind	they fell behind	they fell behind
one fell behind	people fell behind	people fell behind
T'ahígo - future		
I will fall behind	we will fall behind	we will fall behind
you will fall behind	you will fall behind	you will fall behind
she/he/it will fall behind	they will fall behind	they will fall behind
one will fall behind	people will fall behind	people will fall behind

L verbs

lazy, be lazy

Áhát'íinii: /ho ił ho O yéé'/ -> [hoł hóyéé']   Azhą́ doo ch'ééshdeeyáa da nidi doo nideeshnish da jinízingo, hoł hóyéé' łeh.
Verb: one is lazy; to be lazy

T'ááłá'ígo	Naakigo	Táá'dóó Ba'ąą
T'ahdii - neuter imperfective		
shił hóyéé'	nihił hóyéé'	nihił dahóyéé'
nił hóyéé'	nihił hóyéé'	nihił dahóyéé'
bił hóyéé'	bił hóyéé'	bił dahóyéé'
hoł hóyéé'	hoł hóyéé'	hoł dahóyéé'
T'áá íídą́ą́' - past		
shił hóyéé' ní't'éé'	nihił hóyéé' ní't'éé'	nihił dahóyéé' ní't'éé'
nił hóyéé' ní't'éé'	nihił hóyéé' ní't'éé'	nihił dahóyéé' ní't'éé'
bił hóyéé' ní't'éé'	bił hóyéé' ní't'éé'	bił hdaóyéé' ní't'éé'
hoł hóyéé' ní't'éé'	hoł hóyéé' ní't'éé'	hoł dahóyéé' ní't'éé'
T'ahígo - future		
shił hóyéé' dooleeł	nihił hóyéé' dooleeł	nihił dahóyéé' dooleeł
nił hóyéé' dooleeł	nihił hóyéé' dooleeł	nihił dahóyéé' dooleeł
bił hóyéé' dooleeł	bił hóyéé' dooleeł	bił hdaóyéé' dooleeł
hoł hóyéé' dooleeł	hoł hóyéé' dooleeł	hoł dahóyéé' dooleeł

Singular (one person)	Dual Plural (two people)	Distributive Plural (three or more people)
T'ahdii - present		
I am lazy	we are lazy	we are lazy
you are lazy	you are lazy	you are lazy
she/he/it is lazy	they are lazy	they are lazy
one is lazy	people are lazy	people are lazy
T'áá íídą́ą́' - past		
I was lazy	we were lazy	we were lazy
you were lazy	you were lazy	you were lazy
she/he/it was lazy	they were lazy	they were lazy
one was lazy	people were lazy	people were lazy
T'ahígo - future		
I will be lazy	we will be lazy	we will be lazy
you will be lazy	you will be lazy	you will be lazy
she/he/it will be lazy	they will be lazy	they will be lazy
one will be lazy	people will be lazy	people will be lazy

learn, learn it

Áhát'íinii: /b í ho ji i ł 'aah/ -> [bíhojiił'aah] Nahodi'nitingo bits'ą́ądóó t'áadoo le'é hoł nibééhwiizį́įhgo, éí íhojiił'aah łeh.
Verb: one learns it; to learn it

T'áálá'ígo	Naakigo	Táá'dóó Ba'ąą
T'ahdii - imperfective		
bíhoosh'aah	bíhwiil'aah	bídahwiil'aah
bíhooł'aah	bíhooł'aah	bídahooł'aah
yíhooł'aah	yíhooł'aah	yídahooł'aah
bíhojiił'aah	bíhojiił'aah	bídahojiił'aah
T'áá íídą́ą́' - perfective		
bíhooł'ą́ą́'	bíhwiil'ą́ą́'	bídahwiil'ą́ą́'
bíhwiinił'ą́ą́'	bíhooł'ą́ą́'	bídahooł'ą́ą́'
yíhooł'ą́ą́'	yíhooł'ą́ą́'	yídahooł'ą́ą́'
bíhojiił'ą́ą́'	bíhojiił'ą́ą́'	bídahojiił'ą́ą́'
T'ahígo - future		
bíhwiideesh'ą́ą́ł	bíhwiidiil'ą́ą́ł	bídahwiidiil'aał
bíhwiidííł'ą́ą́ł	bíhwiidooł'ą́ą́ł	bídahwiidooł'aał
yíhwiidooł'ą́ą́ł	yíhwiidooł'aał	yídahwiidooł'aał
bíhwiizhdooł'ą́ą́ł	bíhwiizhdooł'aał	bídahwiizhdooł'aał

Singular (one person)	Dual Plural (two people)	Distributive Plural (three or more people)
T'ahdii - present		
I learn	we learn	we learn
you learn	you learn	you learn
she/he/it learns	they learn	they learn
one learns	people learn	people learn
T'áá íídą́ą́' - past		
I learned	we learned	we learned
you learned	you learned	you learned
she/he/it learned	they learned	they learned
one learned	people learned	people learned
T'ahígo - future		
I will learn	we will learn	we will learn
you will learn	you will learn	you will learn
she/he/it will learn	they will learn	they will learn
one will carry learn	people will learn	people will learn

L verbs

lend it, lend a bulky object

Áhát'íinii: /ba 'a jí 'aah/-> [ba'jí'aah]. Ła'nida t'óó kónízahíji' t'áadoo le'é hats'ą́ą́' chiyooł'į́įgo, éí t'óó ba'jí'aah dooleeł.
Verb: one lends it; to lend a roundish object to another

T'áałá'ígo	Naakigo	Táá'dóó Ba'ąą
T'ahdii - imperfective		
ba'nish'aah	ba'niit'aah	bada'niit'aah
ba'ní'aah	ba'noh'aah	bada'noh'aah
ya'í'aah	ya'í'aah	yada'í'aah
ba'jí'aah	ba'jí'aah	bada'jí'aah
T'áá íídą́ą́' - perfective		
ba'ní'ą	ba'niit'ą	bada'siit'ą
ba'ííní'ą	ba'noo'ą	bada'soo'ą
ya'ní'ą	ya'ní'ą	yada'az'ą
bazh'ní'ą	bazh'ní'ą	bada'jiz'ą
T'ahígo - future		
ba'deesh'ááł	ba'diit'ááł	bada'diit'ááł
ba'díí'ááł	ba'dooh'ááł	bada'dooh'ááł
ya'doo'ááł	ya'doo'ááł	yada'doo'ááł
bazh'doo'ááł	bazh'doo'ááł	badazh'doo'aał

Singular (one person)	Dual Plural (two people)	Distributive Plural (three or more people)
T'ahdii - present		
I lend it	we lend it	we lend it
you lend it	you lend it	you lend it
she/he lends it	they lend it	they lend it
one lends it	people lend it	people lend it
T'áá íídą́ą́' - past		
I lent it	we lent it	we lent it
you lent it	you lent it	you lent it
she/he lent it	they lent it	they lent it
one lent it	people lent it	people lent it
T'ahígo - future		
I will lend it	we will lend it	we will lend it
you will lend it	you will lend it	you will lend it
she/he will lend it	they will lend it	they will lend it
one will lend it	people will lend it	people will lend it

lie down, go to bed

Áhát'íinii: /ji ni O teeh/ -> [jiniteeh]   Hats'íís t'áá át'éé nít'éé' háádoolyįh jinízingo, hats'íís t'áá át'é naaniigo, (hatsii' dóó hakee'ji') beejinitééh. Díigi át'éego éí jinitééh.
Verb: one lies down; in the process of lying down, go to bed

T'áálá'ígo	Naakigo	Táá'dóó Ba'ąą
T'ahdii - imperfective		
nishteeh	niiteesh	niijeeh
níteeh	nohteesh	nohjeeh
niteeh	niteesh	nijeeh
jiniteeh	jiniteesh	jinijeeh
T'áá íídą́ą́' - perfective		
nétį́	neetéézh	neejéé'
nínítį́	nootéézh	shinoojéé'
neeztį́	neezhtéézh	neezhjéé'
jineeztį́	jineezhtéézh	jineezhjéé'
T'ahígo - future		
díneeshteeł	díníitish	díníijah
díníítééł	dínóohtish	dínóohjah
dínóoteeł	dínóotish	dínóojah
dízhnóotééł	dízhnóotish	jidínóojah

Singular	Dual Plural	Distributive Plural
(one person)	(two people)	(three or more people)
T'ahdii - present		
I lie down	we lie down	we lie down
you lie down	you lie down	you lie down
she/he/it lies down	they lie down	they lie down
one lies down	people lie down	people lie down
T'áá íídą́ą́' - past		
I lay down	we lay down	we lay down
you lay down	you lay down	you lay down
she/he/it lay down	they lay down	they lay down
one lay down	people lay down	people lay down
T'ahígo - future		
I will lie down	we will lie down	we will lie down
you will lie down	you will lie down	you will lie down
she/he/it will lie down	they will lie down	they will lie down
one will lie down	people will lie down	people will lie down

L verbs

lie, lies about...

Áhát'íinii: / ha yoo ch'ííd/ -> [hayooch'ííd] T'áá ádzaagóó hojilni'go, éí hayooch'ííd wolyé.
Verb: one lies; to lie; to deceive; hayooch'ííd, one's deceit

T'áálá'ígo	Naakigo	Táá'dóó Ba'ąą
T'ahdii - neuter		
shiyooch'ííd	nihiyooch'ííd	danihiyooch'ííd
niyooch ííd	nihiyooch'ííd	danihiyooch'ííd
biyooch'ííd	biyooch'iŃd	dabiyooch'ííd
hayooch'ííd	hayooch'ííd	dahayooch'ííd
T'áá íídą́ą́' - past, used to		
shiyooch'ííd nít'éé'	nihiyooch'ííd nít'éé'	danihiyooch'ííd nít'éé'
niyooch'ííd nít'éé'	nihiyooch'ííd nít'éé'	danihiyooch'ííd nít'éé'
biyooch'ííd nít'éé'	biyooch'ííd nít'éé'	dabiyooch'ííd nít'éé'
hayooch'ííd nít'éé'	hayooch'ííd nít'éé'	dahayooch'ííd nít'éé'
T'ahígo - future		
shiyooch'ííd doo	nihiyooch'ííd doo	danihiyooch'ííd doo
niyooch'ííd doo	nihiyooch'ííd doo	danihiyooch'ííd doo
biyooch'ííd doo	biyooch'ííd doo	dabiyooch'ííd doo
hayooch'ííd doo	hayooch'ííd doo	dahayooch'ííd doo

Singular (one person)	Dual Plural (two people)	Distributive Plural (three or more people)
T'ahdii - present		
I lie	we lie	we lie
you lie	you lie	you lie
she/he/it lies	they lie	they lie
one lies	people lie	people
T'áá íídą́ą́' - past, used to		
I lied	we lied	we lied
you lied	you lied	you lied
she/he/it lied	they lied	they lied
one lied	people lied	people
T'ahígo - future		
I will lie	we will lie	we will lie
you will lie	you will lie	you will lie
she/he/it will lie	they will lie	they will lie
one will lie	people will lie	people will lie

lift, lift a bulky object

Áhát'íinii: /dah ji di yi O 'aah/-> [dahshdii'aah] T'áadoo le'é wóyahdi si'ą́ą́ nít'ée'go, wódahdigo ájíléehgo, éí dashdii'aah wolyé.
Verb: one lifts it; to lift a roundish object; to start off carrying it.

T'áałá'ígo	Naakigo	Táá'dóó Ba'ąą
T'ahdii - imperfective		
dah diish'aah	dah diit'aah	dah dadiit'aah
dah dii'aah	dah dooh'aah	dah dadooh'aah
dah yidii'aah	dah yidii'aah	dah deidii'aah
dah jidii'aah	dahjidii'aah	dah dazhdii'aah
T'áá íídą́ą́' - perfective		
dah dii'ą́	dah diit'ą́	dah dadiit'ą́
dah dini'ą́	dah doo'ą́	dah doo'ą́
dah yidii'ą́	dah deidii'ą́	dah deidii'ą́
dah jidii'ą́	dashdii'ą́	dah dazhdii'ą́
T'ahígo - future		
dah dideesh'ą́ą́ł	dah didiit'ą́ą́ł	dah dadidiit'ą́ą́ł
dah didíí'ą́ą́ł	dah didooh'ą́ą́ł	dah dadidooh'ą́ą́ł
dah yididoo'ą́ą́ł	dah yididoo'ą́ą́ł	dah deidoo'ą́ą́ł
dah jididoo'ą́ą́ł	dah jididoo'ą́ą́ł	dah dazhdidoo'aał

Singular (one person)	Dual Plural (two people)	Distributive Plural (three or more people)
T'ahdii - present		
I lift	we lift	we lift
you lift	you lift	you lift
she/he/it lifts	they lift	they lift
one lifts	people lift	people lift
T'áá íídą́ą́' - past		
I lifted	we lifted	we lifted
you lifted	you lifted	you lifted
she/he/it lifted	they lifted	they lifted
one lifted	people lifted	people lifted
T'ahígo - future		
I will lift	we will lift	we will lift
you will lift	you will lift	you will lift
she/he/it will lift	they will lift	they will lift
one will lift	people will lift	people will lift

L verbs

like, admire

Áhát'íinii: hoł nizhóní   ho ił ni O zhóní   T'áadoo le'é ánoolninígíí hoł yá'át'éehgo éí hoł nizhóní wolyé.
Verb: one likes; to like; to like someone; something looks good to one

T'áałá'ígo	Naakigo	Táá'dóó Ba'ąą
T'ahdii - imperfective		
shił nizhóní	nihił nizhóní	nihił danizhóní
nił nizhóní	nihił nizhóní	nihił danizhóní
bił nizhóní	bił nizhóní	bił danizhóní
hoł nizhóní	hoł nizhóní	hoł danizhóní
T'áá íídą́ą́' - perfective		
shił nizhóní nít'éé'	nihił nizhóní nít'éé'	nihił danizhóní nít'éé'
nił nizhóní nít'éé'	nihił nizhóní nít'éé'	nihił danizhóní nít'éé'
bił nizhóní nít'éé'	bił nizhóní nít'éé'	bił danizhóní nít'éé'
hoł nizhóní nít'éé'	hoł nizhóní nít'éé'	hoł danizhóní nít'éé'
T'ahígo - future		
shił nizhóní doo	nihił nizhóní doo	nihił danizhóní doo
nił nizhóní doo	nihił nizhóní doo	nihił danizhóní doo
bił nizhóní doo	bił nizhóní doo	bił danizhóní doo
hoł nizhóní doo	hoł nizhóní doo	hoł danizhóní doo

Singular (one person)	Dual Plural (two people)	Distributive Plural (three or more people)
T'ahdii - present		
I like	we like	we like
you like	you like	you like
she/he/it likes	they like	they like
one likes	people like	people like
T'áá íídą́ą́' - past		
I liked	we liked	we liked
you liked	you liked	you liked
she/he/it liked	they liked	they liked
one liked	people liked	people liked
T'ahígo - future		
I will like	we will like	we will like
you will like	you will like	you will like
she/he/it will like	they will like	they will like
one will like	people will like	people will like

like, enjoy, appreciate

Áhát'íinii: /ho ił yá á O t'ééh/-> [hoł yá'át'ééh]   T'áadoo le'é hoł nizhónígo baa nijigháago, ts'ídá át'ée le' jiníziníí át'éego, éí hoł yá'át'ééh wolyé.
Verb: one likes; to like; to appreciate; to enjoy

T'áálá'ígo	Naakigo	Táá'dóó Ba'aa
T'ahdii - neuter present		
shił yá'át'ééh	nihił yá'át'ééh	nihił yá'ádaat'ééh
nił yá'át'ééh	nihił yá'át'ééh	nihił yá'ádaat'ééh
bił yá'át'ééh	bił yá'át'ééh	bił yá'ádaat'ééh
hoł yá'át'ééh	hoł yá'át'ééh	hoł yá'ádaat'ééh
T'áá íídą́ą́' - past		
shił yá'át'ééh nít'éé'	nihił yá'át'ééh nít'éé'	nihił yá'ádaat'ééh nít'éé'
nił yá'át'ééh nít'éé'	nihił yá'át'ééh nít'éé'	nihił yá'ádaat'ééh nít'éé'
bił yá'át'ééh nít'éé'	bił yá'át'ééh nít'éé'	bił yá'ádaat'ééh nít'éé'
hoł yá'át'ééh nít'éé'	hoł yá'át'ééh nít'éé'	hoł yá'ádaat'ééh nít'éé'
T'ahígo - future		
shił yá'át'ééh doo	nihił yá'át'ééh doo	nihił yá'ádaat'ééh doo
nił yá'át'ééh doo	nihił yá'át'ééh doo	nihił yá'ádaat'ééh doo
bił yá'át'ééh doo	bił yá'át'ééh doo	bił yá'ádaat'ééh doo
hoł yá'át'ééh doo	hoł yá'át'ééh doo	hoł yá'ádaat'ééh doo

Singular (one person)	Dual Plural (two people)	Distributive Plural (three or more people)
T'ahdii - present		
I like	we like	we like
you like	you like	you like
she/he/it likes	they like	they like
one likes	people like	people like
T'áá íídą́ą́' - past		
I liked	we liked	we liked
you liked	you liked	you liked
she/he/it liked	they liked	they liked
one liked	people liked	people liked
T'ahígo - future		
I will like	we will like	we will like
you will like	you will like	you will like
she/he/it will like	they will like	they will like
one will like	people will like	people will like

listen, listen for

Áhát'íinii: /á ji i si ł ts'ą́ą́'/-> [ájíists'ą́ą́'] T'áadoo yájíłti'í, hodiits'a' dóó yádaati'ígíí, hajaa' bee hoł bééhoozįįhgo éí jíists'ą́ą́' dooleeł.
Verb: one listens; to listen

T'áałá'ígo	Naakigo	Táá'dóó Ba'ąą
T'ahdii - imperfective		
íísínísts'ą́ą́'	íísíníilts'ą́ą́'	da'íísíilts'ą́ą́'
íísíníłts'ą́ą́'	íísínółts'ą́ą́'	da'íísínółts'ą́ą́'
íists'ą́ą́'	íists'ą́ą́'	da'íists'ą́ą́'
ájíists'ą́ą́'	ájíists'ą́ą́'	da'jíists'ą́ą́'
T'áá íídą́ą́' - perfective		
ííłts'ą́ą́'	íiłts'ą́ą́'	da'íilts'ą́ą́'
ííníłts'ą́ą́'	óołts'ą́ą́'	da'óołts'ą́ą́'
ííłts'ą́ą́'	íiłts'ą́ą́'	da'íiłts'ą́ą́'
ájííłts'ą́ą́'	ájííłts'ą́ą́'	da'jííłts'ą́ą́'
T'ahígo - future		
íídéests'įįł	íídíilts'įįł	da'íídíilts'įįł
íídíiłts'įįł	íídóołts'įįł	da'íídóołts'įįł
íídóołts'įįł	íídóołts'įįł	da'íídóołts'įįł
íízhdóołts'įįł	íízhdóołts'įįł	da'íízhdóołts'įįł

Singular (one person)	Dual Plural (two people)	Distributive Plural (three or more people)
T'ahdii - present		
I listen	we listen	we listen
you listen	you listen	you listen
she/he/it listens	they listen	they listen
one listens	people listen	people listen
T'áá íídą́ą́' - past		
I listened	we listened	we listened
you listened	you listened	you listened
she/he/it listened	they listened	they listened
one listened	people listened	people listened
T'ahígo - future		
I will listen	we will listen	we will listen
you will listen	you will listen	you will listen
she/he/it will listen	they will listen	they will listen
one will listen	people will listen	people will listen

lock it (with a padlock), button it

Áhát'íinii: /b ił dah a ji ø 'aah/-> [bil dah'aji'aah]   Haghandi ił dah nát'áhí bee dázh'deełkaałgo, bił dah aji'aah dooleeł.
Verb: one locks; to lock it with a padlock; to fasten it with a padlock; to button a shirt

T'áálá'ígo	Naakigo	Táá'dóó Ba'ąą
T'ahdii - imperfective		
bił dah ashish'aah	bił dah iit'aah	bił dah da'iit'aah
bił dah así'aah	bił dah oh'aah	bił dah da'oh'aah
yił dah a'aah	yił dah a'aah	yił dah da'a'aah
bił dah aji'aah	bił dah aji'aah	bił dah da'ji'aah
T'áá íídą́ą́' - perfective		
bił dah asé'ą	bił dah asiit'ą	bił dah da'siit'ą
bił dah asíní'ą	bił dah asoo'ą	bił dah da'soo'ą
yił dah az'ą	yił dah az'ą	yił dah da'az'ą
bił dah adziz'ą	bił dah adziz'ą	bił dah da'dziz'ą
T'ahígo - future		
bił dah adeesh'ááł	bił dah adiit'ááł	bił dah da'diit'ááł
bił dah adíí'ááł	bił dah adooh'ááł	bił dah da'dooh'ááł
yił dah adoo'ááł	yił dah adoo'ááł	yił dah da'doo'ááł
bił dah azhdoo'ááł	bił dah azhdoo'ááł	bił dah dazh'doo'ááł

Singular (one person)	Dual Plural (two people)	Distributive Plural (three or more people)
T'ahdii - present		
I lock	we lock	we lock
you lock	you lock	you lock
she/he/it locks	they lock	they lock
one locks	people lock	people lock
T'áá íídą́ą́' - past		
I locked	we locked	we locked
you locked	you locked	you locked
she/he locked	they locked	they locked
one locked	people locked	people locked
T'ahígo - future		
I will lock	we will lock	we will lock
you will lock	you will lock	you will lock
she/he will lock	they will lock	they will lock
one will lock	people will lock	people will lock

L verbs

look at it, watch it

Áhát'íinii: /ji ní ł į́/-> [jinłł'į́] T'áadoo le'é t'áá hanáá' bee hazdéez'į́į'go, jiiłtséćh dóó hajisíídgo, éí jinłł'į́į dooleeł.
Verb: to look at; to watch; to see by looking; one looks at

T'áałá'ígo	Naakigo	Táá'dóó Ba'ąą
T'ahdii - imperfective		
nísh'į́	níil'į́	daníil'į́
nínłł'į́	nółł'į́	danółł'į́
yinłł'į́	yinłł'į́	deinłł'į́
jinłł'į́	jinłł'į́	dazhnłł'į́
T'áá íídą́ą́' - perfective		
néélł'į́į'	níil'į́į'	daníil'į́į'
níínłł'į́į'	nóółł'į́į'	danóółł'į́į'
yinéélł'į́į'	yinéélł'į́į'	deinéélł'į́į'
jinéélł'į́į'	jinéélł'į́į'	dazhnéélł'į́į'
T'ahígo - future		
dínéesh'įįł	díníil'įįł	dadíníil'įįł
díníłł'įįł	dínóółł'įįł	dadínóółł'įįł
yidínóółł'įįł	yidínóółł'įįł	deidínóółł'įįł
jidínóółł'įįł	jidínóółł'įįł	dazhdínóółł'įįł

Singular (one person)	Dual Plural (two people)	Distributive Plural (three or more people)
T'ahdii - present		
I look at	we look at	we look at
you look at	you look at	you look at
she/he/it looks at	they look at	they look at
one looks at	people look at	people look at
T'áá íídą́ą́' - past		
I looked at	we looked at	we looked at
you looked at	you looked at	you looked at
she/he/it looked at	they looked at	they looked at
one looked at	people looked at	people looked at
T'ahígo - future		
I will look at	we will look at	we will look at
you will look at	you will look at	you will look at
she/he/it will look at	they will look at	they will look at
one will look at	people will look at	people will look at

lose (a flexible object)

Áhát'íinii: /yóó a ji ø 'áád/-> [yóó'aji'áád]   T'áadoo le'é ádił ch'aa jilchíihgo, éí yóó' aji'áád wolyé.
Verb: one loses; to lose it; to lose a flat, flexible object

T'áałá'ígo	Naakigo	Táá'dóó Ba'ąą
T'ahdii - imperfective		
yóó' iish'áád	yóó' iit'áád	yóó' adeiit'áád
yóó' ani'áád	yóó' ooh'áád	yóó' adaah'áád
yóó' ii'áád	yóó' ii'áád	yóó' adei'áád
yóó' aji'áád	yóó' aji'áád	yóó' adaji'áád
T'áá íídą́ą́' - perfective		
yóó' íí'ah	yóó' iit'ah	yóó' adasiit'ah
yóó' ííní'ah	yóó' oo'ah	yóó' adasoo'ah
yóó' ayíí'ah	yóó' ayíí'ah	yóó' adeiz'ah
yóó' ajíí'ah	yóó' ajíí'ah	yóó' adajiz'ah
T'ahígo - future		
yóó' adeesh'ał	yóó' adiit'ał	yóó' adadiit'ał
yóó' adíí'ał	yóó' adooh'ał	yóó' adadooh'ał
yóó' iidoo'ał	yóó' iidoo'ał	yóó' adeidoo'ał
yóó' azhdoo'ał	yóó' azhdoo'ał	yóó' adazhdoo'ał

Singular - present

Singular (one person)	Dual Plural (two people)	Distributive Plural (three or more people)
T'ahdii - present		
I lose	we lose	we lose
You lose	you lose	you lose
she/he/it loses	they lose	they lose
one loses	people lose	people lose
T'áá íídą́ą́' - past		
I lost	we lost	we lost
you lost	you lost	you lost
she/he/it lost	they lost	they lost
one lost	people lost	people lost
T'ahígo - future		
I will lose	we will lose	we will lose
you will lose	you will lose	you will lose
she/he/it will lose	they will lose	they will lose
one will lose	people will lose	people will lose

L verbs

lose (a long slender object)

Áhát'íinii: /yóó a ji ł t'e'/-> [yóó' ajiłt'e']   T'áadoo le'é nijitingo, ádił ch'aa jilchííhgo, éí yóó' ajííłt'e'-go ádin dooleeł.
Verb: one loses; to lose a long slender object; lose an animate object

T'ááłá'ígo	Naakigo	Táá'dóó Ba'ąą
T'ahdii - imperfective		
yóó' iisht'e'	yóó' iilt'e'	yóó' adeiilt'e'
yóó' anilt'e'	yóó' oolt'e'	yóó' adaalt'e'
yóó' iilt'e'	yóó' iilt'e'	yóó' adeilt'e'
yóó' ajilt'e'	yóó' ajilt'e'	yóó' adajilt'e'
T'áá íídą́ą́' - perfective		
yóó' íílt'e'	yóó' iilt'e'	yóó' adasiilt'e'
yóó' íínílt'e'	yóó' oolt'e'	yóó' adasoolt'e'
yóó' ayíílt'e'	yóó' ayíílt'e'	yóó' adeist'e'
yóó' ajíílt'e'	yóó' ajíílt'e'	yóó' adajist'e'
T'ahígo - future		
yóó' adeesht'eeł	yóó' adiilt'eeł	yóó' adadiilt'eeł
yóó' adíílt'eeł	yóó' adoolt'eeł	yóó' adadoolt'eeł
yóó' iidoolt'eeł	yóó' iidoolt'eeł	yóó' adeidoolt'eeł
yóó' azhdoolt'eeł	yóó' azhdoolt'eeł	yóó' adazhdoolt'eeł

Singular (one person)	Dual Plural (two people)	Distributive Plural (three or more people)
T'ahdii - present		
I lose	we lose	we lose
you lose	you lose	you lose
she/he/it loses	they lose	they lose
one loses	people lose	people lose
T'áá íídą́ą́' - past		
I lost	we lost	we lost
you lost	you lost	you lost
she/he/it lost	they lost	they lost
one lost	people lost	people lost
T'ahígo - future		
I will lose	we will lose	we will lose
you will lose	you will lose	you will lose
she/he/it will lose	they will lose	they will lose
one will lose	people will lose	people will lose

lose (in a fight)

Áhát'íinii: /ha k'eh ho di d leeh/-> [hak'ehodidleeh]   Ałk'ijiijée'go, da'ahijigą́ągi, anaa' dahoniłnéehgo, éí hak'ehodidleehgo, haa honineeh.
Verb: one loses; to lose a battle; to lose a fight; to lose an argument; to lose a game of sport

T'ááłá'ígo	Naakigo	Táá'dóó Ba'ąą
T'ahdii- imperfective		
shik'ehodidleeh	nihik'ehodidleeh	nihik'ehdahodidleeh
nik'ehodidleeh	nihik'ehodidleeh	nihik'ehdahodidleeh
bik'ehodidleeh	bik'ehodidleeh	bik'ehdahodidleeh
hak'ehodidleeh	hak'ehodidleeh	hak'ehdahodidleeh
T'áá íídą́ą́'- perfective		
shik'ehodeesdlį́į́'	nihik'ehodeesdlį́į́'	nihik'ehdahodeesdlį́į́'
nik'ehodeesdlį́į́'	nihik'ehodeesdlį́į́'	nihik'ehdahodeesdlį́į́'
bik'ehodeesdlį́į́'	bik'ehodeesdlį́į́'	bik'ehdahodeesdlį́į́'
hak'ehodeesdlį́į́'	hak'ehodeesdlį́į́'	hak'ehdahodeesdlį́į́'
T'ahígo - future		
shik'ehodidoodleeł	nihik'ehodidoodleeł	nihik'ehdahodidoodleeł
nik'ehodidoodleeł	nihik'ehodidoodleeł	nihik'ehdahodidoodleeł
bik'ehodidoodleeł	bik'ehodidoodleeł	bik'ehdahodidoodleeł
hak'ehodidoodleeł	hak'ehodidoodleeł	hak'ehdahodidoodleeł

Singular (one person)	Dual Plural (two people)	Distributive Plural (three or more people)
T'ahdii - present		
I lose	we lose	we lose
you lose	you lose	you lose
she/he/it loses	they lose	they lose
one loses	people lose	people lose
T'áá íídą́ą́' - past		
I lost	we lost	we lost
you lost	you lost	you lost
she/he/it lost	they lost	they lost
one lost	people lost	people lost
T'ahígo - future		
I will lose	we will lose	we will lose
you will lose	you will lose	you will lose
she/he/it will lose	they will lose	they will lose
one will lose	people will lose	people will lose

lose (in a game)

Áhát'íinii: /h aa ho ni O né/ -> [haa honiné] T'áadoo le'é bee nijiyeedáahgo, ákwe'é ła'nida haa-honiłnéehgo, éí haa honinéego, hats'ánídééł dooleeł.
Verb: to lose; to be defeated

T'ááła'ígo	Naakigo	Táá'dóó Ba'ąą
T'ahdii - imperfective		
shaa honiné	nihaa honiné	nihaa dahoniné
naa honiné	nihaa honiné	nihaa dahoniné
baa honiné	baa noniné	baa dahoniné
haa honiné	haa honiné	haa dahoniné
T'áá íídą́ą́' - perfective		
shaa honeezná	nihaa honeezná	nihaa dahoneezná
naa honeezná	nihaa honeezná	hinaa dahoneezná
baa honeezná	baa honeezná	baa dahoneezná
haa honeezná	haa honeezná	haa dahoneezná
T'ahígo - future		
shaa hodínóonééł	nihaa hodínóonééł	nihaa dahodínóonééł
naa hodínóonééł	nihaa hodínóonééł	hinaa dahodínóonééł
baa hodínóonééł	baa hodínóonééł	baa dahodínóonééł
haa hodínóonééł	haa hodínóonééł	haa dahodínóonééł

Singular (one person)	Dual Plural (two people)	Distributive Plural (three or more people)
T'ahdii - present		
I lose	we lose	we lose
you lose	you lose	you lose
she/he/it loses	they lose	they lose
one loses	people lose	people lose
T'áá íídą́ą́' - past		
I lost	we lost	we lost
you lost	you lost	you lost
she/he/it lost	they lost	they lost
one lost	people lost	people lost
T'ahígo - future		
I will lose	we will lose	we will lose
you will lose	you will lose	you will lose
she/he/it will lose	they will lose	they will lose
one will lose	people will lose	people will lose

lose (money, objects)

Áhát'íinii: /haa (yini) woo O biih/-> [haa woobiih] Ałk'i'iildééhgi t'áadoo le'é hats'ádeełgo, éí haa woobiih łeh.
Verb: one is losing; to lose money or other objects in a game; to pay for something

T'ááłá'ígo	Naakigo	Táá'dóó Ba'aa
T'ahdii - imperfective		
shaa woobiih	nihaa woobiih	nihaa daobiih
naa woobiih	nihaa woobiih	nihaa daobiih
baa woobiih	baa woobiih	baa daobiih
haa woobiih	haa woobiih	haa daobiih
T'áá íídą́ą́'- perfective		
shaa woozbą́	nihaa woozbą́	nihaa daozbą́
naa woozbą́	nihaa woozbą́	nihaa daozbą́
baa woozbą́	baa woozbą́	baa daozbą́
haa woozbą́	haa woozbą́	haa daozbą́
T'ahígo - future		
shaa yidoobiił	nihaa yidoobiił	nihaa deidoobiił
naa yidoobiił	nihaa yidoobiił	nihaa deidoobiił
baa yidoobiił	baa yidoobiił	baa deidoobiił
haa yidoobiił	haa yidoobiił	haa deidoobiił

Singular (one person)	Dual Plural (two people)	Distributive Plural (three or more people)
T'ahdii - present		
I am losing	we are losing	we are losing
you are losing	you are losing	you are losing
she/he/it is losing	they are losing	they are losing
one is losing	people are losing	people are losing
T'áá íídą́ą́- past		
I lost	we lost	we lost
you lost	you lost	you lost
she/he/it lost	they lost	they lost
one lost	people lost	people lost
T'ahígo - future		
I will lose	we will lose	we will lose
you will lose	you will lose	you will lose
she/he/it will lose	they will lose	they will lose
one will lose	people will lose	people will lose

love, hold dear

Áhátʼíinii: /ayóó a jó d ní/ -> [ayóó ájóʼní]   Łaʼnida tsʼída díí jóʼníigo, éí ayóó ájóʼní wolyé.
Verb: to love; to think very highly of someone; to hold dear

Tʼááłáʼígo	Naakigo	Tááʼdóó Baʼąą
Tʼahdii - neuter present		
ayóó íínishʼní	ayóó ííníiʼní	ayóó ádeíníiʼní
ayóó ííníʼní	ayóó íínóhʼní	ayóó ádeínóhʼní
ayóó áyóʼní	ayóó áyóʼní	ayóó ádayóʼní
ayóó ájóʼní	ayóó ájóʼní	ayóó ádajóʼní
Tʼáá íídą́ą́ʼ - past		
ayóó íínishʼníí nítʼééʼ	ayóó ííníiʼníí nítʼééʼ	ayóó ádeíníiʼníí nítʼééʼ
ayóó ííníʼníí nítʼééʼ	ayóó íínóhʼníí nítʼééʼ	ayóó ádeínóhʼníí nítʼééʼ
ayóó áyóʼníí nítʼééʼ	ayóó áyóʼníí nítʼééʼ	ayóó ádayóʼníí nítʼééʼ
ayóó ájóʼníí nítʼééʼ	ayóó ájóʼníí nítʼééʼ	ayóó ádajóʼníí nítʼééʼ
Tʼahígo - future		
ayóó íínishʼníí doo	ayóó ííníiʼníí doo	ayóó ádeíníiʼníí doo
ayóó ííníʼníí doo	ayóó íínóhʼníí doo	ayóó ádeínóhʼníí doo
ayóó áyóʼníí doo	ayóó áyóʼníí doo	ayóó ádayóʼníí doo
ayóó ájóʼníí doo	ayóó ájóʼníí doo	ayóó ádajóʼníí doo

Singular (one person)	Dual Plural (two people)	Distributive Plural (three or more people)
Tʼahdii - present		
I love	we love	we love
you love	you love	you love
she/he/it loves	they love	they love
one loves	people love	people love
Tʼáá íídą́ą́ʼ - past		
I loved	we loved	we loved
you loved	you loved	you loved
she/he/it loved	they loved	they loved
one loved	people loved	people loved
Tʼahígo - future		
I will love	we will love	we will love
you will love	you will love	you will love
she/he/it will love	they will love	they will love
one will love	people will love	people will love

make, create it

Áhát'íinii: /á ji O lééh/-> [ájílééh]   T'áadoo le'é hodooleeł jinízingo, t'áá hó baanitsíjíkeesígi át'éego ájiił'įįh, éí óolyé ájílééh.
Verb: to make; to create from one's own ideas; one makes

T'ááłá'ígo	Naakigo	Táá'dóó Ba'ąą
T'ahdii - imperfective		
áshłééh	íilnééh	ádeiilnééh
áníłééh	óhłééh	ádaahłééh
íiłééh	íiłééh	ádeiłééh
ájíłééh	ájíłééh	ádajíłééh
T'áá íídą́ą́' - perfective		
áshłaa	íilyaa	ádeiilyaa
íinilaa	áłaa / óołaa	ádaahłaa
áyiilaa	áyiilaa	ádayiilaa
ájiilaa	ájiilaa	ádajiilaa
T'ahígo - future		
ádeeshłííł	ádiilnííł	ádadiilnííł
ádíílííł	ádoohłííł	ádadoohłííł
íidoolííł	íidoolííł	ádeidoolííł
ázhdoolííł	azhdoolííł	ádazhdoolííł

Singular (one person)	Dual Plural (two people)	Distributive Plural (three or more people)
T'ahdii - present		
I make	we make	we make
you make	you make	you make
she/he/it makes	they make	they make
one makes	people make	people make
T'áá íídą́ą́' - past		
I made	we made	we made
you made	you made	you made
she/he/it made	they made	they made
one made	people made	people made
T'ahígo - future		
I will make	we will make	we will make
you will make	you will make	you will make
she/he/it will make	they will make	they will make
one will make	people will make	people will make

M verbs

make noise

Áhát'íinii: /ha ho ji ł 'á/-> [hahojííł'á]   Ayóó íits'a'go t'áadoo le'é baa nijigháago, éí hahojííł'áa łeh.
Verb: one makes noise; to be noisy; to create noise

T'áałá'ígo	Naakigo	Táá'dóó Ba'ąą
T'ahdii - imperfective'		
hahwíínísh'á	hahwiil'á	hadahwiil'á
hahwíííníł'á	hahooł'á	hadahooł'á
hahóół'á	hahóół'á	hadahóół'á
hahojííł'á	hahojííł'á	hadahojííł'á
T'áá íídą́ą́' - perfective		
hahwíínísh'áá nít'éé'	hahwíínííl'áá nít'éé'	hadahwíínííl'áá nít'éé'
hahwííníł'áá nít'éé'	hahwíínółʼáá nít'éé'	hadahwíínółʼáá nít'éé'
hahóół'áá nít'éé'	hahóół'áá nít'éé'	hadahóół'áá nít'éé'
hahojííł'áá nít'éé'	hahojííł'áá nít'éé'	hadahojííł'áá nít'éé'
T'ahígo - future		
hahwíínísh'áa dooleeł	hahwíínííl'áa dooleeł	hadahwiil'áa dooleeł
hahwííníł'áa dooleeł	hahwííníł'áa dooleeł	hadahwíínół'áa dooleeł
hahóół'áa dooleeł	hahóół'áa dooleeł	hadahóół'áadooleeł
hahojííł'áa dooleeł	hahojííł'áa dooleeł	hadahojííł'áa dooleeł

Singular (one person)	Dual Plural (two people)	Distributive Plural (three or more people)
T'ahdii - present		
I make noise	we make noise	we make noise
You make noise	you make noise	you make noise
she/he/it makes noise	they make noise	they make noise
one makes noise	people make noise	people make noise
T'áá íídą́ą́' - past		
I was making noise	we were making noise	we were making noise
you were making noise	you were making noise	you were making noise
she/he/it was making noise	they were making noise	they were making noise
one was making noise	people were making noise	people were making noise
T'ahígo - future		
I will make noise	we will make noise	we will make noise
you will make noise	you will make noise	you will make noise
she/he/it will make noise	they will make noise	they will make noise
one will make noise	people will make noise	people will make noise

measure it

Áhát'íinii: /bí ji 'a ni ł 'ááh/ -> [bízh'neeł'ąąh]   T'áadoo le'é áníłtsooígíí doo hoł bééhózingóó, bíighah niná'jídléehgo bízh'neeł'ąąh łeh.
Verb: one measures it; to measure

T'áałá'ígo	Naakigo	Táá'dóó Ba'ąą
T'ahdii - imperfective		
bí'neesh'ąąh	bí'niil'ąąh	bída'niil'ąąh
bí'neeł'ąąh	bí'nooł'ąąh	bída'nooł'ąąh
yí'neeł'ąąh	yí'neeł'ąąh	yída'neeł'ąąh
bízh'neeł'ąąh	bízh'neeł'ąąh	bídazh'neeł'ąąh
T'áá íídą́ą́' - perfective		
bí'nééł'ąąd	bí'niil'ąąd	bída'niil'ąąd
bí'nííníł'ąąd	bí'nooł'ąąd	bída'nooł'ąąd
yí'nééł'ąąd	yí'nééł'ąąd	yída'nééł'ąąd
bízh'nééł'ąąd	bízh'nééł'ąąd	bídazh'nééł'ąąd
T'ahígo - future		
bídí'néesh'ąął	bídí'níil'ąął	bídadí'níil'ąął
bídí'nííł'ąął	bídí'nóoł'ąął	bídadí'nóoł'ąął
yídí'nóoł'ąął	yídí'nóoł'ąął	yídadí'nóoł'ąął
bízhdí'nóoł'ąął	bízhdí'nóoł'ąął	bídazhdí'nóoł'ąął

Singular (one person)	Dual Plural (two people)	Distributive Plural (three or more people)
T'ahdii - present		
I measure	we measure	we measure
you measure	you measure	you measure
she/he/it measures	they measure	they measure
one measures	people measure	people measure
T'áá íídą́ą́' - past		
I measured	we measured	we measured
you measured	you measured	you measured
she/he/it measured	they measured	they measured
one measured	people measured	people measured
T'ahígo - future		
I will measure	we will measure	we will measure
you will measure	you will measure	you will measure
she/he/it will measure	they will measure	they will measure
one will measure	people will measure	people will measure

melt it

Áhát'íinii: /ji di ł híí h/ -> [jidiłhį́į́h] T'áadoo le'é nitł'iz nít'ée'go, tó nahalingo ájíléehgo, éí jidiłhį́įhgo t'éí ákót'įįh.
Verb: to melt a solid object; to change from solid to liquid; one melts

T'ááłá'ígo	Naakigo	Táá'dóó Ba'ąą
T'ahdii - imperfective		
dishxį́į́h	diilyį́į́h	dadiilyį́į́h
díłhį́į́h	dołhį́į́h	dadołhį́į́h
yidiłhį́į́h	yidiłhį́į́h	deidiłhį́į́h
jidiłhį́į́h	jidiłhį́į́h	dazhdiłhį́į́h
T'áá íídą́ą́' - perfective		
díłhį́į́'	diilyį́į́'	dadiilyį́į́'
díínіłhį́į́'	doołhį́į́'	dadoołhį́į́'
yidíłhį́į́'	yidíłhį́į́'	deidíłhį́į́'
jidíłhį́į́'	jidíłhį́į́'	dazhdíłhį́į́'
T'ahígo - future		
dideeshhįh	didiilyįh	dadidiilyįh
didíłhįh	didoołhįh	dadidoołhįh
yididoołhįh	yididoołhįh	deididoołhįh
jididoołhįh	jididoołhįh	dazhdidoołhįh

Singular (one person)	Dual Plural (two people)	Distributive Plural (three or more people)
T'ahdii - present		
I melt	we melt	we melt
you melt	you melt	you melt
she/he/it melts	they melt	they melt
one melts	people melt	people melt
T'áá íídą́ą́' - past		
I melted	we melted	we melted
you melted	you melted	you melted
she/he/it melted	they melted	they melted
one melted	people melted	people melted
T'ahígo - future		
I will melt	we will melt	we will melt
you will melt	you will melt	you will melt
she/he/it will melt	they will melt	they will melt
one will melt	people will melt	people will melt

melt it (ice)

Áhát'íinii: /ji ł hį́į́h/ -> [jiłhį́į́h]   T'áadoo le'é yistin nít'ée'go, názhniiłdóogo éí jiłhį́į́h łeh.
Verb: to melt it; to melt ice; to melt snow; one melts

T'áałá'ígo	Naakigo	Táá'dóó Ba'ąą
T'ahdii - imperfective		
yishhį́į́h	yiilyį́į́h	deiilyį́į́h
niłhį́į́h	wołhį́į́h	daałhį́į́h
yiłhį́į́h	yiłhį́į́h	deiłhį́į́h
jiłhį́į́h	jiłhį́į́h	dajiłhį́į́h
T'áá íídą́ą́' - perfective		
yíłhį́į́'	yiilyį́į́'	deiilyį́į́'
yínítłhį́į́'	woołhį́į́'	daoołhį́į́'
yiyíítłhį́į́'	yiyíítłhį́į́'	dayíítłhį́į́'
jíítłhį́į́'	jíítłhį́į́'	dajíítłhį́į́'
T'ahígo - future		
deeshhįh	diilyįh	dadiilyįh
díítłhįh	doołhįh	dadoołhįh
yidoołhįh	yidoołhįh	deidoołhįh
jidoołhįh	jidoołhįh	dazhdoołhįh

Singular (one person)	Dual Plural (two people)	Distributive Plural (three or more people)
T'ahdii - present		
I melt	we melt	we melt
you melt	you melt	you melt
she/he/it melts	they melt	they melt
one melts	people melt	people melt
T'áá íídą́ą́' - past		
I melted	we melted	we melted
you melted	you melted	you melted
she/he/it melted	they melted	they melted
one melted	people melted	people melted
T'ahígo - future		
I will melt	we will melt	we will melt
you will melt	you will melt	you will melt
she/he/it will melt	they will melt	they will melt
one will melt	people will melt	people will melt

M verbs

miss, long for it

Áhát'íinii: /bí din jí O lį́/ -> [bídin jílį́]   T'áadoo le'é bízhneesdin nít'ée'go, éí t'áá géed ch'íjígháahgo, bídin jílį́į́ łeh. Hak'éí ałdó' doo bił da'ahijoot'íígóó bídin jileeh.
Verb: to long for; to miss something or someone

T'áá łá'ígo	Naakigo	Táá'dóó Ba'ąą
T'ahdii - neuter imperfective		
bídin nishłį́	bídin niidlį́	bídin daniidlį́
bídin nílį́	bídin nohłį́	bídin danohłį́
yídin nilį́	yídin nilį́	yídin danilį́
bídin jílį́	bídin jílį́	bídin dajílį́
T'áá íídą́ą́' - perfective		
bídin sélį́į́'	bídin siidlį́į́'	bídin dasiidlį́į́'
bídin sínílį́į́'	bídin soolį́į́'	bídin dasoolį́į́'
yídin silį́į́'	yídin silį́į́'	yídin daazlį́į́'
bídin jizlį́į́'	bídin jizlį́į́'	bídin dajizlį́į́'
T'ahígo - future		
bídin deeshłeeł	bídin diidleeł	bídin dadíídleeł
bídin dííleeł	bídin doołeeł	bídin dadoołeeł
yídin dooleeł	yídin dooleeł	yídin dadooleeł
bídin jidooleeł	bídin jidooleeł	bídin dazhdooleeł

Singular (one person)	Dual Plural (two people)	Distributive Plural (three or more people)
T'ahdii - present		
I long for	we long for	we long for
you long for	you long for	you long for
she/he/it longs for	they long for	they long for
one longs for	people long for	people long for
T'áá íídą́ą́' - past		
I longed for	we longed for	we longed for
you longed for	you longed for	you longed for
she/he/it longed for	they longed for	they longed for
one longed for	people longed for	people longed for
T'ahígo - future		
I will long for	we will long for	we will long for
you will long for	you will long for	you will long for
she/he/it will long for	they will long for	they will long for
one will long for	people will long for	people will long for

mix (dough, knead dough)

Áhát'íinii: /ta a yi ji O nih/-> [ta'joonih]   Taos'nii ájílééhgo, éí ta'ajoonih woly´é.
Verb: to knead dough; to mix dough

T'ááła'ígo	Naakigo	Táá'dóó Ba'ąą
T'ahdii - imperfective		
ta'ooshnih	ta'ii'nih	tada'ii'nih
ta'oonih	ta'oohnih	tada'oohnih
ta'oonih	ta'oonih	tada'oonih
ta'joonih	ta'joonih	tada'joonih
T'áá íídą́ą́' - perfective		
ta'iisénii'	ta'iisii'nii'	tada'iisii'nii'
ta'iisínínii'	ta'iisoonii'	tada'iisoonii'
ta'ooznii'	ta'ooznii'	tada'ooznii'
ta'jooznii'	ta'jooznii'	tada'jooznii'
T'ahígo - future		
ta'iideeshnih	ta'iidii'nih	tada'iidii'nih
ta'iidíínih	ta'iidoohnih	tada'iidoohnih
ta'iidoonih	ta'iidoonih	tada'iidoonih
ta'iizhdoonih	ta'iizhdoonih	tada'iizhdoonih

Singular (one person)	Dual Plural (two people)	Distributive Plural (three or more people)
T'ahdii - present		
I knead dough	we knead dough	we knead dough
you knead dough	you knead dough	you knead dough
she/he/it kneads dough	they knead dough	they knead dough
one kneads dough	people knead dough	people knead dough
T'áá íídą́ą́' - past		
I kneaded dough	we kneaded dough	we kneaded dough
you kneaded dough	you kneaded dough	you kneaded dough
she/he/it kneaded dough	they kneaded dough	they kneaded dough
one kneaded dough	people kneaded dough	people kneaded dough
T'ahígo - future		
I will knead dough	we will knead dough	we will knead dough
you will knead dough	you will knead dough	you will knead dough
she/he/it will knead dough	they will knead dough	they will knead dough
one will knead dough	people will knead dough	people will knead dough

mix it (a bowl of mush)

Áhát'íinii: /ta na a ji O gizh/ -> [tani'jigizh] Naadą́ą́' dootł'izhí yik'ą́ągo tó yibéezhgo, biih yijaa'go, dóó yéego dits'idgo hahineesmasgo, éí tanaazhgiizh yileeh, ákót'éehgo éí tani'jigizh wolyé.
Verb: to mix blue corn mush; one mixes corn mush

T'ááłá'ígo	Naakigo	Táá'dóó Ba'ąą
T'ahdii - imperfective		
tana'ashgizh	tana'iigizh	tanida'iigizh
tana'ígizh	tana'ohgizh	tanida'ohgizh
tana'agizh	tana'agizh	tanida'agizh
tani'jigizh	tani'jigizh	tanida'iigizh
T'áá íídą́ą́' - perfective		
tani'shégizh	tani'shiigizh	tanida'shiigizh
tani'shínígizh	tani'shoogizh	tanida'shoogizh
tana'azhgizh	tana'azhgizh	tanida'azhgizh
tani'jizhgizh	tani'jizhgizh	anida'jizhgizh
T'ahígo - future		
tani'deeshgish	tani'diigish	tanida'diigish
tani'díígish	tani'doohgish	tanida'doohgish
tani'doogish	tani'doogish	tanida'doogish
tanizh'doogish	tanizh'doogish	tanidazh'doogish

Singular (one person)	Dual Plural (two people)	Distributive Plural (three or more people)
T'ahdii - present		
I mix corn mush	we mix corn mush	we mix corn mush
you mix corn mush	you mix corn mush	you mix corn mush
she/he/it mixes corn mush	they mix corn mush	they mix corn mush
one mixes corn mush	people mix corn mush	people mix corn mush
T'áá íídą́ą́' - past		
I mixed corn mush	we mixed corn mush	we mixed corn mush
you mixed corn mush	you mixed corn mush	you mixed corn mush
she/he/it mixed corn mush	they mixed corn mush	they mixed corn mush
one mixed corn mush	people mixed corn mush	people mixed corn mush
T'ahígo - future		
I will mix corn mush	we will mix corn mush	we will mix corn mush
you will mix corn mush	you will mix corn mush	you will mix corn mush
she/he/it will mix corn mush	they will mix corn mush	they will mix corn mush
one will mix corn mush	people will mix corn mush	people will mix corn mush

mix, mix corn mush

Áhát'íinii: /ta a ji O nííł/ -> [ta'jinííł] Naadą́ą́' ak'áán tó yibéezhgo, biih jijih dóó ni'jitsigo, taa'niil yileeh, éí óolyé ta'jinííł.
Verb: to mix creamy corn meal soup; one mixes corn mush; put plural objects into the water

T'áałá'ígo	Naakigo	Táá'dóó Ba'ąą
T'ahdii - imperfective		
ta'ashnííł	ta'ii'nííł	tada'ii'nííł
ta'ínííł	ta'ohnííł	tada'ohnííł
ta'anííł	ta'anííł	tada'anííł
ta'jinííł	ta'jinííł	tada'jinííł
T'áá íídą́ą́' - perfective		
ta'íínil	ta'ii'nil	tada'sii'nil
ta'íínínil	ta'oonil	tada'soonil
ta'íínil	ta'íínil	tada'aznil
ta'jíínil	ta'jíínil	tada'jiznil
T'ahígo - future		
ta'deeshnił	ta'dii'nił	tada'dii'nił
ta'díínił	ta'doohnił	tada'doohnił
ta'doonił	ta'doonił	tada'doonił
tazh'doonił	tazh'doonił	tadazh'doonił

Singular (one person)	Dual Plural (two people)	Distributive Plural (three or more people)
T'ahdii - present		
I mix corn mush	we mix corn mush	we mix corn mush
you mix corn mush	you mix corn mush	you mix corn mush
she/he/it mixes corn mush	they mix corn mush	they mix corn mush
one mixes corn mush	people mix corn mush	people mix corn mush
T'áá íídą́ą́' - past		
I mixed corn mush	we mixed corn mush	we mixed corn mush
you mixed corn mush	you mixed corn mush	you mixed corn mush
she/he/it mixed corn mush	they mixed corn mush	they mixed corn mush
one mixed corn mush	people mixed corn mush	people mixed corn mush
T'ahígo - future		
I will mix corn mush	we will mix corn mush	we will mix corn mush
you will mix corn mush	you will mix corn mush	you will mix corn mush
she/he/it will mix corn mush	they will mix corn mush	they will mix corn mush
one will mix corn mush	people will mix corn mush	people will mix corn mush

multiply them (numbers)

Áhát'íinii: /ah ááh ná hi ji O zóóh/- > [ahááh níjíizóóh] T'áadoo le'é naakidi ahááh nániildéelgo, naakidi áníłnéez dooleeł, éigi át'éego neeznáá naakidi ahááh níjíizogo naadiin dooleeł.
Verb: one multiplies; to multiply numbers and objects with a pencil

T'ááłá'ígo	Naakigo	Táá'dóó Ba'ąą
T'ahdii - imperfective		
ahááh náhássóóh	ahááh náhíidzóóh	ahááh nídahiidzóóh
ahááh náhízóóh	ahááh náhósóóh	ahááh nídahohsóóh
ahááh náyiizóóh	ahááh náyiizóóh	ahááh nídayíizóóh
ahááh níjízóóh	ahááh níjíizóóh	ahááh nídajíizóóh
T'áá íídą́ą́' - perfective		
ahááh náházo	ahááh náhíidzo	ahááh nídahiidzo
ahááh náhínízo	ahááh náhóozo	ahááh nídahoozo
ahááh náyíizo	ahááh náyíizo	ahááh nídayíizo
ahááh níjíizo	ahááh níjíizo	ahááh nídajíizo
T'ahígo - future		
ahááh náhideessoh	ahááh náhidiidzoh	ahááh nídahidiidzoh
ahááh náhidíízoh	ahááh náhidoohsoh	ahááh nídahidoohsoh
ahááh néidiyoozoh	ahááh néidiyoozoh	ahááh nídeidiyoozoh
ahááh náhizhdoozoh	ahááh náhizhdoozoh	ahááh nídahizhdoozoh

Singular (one person)	Dual Plural (two people)	Distributive Plural (three or more people)
T'ahdii - present		
I multiply	we multiply	we multiply
you multiply	you multiply	you multiply
she/he/it multiplies	they multiply	they multiply
one multiplies	people multiply	people multiply
T'áá íídą́ą́' - past		
I multiplied	we multiplied	we multiplied
you multiplied	you multiplied	you multiplied
she/he/it multiplied	they multiplied	they multiplied
one multiplied	people multiplied	people multiplied
T'ahígo - future		
I will multiply	we will multiply	we will multiply
you will multiply	you will multiply	you will multiply
she/he/it will multiply	they will multiply	they will multiply
one will multiply	people will multiply	people will multiply

nail it

Áhát'íinii: /b ił a'a ji ł kaał/ -> [bił a'jiłkaał] Ił'adaalkaałí, bee'etsidí bee t'áadoo le'é biih bíijiłniihgo, éí bił a'jiłkaał wolyé.

Verb: to nail it; one nails

T'áálá'ígo	Naakigo	Táá'dóó Ba'ąą
T'ahdii - imperfective		
bił e'eshkaał	bił i'iilkaał	bił ada'iilkaał
bił i'iłkaał	bił o'ołkaał	bił ada'ołkaał
yił e'ełkaał	yił e'ełkaał	yił ada'ałkaał
bił a'jiłkaał	bił a'jiłkaał	bił ada'jiłkaał
T'áá íídą́ą́' - perfective		
bił i'íłkaal	bił i'iilkaal	bił ada'siilkaal
bił i'íníłkaal	bił o'oołkaal	bił ada'soołkaal
yił i'íłkaal	yił i'íłkaal	yił ada'askaal
bił i'jíłkaal	bił i'jíłkaal	bił ada'jiskaal
T'ahígo - future		
bił i'deeshkał	bił i'diilkał	bił ada'diilkał
bił i'díłkał	bił i'doołkał	bił ada'doołkał
yił i'doołkał	yił i'doołkał	yił ada'doołkał
bił izh'doołkał	bił izh'doołkał	bił adazh'doołkał

Singular (one person)	Dual Plural (two people)	Distributive Plural (three or more people)
T'ahdii - present		
I nail	we nail	we nail
you nail	you nail	you nail
she/he/it nails	they nail	they nail
one nails	people nail	people nail
T'áá íídą́ą́' - past		
I nailed	we nailed	we nailed
you nailed	you nailed	you nailed
she/he/it nailed	they nailed	they nailed
one nailed	people nailed	people nailed
T'ahígo - future		
I will nail	we will nail	we will nail
you will nail	you will nail	you will nail
she/he/it will nail	they will nail	they will nail
one will nail	people will nail	people will nail

paint it (as a house)

Áhát'íinii: /ji O dleesh/-> [jidleesh] Kin bee yidleeshí tsin bikáa'go ájíléehgo, índa t'áadoo le'é bee nida'adleeshígíí íjítłohgo, éí jidleesh wolyé.
Verb: one paints; to paint it; cover with wet mud or clay

T'áałá'ígo	Naakigo	Táá'dóó Ba'ąą
T'ahdii- imperfective		
yishdleesh	yiidleesh	deiidleesh
nidleesh	wohdleesh	daahdleesh
yidleesh	yidleesh	deidleesh
jidleesh	jidleesh	dajidleesh
T'áá íídą́ą́'- perfective		
shédléézh	shiidléézh	dashiidléézh
shínídléézh	shoodléézh	dashoodléézh
yizhdléézh	yizhdléézh	deizhdléézh
jizhdléézh	jizhdléézh	dajizhdléézh
T'ahígo - future		
deeshdlish	diidlish	dadiidlish
díídlish	doohdlish	dadoohdlish
yidoodlish	yidoodlish	deidoodlish
jidoodlish	jidoodlish	dazhdoodlish

Singular (one person)	Dual Plural (two people)	Distributive Plural (three or more people)
T'ahdii - present		
I paint	we paint	we paint
you paint	you paint	you paint
she/he/it paints	they paint	they paint
one paints	people paint	people paint
T'áá íídą́ą́' - past		
I painted	we painted	we painted
you painted	you painted	you painted
she/he/it painted	they painted	they painted
one painted	people painted	people painted
T'ahígo - future		
I will paint	we will paint	we will paint
you will paint	you will paint	you will paint
she/he/it will paint	they will paint	they will paint
one will paint	people will paint	people will paint

pay for it, make payments for it

Áhát'íinii: /bi k'é ni a ji O lé/-> [bik'é ni'jílé] T'áadoo le'é t'áá ałtso, báàh'ílįįgo át'é, éí bik'é siláhígíí nijíléego, éí bik'é ni'jílé wolyé.
Verb: to pay for merchandise; one pays for

T'ááłá'ígo	Naakigo	Táá'dóó Ba'ąą
T'ahdii - imperfective		
bik'é ni'nishłé	bik'é ni'niilyé	bik'é nida'niilyé
bik'é ni'níłé	bik'é ni'nołé	bik'é nida'nołé
yik'é ni'ílé	yik'é ni'ílé	yik'e nida'ílé
bik'é ni'jílé	bik'é ni'jílé	bik'é nida'jílé
T'áá íídą́ą́' - perfective		
bik'é ni'nílá	bik'é ni'niilyá	bik'é nida'niilyá
bik'é ni'íínílá	bik'é ni'noolá	bik'é nida'noolá
yik'é ni'nílá	yik'é ni'nílá	yik'é nida'azlá
bik'é nizh'nílá	bik'é nizh'nílá	bik'é nida'dzizlá
T'ahígo - future		
bik'é ni'deeshłééł	bik'é ni'diilyééł	bik'é nida'diilyééł
bik'é ni'díílééł	bik'é ni'doołééł	bik'é nida'doołééł
yik'é ni'doolééł	yik'é ni'doolééł	yik'é nida'doolééł
bik'é nizh'doolééł	bik'é nizh'doolééł	bik'é nidazh'doolééł

Singular (one person)	Dual Plural (two people)	Distributive Plural (three or more people)
T'ahdii - present		
I pay for	we pay for	we pay for
you pay for	you pay for	you pay for
she/he/it pays for	they pay for	they pay for
one pays for	people pay for	people pay for
T'áá íídą́ą́' - past		
I paid for	we paid for	we paid for
you paid for	you paid for	you paid for
she/he/it paid for	they paid for	they paid for
one paid for	people paid for	people paid for
T'ahígo - future		
I will pay for	we will pay for	we will pay for
you will pay for	you will pay for	you will pay for
she/he/it will pay for	they will pay for	they will pay for
one will pay for	people will pay for	people will pay for

peel it

Áhát'íinii: /b í ji o zǫǫ́s/ -> [bíjízǫǫ́s] T'áadoo le'é bik'ésti'go éí doodaii' bikágí nahgóó kójíléehgo, éí bíjízǫǫ́s wolyé.
Verb: one peels; to peel an object

T'áałá'ígo	Naakigo	Táá'dóó Ba'ąą
T'ahdii - imperfective		
béssǫǫ́s	bíidǫǫ́s	bídeiidǫǫ́s
bínízǫǫ́s	béhsǫǫ́s	bídaahsǫǫ́s
yíízǫǫ́s	yíízǫǫ́s	yídeizǫǫ́s
bíjízǫǫ́s	bíjízǫǫ́s	bídajizǫǫ́s
T'áá íídą́ą́' - perfective		
béézǫǫ́z	bíidǫǫ́z	bídeiidǫǫ́z
bíínízǫǫ́z	bóozǫǫ́z	bídaoozǫǫ́z
yíyíízǫǫ́z	yíyíízǫǫ́z	yídayiizzǫǫ́z
bíjíízǫǫ́z	bíjíízǫǫ́z	bídajíízzǫǫ́z
T'ahígo - future		
bídeessǫǫ́s	bídiidǫǫ́s	bídadiidǫǫ́s
bídíízǫǫ́s	bídoohsǫǫ́s	bídadoohsǫǫ́s
yíidoozǫǫ́s	yíidoozǫǫ́s	yídeidoozǫǫ́s
bízhdoozǫǫ́s	bízhdoozǫǫ́s	bídazhdoozǫǫ́s

Singular (one person)	Dual Plural (two people)	Distributive Plural (three or more people)
T'ahdii - present		
I peel	we peel	we peel
you peel	you peel	you peel
she/he/it peels	they peel	they peel
one peels	people peel	people peel
T'áá íídą́ą́' - past		
I peeled	we peeled	we peeled
you peeled	you peeled	you peeled
she/he/it peeled	they peeled	they peeled
one peeled	people peeled	people peeled
T'ahígo - future		
I will peel	we will peel	we will peel
you will peel	you will peel	you will peel
she/he/it will peel	they will peel	they will peel
one will peel	people will peel	people will peel

peel, skin it, tear it off

Áhát'íinii: /bi k'i ji 0 zóós/ -> [bik'ijizǫ́ǫ́s] T'áadoo le'é bikágí hólǫ́ǫgo nahji' kódeeshłííł jinízingo, éí bik'ijizǫ́ǫ́s.
Verb: peel off; to skin; to tear off the peel, rip off

T'áálá'ígo	Naakigo	Táá'dóó Ba'ąą
T'ahdii - imperfective		
bik'eessǫ́ǫ́s	bik'iidǫ́ǫ́s	bik'ideiidǫ́ǫ́s
bik'inizǫ́ǫ́s	bik'iohsǫ́ǫ́s	bik'idaahsǫ́ǫ́s
yik'iizǫ́ǫ́s	yik'iizǫ́ǫ́s	yik'ideizǫ́ǫ́s
bik'ijizǫ́ǫ́s	bik'ijizǫ́ǫ́s	bik'idajizǫ́ǫ́s
T'áá íídą́ą́' - perfective		
bik'éézǫ́ǫ́z	bik'iidǫ́ǫ́z	bik'ideiidǫ́ǫ́z
bik'íínízǫ́ǫ́z	bik'ioozǫ́ǫ́z	bik'idaoozǫ́ǫ́z
yik'iyíízǫ́ǫ́z	yik'iyíízǫ́ǫ́z	yik'ideizzǫ́ǫ́z
bik'ijíízǫ́ǫ́z	bik'ijíízǫ́ǫ́z	bik'idajizzǫ́ǫ́z
T'ahígo - future		
bik'ideessǫ́ǫ́s	bik'idiidǫ́ǫ́s	bik'idadiidǫ́ǫ́s
bik'idíízǫ́ǫ́s	bik'idoohsǫ́ǫ́s	bik'idadoohsǫ́ǫ́s
yik'iidoozǫ́ǫ́s	yik'iidoozǫ́ǫ́s	yik'ideidoozǫ́ǫ́s
bik'izhdoozǫ́ǫ́s	bik'izhdoozǫ́ǫ́s	bik'idazhdoozǫ́ǫ́s

Singular (one person)	Dual Plural (two people)	Distributive Plural (three or more people)
T'ahdii - present		
I skin	we skin	we skin
you skin	you skin	you skin
she/he/it skins	they skin	they skin
one skins	people skin	people skin
T'áá íídą́ą́' - past		
I skinned	we skinned	we skinned
you skinned	you skinned	you skinned
she/he/it skinned	they skinned	they skinned
one skinned	people skinned	people skinned
T'ahígo - future		
I will skin	we will skin	we will skin
you will skin	you will skin	you will skin
she/he/it will skin	they will skin	they will skin
one will skin	people will skin	people will skin

P verbs

perform a ceremony, sing, pray

Áhát'íinii: /na ho jil łá (ł ghá)/-> [nahojiłá] Ła'nida ba̧a̧h dahaz'á̧a̧go, yá'át'ééh nídoodleeł biniyé hatáál t'áá ał'a̧a̧ ádaat'éhígíí bá ál'i̧i̧h. T'áá bidahodiiłt'i'ígíí éí nahojiłáago t'éí diné bá ákózhdoolííł.
Verb: to perform a ceremony; sing; pray

T'ááłá'ígo	Naakigo	Táá'dóó Ba'a̧a̧
T'ahdii - imperfective		
nahashłá	nahwiidlá	nidahwiidlá
nahółá	nahołá	nidahołá
nahałá	nahałá	nidahałá
nahojiłá	nahojiłá	nidahojiłá
T'áá íídá̧á̧' - perfective		
nahosésáá'	nahosiilzáá'	nidahosiilzáá'
nahosínísáá'	nahosoosáá'	nidahosoosáá'
nahasáá'	nahasáá'	nidahasáá'
nahojisáá'	nahojisáá'	nidahojisáá'
T'ahígo - future		
nahodeeshłaał	nahodiidlaał	nidahodiidlaał
nahodííłaał	nahodoohłaał	nidahodoohłaał
nahodoołaał	nahodoołaał	nidahodoołaał
nahozhdoołaał	nahozhdoołaał	nidahozhdoołaał

Singular (one person)	Dual Plural (two people)	Distributive Plural (three or more people)
T'ahdii - present		
I perform a ceremony	we perform a ceremony	we perform a ceremony
you perform a ceremony	you perform a ceremony	you perform a ceremony
she/he/it performs a...	they perform a ceremony	they perform a ceremony
one performs a ceremony	people perform a ceremony	people perform a ceremony
T'áá íídá̧á̧' - past		
I performed a ceremony	we performed a ceremony	we performed a ceremony
you performed a ceremony	you performed a ceremony	you performed a ceremony
she/he/it performed a...	they performed a ceremony	they performed a ceremony
one performed a ceremony	people performed a ceremony	people performed a ceremony
T'ahígo - future		
I will perform a ceremony	we will perform a ceremony	we will perform a ceremony
you will perform a ceremony	you will perform a ceremony	you will perform a ceremony
she/he/it will perform a...	they will perform a ceremony	they will perform a ceremony
one will perform a ceremony	people will perform a...	people will perform a...

perform a short ceremony

Áhát'íinii: /a za 'a ji O nííł/ -> [aza'jinííł] T'óó tsíiłgo nahojiłáago éí azee' tahjikááhii' aza'jilnił.
Verb: to perform a (shortend form of) ceremony; to know a small amount of knowledge

T'áałá'ígo	Naakigo	Táá'dóó Ba'ąą
T'ahdii - imperfective		
aza'ashnííł	aza'ii'nííł	azada'ii'nííł
aza'ínííł	aza'ohnííł	azada'ohnííł
aza'anííł	aza'anííł	azada'anííł
aza'jinííł	aza'jinííł	azada'jinííł
T'áá íídą́ą́' - perfective		
aza'íínil	aza'ii'nil	azada'sii'nil
aza'íínínil	aza'oonil	azada'soonil
aza'íínil	aza'íínil	azada'aznil
aza'jíínil	aza'jíínil	azada'jiznil
T'ahígo - future		
aza'deeshnił	aza'dii'nił	azada'dii'nił
aza'díínił	aza'doohnił	azada'doohnił
aza'doonił	aza'doonił	azada'doonił
azazh'doonił	azazh'doonił	azadazh'doonił

Singular (one person)	Dual Plural (two people)	Distributive Plural (three or more people)
T'ahdii - present		
I perform ...	we perform ...	we perform ...
you perform ...	you perform ...	you perform ...
she/he/it performs ...	they perform ...	they perform ...
one performs ...	people perform ...	people perform ...
T'áá íídą́ą́' - past		
I performed ...	we performed ...	we performed ...
you performed ...	you performed ...	you performed ...
she/he/it performed ...	they performed ...	they performed ...
one performed ...	people performed ...	people performed ...
T'ahígo - future		
I will perform ...	we will perform ...	we will perform ...
you will perform ...	you will perform ...	you will perform ...
she/he/it will perform ...	they will perform ...	they will perform ...
one will perform ...	people will perform ...	people will perform ...

photograph, copy it

Áhát'íinii: /bi a ji O lééh/ -> [bi'jilééh]   T'áadoo le'é ajiłkeedgo, éí ałdó' bi'jilééh.
Verb: to photograph it; to copy it; one photographs

T'ááłá'ígo	Naakigo	Táá'dóó Ba'ąą
T'ahdii - imperfective		
be'eshłééh	bi'iilnééh	bida'iilnééh
bi'ílééh	bi'ohłééh	bida'ohłééh
ye'elééh	ye'elééh	yida'alééh
bi'jilééh	bi'jilééh	bida'jilééh
T'áá íídą́ą́' - perfective		
bi'iishłaa	bi'iilyaa	bida'iilyaa
bi'iinilaa	bi'oohłaa	bida'oohłaa
yi'iilaa	yi'iilaa	yida'iilaa
bi'jiilaa	bi'jiilaa	bida'jiilaa
T'ahígo - future		
bi'deeshłííł	bi'diilnííł	bida'diilnííł
bi'díílííł	bi'doohłííł	bida'doohłííł
yi'doolííł	yi'doolííł	yida'doolííł
bizh'doolííł	bizh'doolííł	bidazh'doolííł

Singular (one person)	Dual Plural (two people)	Distributive Plural (three or more people)
T'ahdii - present		
I copy	we copy	we copy
you copy	you copy	you copy
she/he/it copies	they copy	they copy
one copies	people copy	people copy
T'áá íídą́ą́' - past		
I copied	we copied	we copied
you copied	you copied	you copied
she/he/it copied	they copied	they copied
one copied	people copied	people copied
T'ahígo - future		
I will copy	we will copy	we will copy
you will copy	you will copy	you will copy
she/he/it will copy	they will copy	they will copy
one will copy	people will copy	people will copy

pick them (as berries)

Áhát'íinii: /ji yini (yíní) bé/ -> [jóbé] T'áadoo le'é danit'į́įhgo, níjiiláahgo, éí jóbé wolyé.
Verb: one picks; to pick; to pick berries; to pick plural objects

T'ááłá'ígo	Naakigo	Táá'dóó Ba'ąą
T'ahdii - imperfective		
yínishbé	yíníibé	dayíníibé
yíníbé	yínóhbé	dayínóhbé
yóbé	yóbé	dayóbé
jóbé	jóbé	dajóbé
T'áá íídą́ą́'- perfective		
yíbį́į́'	yiibį́į́'	dayíníibį́į́'
yíníbį́į́'	woobį́į́'	dayínóobį́į́'
yiyííbį́į́'	yiyííbį́į́'	dayííbį́į́'
jííbį́į́'	jííbį́į́'	dajííbį́į́'
T'ahígo - future		
yídéeshbeeł	yídíibeeł	dayídíibeeł
yídííbeeł	yídóohbeeł	dayídóohbeeł
yíídóobeeł	yíídóobeeł	dayíídóobeeł
yízhdóobeeł	yízhdóobeeł	dayízhdóobeeł

Singular (one person)	Dual Plural (two people)	Distributive Plural (three or more people)
T'ahdii - present		
I pick	we pick	we pick
you pick	you pick	you pick
she/he/it picks	they pick	they pick
one picks	people pick	people pick
T'áá íídą́ą́ - past		
I picked	we picked	we picked
you picked	you picked	you picked
she/he/it picked	they picked	they picked
one picked	people picked	people picked
T'ahígo - future		
I will pick	we will pick	we will pick
you will pick	you will pick	you will pick
she/he/it will pick	they will pick	they will pick
one will pick	people will pick	people will pick

pick, pick them with fingernails

Áhát'íinii: /ji O ts'i'/-> [jits'i'] Ła'nida biya'go áadóó éí yaasts'ílí bitsii' bá baa hizhdiiníiłgo, éí yaasts'ílí jits'i' wolyé.
Verb: one picks; to pick with the fingernails; to pluck with two fingers

T'ááła'ígo	Naakigo	Táá'dóó Ba'ąą
T'ahdii - imperfective		
yists'i'	yiits'i'	deiits'i'
nits'i'	wohts'i'	daahts'i'
yits'i'	yits'i'	deits'i'
jits'i'	jits'i'	dajits'i'
T'áá íídą́ą́' - perfective		
yíts'i'	yiits'i'	deiits'i'
yíníts'i'	woots'i'	daoots'i'
yiyííts'i'	yiyííts'i'	dayííts'i'
jííts'i'	jííts'i'	dajííts'i'
T'ahígo - future		
deests'ih	diits'ih	dadiits'ih
dííts'ih	doohts'ih	dadoohts'ih
yidoots'ih	yidoots'ih	deidoots'ih
jidoots'ih	jidoots'ih	dazhdoots'ih

Singular (one person)	Dual Plural (two people)	Distributive Plural (three or more people)
T'ahdii - present		
I pick	we pick	we pick
you pick	you pick	you pick
she/he/it picks	they pick	they pick
one picks	people pick	people pick
T'áá íídą́ą́' - past		
I picked	we picked	we picked
you picked	you picked	you picked
she/he/it picked	they picked	they picked
one picked	people picked	people picked
T'ahígo - future		
I will pick	we will pick	we will pick
you will pick	you will pick	you will pick
she/he/it will pick	they will pick	they will pick
one will pick	people will pick	people will pick

pin it

Áhát'íinii: /bił dah ajitį́įh/ -> [b ił dah a ji O tį́įh] áłt dah nátį́hí bee éé' bił dah ajitį́įh.
Verb: one pins; to pin it; to fasten it with a stick

T'ááłá'ígo	Naakigo	Táá'dóó Ba'ąą
T'ahdii - imperfective		
bił dah ashishtį́įh	bił dah iitį́įh	bił dah da'iitį́įh
bił dah asítį́įh	bił dah ohtį́įh	bił dah da'ohtį́įh
yił dah atį́įh	yił dah atį́įh	yił dah da'atį́įh
bił dah ajitį́įh	bił dah ajitį́įh	bił dah da'jitį́įh
T'áá íídą́ą́' - perfective		
bił dah asétą́	bił dah asiitą́	bił dah da'siitą́
bił dah asínítą́	bił dah asootą́	bił dah da'sootą́
yił dah aztą́	yił dah aztą́	yił dah da'aztą́
bił dah ajiztą́	bił dah ajiztą́	bił dah da'jiztą́
T'ahígo - future		
bił dah adeeshtį́į́ł	bił dah adiitį́į́ł	bił dah da'diitį́į́ł
bił dah adíítį́į́ł	bił dah adoohtį́į́ł	bił dah da'doohtį́į́ł
yił dah adootį́į́ł	yił dah adootį́į́ł	yił dah da'dootį́į́ł
bił dah azhdootį́į́ł	bił dah azhdootį́į́ł	bił dah dazh'dootį́į́ł

Singular	Dual Plural	Distributive Plural
(one person)	(two people)	(three or more people)
T'ahdii - present		
I pin	we pin	we pin
you pin	you pin	you pin
she/he/it pins	they pin	they pin
one pins	people pin	people pin
T'áá íídą́ą́' - past		
I pinned	we pinned	we pinned
you pinned	you pinned	you pinned
she/he/it pinned	they pinned	they pinned
one pinned	people pinned	people pinned
T'ahígo - future		
I will pin	we will pin	we will pin
you will pin	you will pin	you will pin
she/he/it will pin	they will pin	they will pin
one will pin	people will pin	people will pin

plan, make plans

Áhát'íinii: /na ho ji O'á/-> [nahoji'á] Náásgóó áhoot'ée dooleełígíí baa níjít'įįgo, éí nahoji'áa łeh.
Verb: one plans; to plan; to make plans for the future

T'áałá'ígo	Naakigo	Táá'dóó Ba'ąą
T'ahdii - imperfective		
nahash'á	nahwiit'á	nidahwiit'á
nahó'á	nahoh'á	nidahoh'á
naha'á	naha'á	nidaha'á
nahoji'á	nahoji'á	nidhoji'á
T'áá íídą́ą́' - perfective		
nahosé'ą	nahosiit'ą	nidahosiit'ą
nahosíní'ą	nahosoo'ą	nidahosoo'ą
nahaz'ą	hanaz'ą	nidahaz'ą
nahojiz'ą	nahojiz'ą	nidahojiz'ą
T'ahígo - future		
nahodeesh'aał	nahodiit'aał	nidahodiit'aał
nahodíí'aał	nahodooh'aał	nidahodooh'aał
nahodoo'aał	nahodoo'aał	nidahodoo'aał
nihozhdoo'aał	nihozhdoo'aał	nidahozhdoo'aał

Singular (one person)	Dual Plural (two people)	Distributive Plural (three or more people)
T'ahdii - present		
I plan	we plan	we plan
you plan	you plan	you plan
she/he/it plans	they plan	they plan
one plans	people plan	people plan
T'áá íídą́ą́' - past		
I planned	we planned	we planned
you planned	you planned	you planned
she/he planned	they planned	they planned
one planned	people planned	people planned
T'ahígo - future		
I will plan	we will plan	we will plan
you will plan	you will plan	you will plan
she/he will plan	they will plan	they will plan
one will plan	people will plan	people will plan

play

Áhát'íinii: /ni ji O né/-> [nijiné] T'óó baa hoł honeenigo, daané'é baa nijigháago, índa t'áadoo le'é bee nida'a'néhígíí atah baa nijigháago, éí nijiné wolyé.
Verb: to play; to play a game, as in basketball, football, checkers, children play

T'áałá'ígo	Naakigo	Táá'dóó Ba'ąą
T'ahdii - imperfective		
naashné	neii'né	nideii'né
naniné	naahné	nidaahné
naané	naané	nidaané
nijiné	nijiné	nidajiné
T'áá íídą́ą́' - perfective		
niséne'	nisii'ne'	nidasii'ne'
nisíníne'	nisoone'	nidasoone'
naazne'	naazne'	nidaazne'
nijizne'	nijizne'	nidajizne'
T'ahígo - future		
nideeshneeł	nidii'neeł	nidadii'neeł
nidííneeł	nidoohneeł	nidadoohneeł
nidooneeł	nidooneeł	nidadooneeł
nizhdooneeł	nizhdooneeł	nidazhdooneeł

Singular (one person)	Dual Plural (two people)	Distributive Plural (three or more people)
T'ahdii - present		
I play	we play	we play
you play	you play	you play
she/he/it plays	they play	they play
one plays	people play	people play
T'áá íídą́ą́' - past		
I played	we played	we played
you played	you played	you played
she/he/it played	they played	they played
one played	people played	people played
T'ahígo - future		
I will play	we will play	we will play
you will play	you will play	you will play
she/he/it will play	they will play	they will play
one will play	people will play	people will play

play (marbles)

Áhát'íinii: /ni ji a di ł tązh/-> [nizh'diłtązh] Áłchíní jíłíigo máazo bee nijinéego, éí nizh'diłtązh wolyé. Na'ahóóhai dó' nida'diltązh. Tązhii nidiltązhgo bee bízhi' ályaa.
Verb: one plays marbles; to play marbles; also, Máazoo bee naashné, I play marbles

T'áała'ígo	Naakigo	Táá'dóó Ba'ąą
T'ahdii - imperfective		
ni'dishtązh	ni'diiltązh	nida'diiltązh
ni'díłtązh	ni'dołtązh	nida'dołtązh
ni'diłtązh	ni'diłtązh	nida'diłtązh
nizh'diłtązh	nizh'diłtązh	nidazh'diłtązh
T'áá íídą́ą́' - perfective		
ni'dííłtązh	ni'diiltązh	nida'diiltązh
ni'dííníłtązh	ni'doołtązh	nida'doołtązh
ni'dííłtązh	ni'dííłtązh	nida'dííłtązh
nizh'dííłtązh	nizh'dííłtązh	nidazh'dííłtązh
T'ahígo - future		
nidi'deeshtąsh	ni'didiiltąsh	nidadi'diiltąsh
nidi'dííłtąsh	ni'didoołtąsh	nidadi'doołtąsh
nidi'doołtąsh	ni'didoołtąsh	nidadi'doołtąsh
nizhdi'doołtąsh	nizhdi'doołtąsh	nidazhdi'doołtąsh

Singular (one person)	Dual Plural (two people)	Distributive Plural (three or more people)
T'ahdii - present		
I play marbles	we play marbles	we play marbles
you play marbles	you play marbles	you play marbles
she/he/it plays marbles	they play marbles	they play marbles
one plays marbles	people play marbles	people play marbles
T'áá íídą́ą́' - past		
I played marbles	we played marbles	we played marbles
you played marbles	you played marbles	you played marbles
she/he/it played marbles	they played marbles	they played marbles
one played marbles	people played marbles	people played marbles
T'ahígo - future		
I will play marbles	we will play marbles	we will play marbles
you will play marbles	you will play marbles	you will play marbles
she/he/it will play marbles	they will play marbles	they will play marbles
one will play marbles	people will play marbles	people will play marbles

plop down, break down

Áhát'íinii: /ji ni O tłeeh/-> [jinitłeeh] Yéego ch'ééshdigháahgo, t'óó t'áá na'níle'dii jiniljį́į́h, éí shį́į́ ałdó' jinitłeeh dooleeł.
Verb: one plops down; to fall down; to plop down; to die of old age; to break down

T'áałá'ígo	Naakigo	Táá'dóó Ba'ąą
T'ahdii - imperfective		
nishtłeeh	niitłeeh	daniitłeeh
nítłeeh	nohtłeeh	danohtłeeh
nitłeeh	nitłeeh	danitłeeh
jinitłeeh	jinitłeeh	dazhnitłeeh
T'áá íídą́ą́' - perfective		
nétłéé'	neetłéé'	daneetłéé'
nínítłéé'	sinootłéé'	dasinootłéé'
neeztłéé'	neeztłéé'	daneeztłéé'
jineeztłéé'	jineeztłéé'	dazhneeztłéé'
T'ahígo - future		
dínéeshtłoh	díníitłoh	dadíníitłoh
díníítłoh	dínóohtłoh	dadínóohtłoh
dínóotłoh	dínóotłoh	dadínóotłoh
jidínóotłoh	jidínóotłoh	dazhdínóotłoh

Singular (one person)	Dual Plural (two people)	Distributive Plural (three or more people)
T'ahdii - present		
I plop down	we plop down	we plop down
you plop down	you plop down	you plop down
she/he/it plops down	they plop down	they plop down
one plops down	people plop down	people plop down
T'áá íídą́ą́' - past		
I plopped down	we plopped down	we plopped down
you plopped down	you plopped down	you plopped down
she/he/it plopped down	they plopped down	they plopped down
one plopped down	people plopped down	people plopped down
T'ahígo - future		
I will plop down	we will plop down	we will plop down
you will plop down	you will plop down	you will plop down
she/he/it will plop down	they will plop down	they will plop down
one will plop down	people will plop down	people will plop down

plow the ground

Áhát'íinii: /na ho ji ł dlaad/-> [nihojiiłdlaad] Bee nihwiildlaadí bee dá'ák'ehgi łeezh náhizhdiyee'aahgo, tajooníiłgo, éí nihojiiłdlaad dooleeł.
Verb: one plows; to plow

T'áałá'ígo	Naakigo	Táá'dóó Ba'aa
T'ahdii- imperfective		
nihwiishdlaad	nihwiyiildlaad	nidahwiyiildlaad
nihwiyíłdlaad	nihwiyołdlaad	nidawiyołdlaad
nihwiiłdlaad	nihwiiłdlaad	nidahwiiłdlaad
nihojiiłdlaad	nihojiiłdlaad	nidahojiiłdlaad
T'áá íídą́ą́'- perfective		
nihwiyéłdláád	nihwiyeeldláád	nidahwiyeeldláád
nihwiyíníłdláád	nihwiyoołdláád	nidahwiyoołdláád
nihwiisdláád	nihwiisdláád	nidahwiisdláád
nihojiisdláád	nihojiisdláád	nidahojiisdláád
T'ahígo - future		
nihodiyeeshdlał	nihodiyiildlał	nidahodiyiildlał
nihodiyíiłdlał	nihodiyoołdlał	nidahodiyoołdlał
nihodiyoołdlał	nihodiyoołdlał	nidahodiyoołdlał
nihozhdiyoołdlał	nihozhdiyoołdlał	nidahozhdiyoołdlał

Singular (one person)	Dual Plural (two people)	Distributive Plural (three or more people)
T'ahdii - present		
I plow	we plow	we plow
you plow	you plow	you plow
she/he/it plows	they plow	they plow
one plows	people plow	people plow
T'áá íídą́ą́' - past		
I plowed	we plowed	we plowed
you plowed	you plowed	you plowed
she/he/it plowed	they plowed	they plowed
one plowed	people plowed	people plowed
T'ahígo - future		
I will plow	we will plow	we will plow
you will plow	you will plow	you will plow
she/he/it will plow	they will plow	they will plow
one will plow	people will plow	people will plow

pluck (flowers, hair, beard)

Áhát'íinii:/ji O nizh/-> [jinizh]   T'áadoo le'é hadahineesáągo, ditł'ogo, éí deeshdah jinízingo éí bee hidoogishígíí ádingo t'óó jinizhgo t'éí ádoonííł.
Verb: to pluck it; to pluck feathers, flowers, whiskers

T'áałá'ígo	Naakigo	Táá'dóó Ba'ąą
T'ahdii - imperfective		
yishnizh	yii'nizh	deii'nizh
ninizh	wohnizh	daahnizh
yinizh	yinizh	deinizh
jinizh	jinizh	dajinizh
T'áá íídą́ą́' - perfective		
yínizh	yii'nizh	deii'nizh
yínínizh	woonizh	daoonizh
yiyíínizh	yiyíínizh	dayíínizh
jíínizh	jíínizh	dajíínizh
T'ahígo - future		
deeshnish	dii'nish	dadii'nish
díínish	doohnish	dadoohnish
yidoonish	yidoonish	deidoonish
jidoonish	jidoonish	dazhdoonish

Singular (one person)	Dual Plural (two people)	Distributive Plural (three or more people)
T'ahdii - present		
I pluck	we pluck	we pluck
you pluck	you pluck	you pluck
she/he/it plucks	they pluck	they pluck
one plucks	people pluck	people pluck
T'áá íídą́ą́' - past		
I plucked	we plucked	we plucked
you plucked	you plucked	you plucked
she/he/it plucked	they plucked	they plucked
one plucked	people plucked	people plucked
T'ahígo - future		
I will pluck	we will pluck	we will pluck
you will pluck	you will pluck	you will pluck
she/he/it will pluck	they will pluck	they will pluck
one will pluck	people will pluck	people will pluck

P verbs

pop it, break it, explode it

Áhát'íinii: /ji di i ł chxosh/ -> [jidiiłchxosh] T'áadoo le'é bizis jiiłts'iłgo, éí shíí jideeshchxosh dooleeł.
Verb: one pops; to pop; to break open a balloon; to pop a blister

T'áálá'ígo	Naakigo	Táá'dóó Ba'ąą
T'ahdii - imperfective		
diishchxosh	diilchxosh	dadidiilchxosh
diiłchxosh	doołchxosh	dadidoołchxosh
yidiiłchxosh	yidiiłchxosh	deidiiłchxosh
jidiiłchxosh	jidiiłchxosh	dazhdiiłchxosh
T'áá íídą́ą́' - perfective		
déłchxosh	deelchxosh	dadeelchxosh
díníłchxosh	dishoołchxosh	dashidoołchxosh
yideeshchxosh	yideeshchxosh	deideeshchxosh
jideeshchxosh	jideeshchxosh	dazhdeeshchxosh
T'ahígo - future		
dideeshchxosh	didiilchxosh	dadidiilchxosh
didííłchxosh	didoołchxosh	dadidoołchxosh
yididoołchxosh	yididoołchxosh	deididoołchxosh
jididoołchxosh	jididoołchxosh	dazhdidoołchxosh

Singular (one person)	Dual Plural (two people)	Distributive Plural (three or more people)
T'ahdii - present		
I pop	we pop	we pop
you pop	you pop	you pop
she/he/it pops	they pop	they pop
one pops	people pop	people pop
T'áá íídą́ą́' - past		
I popped	we popped	we popped
you popped	you popped	you popped
she/he/it popped	they popped	they popped
one popped	people popped	people popped
T'ahígo - future		
I will pop	we will pop	we will pop
you will pop	you will pop	you will pop
she/he/it will pop	they will pop	they will pop
one will pop	people will pop	people will pop

pretend to be, act

Áhát'íinii: /á ho ji di l 'í/ -> [áhozhdil'í] T'óó nijinéego, ła'nida bijil'íigo, t'áadoo le'é t'óó jinígo baa nijigháago, éí óolyé áhozhdil'í.
Verb: to pretend; to make believe; to play-act; one pretends

T'áálá'ígo	Naakigo	Táá'dóó Ba'aa
T'ahdii - imperfective		
áhodish'í	áhodiil'í	ádahodiil'í
áhodíl'í	áhodoł'í	ádahodoł'í
áhodil'í	áhodil'í	ádahodil'í
áhozhdil'í	áhozhdil'í	ádahozhdil'í
T'áá íídą́ą́' - past		
áhodish'íí nít'éé'	áhodiil'íí nít'éé'	ádahodiil'íí nít'éé'
áhodíl'íí nít'éé'	áhodoł'íí nít'éé'	ádahodoł'íí nít'éé'
áhodil'íí nít'éé'	áhodil'íí nít'éé'	ádahodil'íí nít'éé'
áhozhdil'íí nít'éé'	áhozhdil'íí nít'éé'	ádadahozhdil'íí nít'éé'
T'ahígo - future		
áhodish'íí doo	áhodiil'íí doo	ádahodiil'íí doo
áhodíl'íí doo	áhodoł'íí doo	ádahodoł'íí doo
áhodil'íí doo	áhodil'íí doo	ádahodil'íí doo
áhozhdil'íí doo	áhozhdil'íí doo	ádahozhdil'íí doo

Singular (one person)	Dual Plural (two people)	Distributive Plural (three or more people)
T'ahdii - present		
I pretend	we pretend	we pretend
you pretend	you pretend	you pretend
she/he/it pretends	they pretend	they pretend
one pretends	people pretend	people pretend
T'áá íídą́ą́' - past		
I pretended	we pretended	we pretended
you pretended	you pretended	you pretended
she/he/it pretended	they pretended	they pretended
one pretended	people pretended	people pretended
T'ahígo - future		
I will pretend	we will pretend	we will pretend
you will pretend	you will pretend	you will pretend
she/he/it will pretend	they will pretend	they will pretend
one will pretend	people will pretend	people will pretend

protect, defend, guard it

Áhát'íinii: /bi ch'ą́ą́h ni ji O ghá/ -> [bich'ą́ą́h nijighá]   T'áadoo le'é baa áhojilyą́ągo, doo haada dooníił da jinízingo, éí bich'ą́ą́h nijighá.
Verb: to defend; to protect; to guard; one defends

T'ááłá'ígo	Naakigo	Táá'dóó Ba'ąą
T'ahdii - imperfective		
bich'ą́ą́h naashá	bich'ą́ą́h neiit'aash	bich'ą́ą́h neiikai
bich'ą́ą́h naniná	bich'ą́ą́h naah'aash	bich'ą́ą́h naahkai
yich'ą́ą́h naaghá	yich'ą́ą́h naa'aash	yich'ą́ą́h naakai
bich'ą́ą́h nijighá	bich'ą́ą́h niji'aash	bich'ą́ą́h nidajikai
T'áá íídą́ą́' - perfective		
bich'ą́ą́h niséyá	bich'ą́ą́h nishiit'áázh	bich'ą́ą́h nisiikai
bich'ą́ą́h nisíníyá	bich'ą́ą́h nishoo'áázh	bich'ą́ą́h nisoohkai
yich'ą́ą́h naayá	yich'ą́ą́h naazh'áázh	yich'ą́ą́h naaskai
bich'ą́ą́h nijiyá	bich'ą́ą́h nijizh'áázh	bich'ą́ą́h nijiskai
T'ahígo - future		
bich'ą́ą́h nideeshaał	bich'ą́ą́h nidiit'ash	bich'ą́ą́h nidiikah
bich'ą́ą́h nidíínaał	bich'ą́ą́h nidooh'ash	bich'ą́ą́h nidoohkah
yich'ą́ą́h nidoogaał	yich'ą́ą́h nidoo'ash	yich'ą́ą́h nidookah
bich'ą́ą́h nizhdoogaał	bich'ą́ą́h nizhdoo'ash	bich'ą́ą́h nizhdookah

Singular (one person)	Dual Plural (two people)	Distributive Plural (three or more people)
T'ahdii - present		
I defend	we defend	we defend
you defend	you defend	you defend
she/he/it defends	they defend	they defend
one defends	people defend	people defend
T'áá íídą́ą́' - past		
I defended	we defended	we defended
you defended	you defended	you defended
she/he/it defended	they defended	they defended
one defended	people defended	people defended
T'ahígo - future		
I will defend	we will defend	we will defend
you will defend	you will defend	you will defend
she/he/it will defend	they will defend	they will defend
one will defend	people will defend	people will defend

pull, break it apart (a string like object)

Áhát'íinii: /ał ts'á ji O níísh/ -> [ałts'ájíníísh] T'áadoo le'é t'óó yéego jidiłts'ǫ'go ahájínish, éí óolyé ahájíníísh.
Verb: to pull it apart; to break a string in half; one pulls it apart

T'áałá'ígo	Naakigo	Táá'dóó Ba'ąą
T'ahdii - imperfective		
ałts'áníshníísh	ałts'ánii'níísh	ałts'ádanii'níísh
ałts'áníníísh	ałts'ánóhníísh	ałts'ádanohníísh
ałts'éíníísh	ałts'éíníísh	ałts'ádeíníísh
ałts'ájíníísh	ałts'ájíníísh	ałts'ádajíníísh
T'áá íídą́ą́' - perfective		
ałts'áníníizh	ałts'ánii'nizh	ałts'ádanii'nizh
ałts'éíníníizh	ałts'ánoonizh	ałts'ádanoonizh
ałts'éíníníizh	ałts'éíníníizh	ałts'ádeizhnizh
ałts'ájíínizh	ałts'ájíínizh	ałts'ádajizhnizh
T'ahígo - future		
ałts'ádeeshnish	ałts'ádii'nish	ałts'ádadii'nish
ałts'ádíínish	ałts'ádoohnish	ałts'ádadoohnish
ałts'éidoonish	ałts'éidoonish	ałts'ádeidoonish
ałts'ázhdoonish	ałts'ázhdoonish	ałts'ádazhdoonish

Singular (one person)	Dual Plural (two people)	Distributive Plural (three or more people)
T'ahdii - present		
I pull it apart	we pull it apart	we pull it apart
you pull it apart	you pull it apart	you pull it apart
she/he/it pullss it apart	they pull it apart	they pull it apart
one pulls it apart	people pull it apart	people pull it apart
T'áá íídą́ą́' - past		
I pulled it apart	we pulled it apart	we pulled it apart
you pulled it apart	you pulled it apart	you pulled it apart
she/he/it pulled it apart	they pulled it apart	they pulled it apart
one pulled it apart	people pulled it apart	people pulled it apart
T'ahígo - future		
I will pull it apart	we will pull it apart	we will pull it apart
you will pull it apart	you will pull it apart	you will pull it apart
she/he/it will pull it apart	they will pull it apart	they will pull it apart
one will pull it apart	people will pull it apart	people will pull it apart

read, count, go to school

Áhát'íinii: /a ji yíní O ł ta'/ -> [ajółta'] Ólta'di atah ałchíní bił da'jółta'go, ółta'í jílíigo éí ajółta' wolyé.
Verb: to go to school; to read; to count; one goes to school

T'áálá'ígo	Naakigo	Táá'dóó Ba'aa
T'ahdii - imperfective		
íínishta'	ííníilta'	da'ííníilta'
íínítta'	íínółta'	da'íínółta'
ółta'	ółta'	da'ółta'
ajółta'	ajółta'	da'jółta'
T'áá íídą́ą́' - perfective		
ííłta'	íilta'	da'íilta'
íínílta'	óołta'	da'óołta'
ííłta'	ííłta'	da'ííłta'
ajííłta'	ajííłta'	da'jííłta'
T'ahígo - future		
íídéeshtah	íídíiltah	da'íídíiltah
íídííłtah	íídóołtah	da'íídóołtah
íídóołtah	íídóołtah	da'íídóołtah
íízhdóołtah	íízhdóołtah	da'íízhdóołtah

Singular (one person)	Dual Plural (two people)	Distributive Plural (three or more people)
T'ahdii - present		
I go to school	we go to school	we go to school
you go to school	you go to school	you go to school
she/he/it goes to school	they go to school	they go to school
one goes to school	people go to school	people go to school
T'áá íídą́ą́' - past		
I went to school	we went to school	we went to school
you went to school	you went to school	you went to school
she/he/it went to school	they went to school	they went to school
one went to school	people went to school	people went to school
T'ahígo - future		
I will go to school	we will go to school	we will go to school
you will go to school	you will go to school	you will go to school
she/he/it will go to school	they will go to school	they will go to school
one will go to school	people will go to school	people will go to school

read, count it

Áhát'íinii: /ji yíní O ł ta'/-> [jółta']   Naaltsoos bik'e'eshchínígíí hoł bééhózingo, éí jółta'go hoł bééhózin dooleeł.
Verb: to read; to count; one reads it

T'ááłá'ígo	Naakigo	Táá'dóó Ba'ąą
T'ahdii - imperfective		
yíníshta'	yíníilta'	deíníilta'
yíníłta'	yinółta'	deínółta'
yółta'	yółta'	dayółta'
jółta'	jółta'	dajółta'
T'áá íídą́ą́' - perfective		
yííłta'	yíilta'	dayíilta'
yííníłta'	wóołta'	dawóołta'
yiyííłta'	yiyííłta'	dayííłta'
jííłta'	jííłta'	dajííłta'
T'ahígo - future		
yídéeshtah	yídíiltah	dayídíiltah
yídííłtah	yídóołtah	dayídóołtah
yídóołtah	yídóołtah	dayídóołtah
jíídóołtah	jíídóołtah	deízhdóołtah

Singular (one person)	Dual Plural (two people)	Distributive Plural (three or more people)
T'ahdii - present		
I read	we read	we read
you read	you read	you read
she/he/it reads	they read	they read
one reads	people read	people read
T'áá íídą́ą́' - past		
I read	we read	we read
you read	you read	you read
she/he/it read	they read	they read
one read	people read	people read
T'ahígo - future		
I will read	we will read	we will read
you will read	you will read	you will read
she/he/it will read	they will read	they will read
one will read	people will read	people will read

R verbs

rest

Áhát'íinii: /h ji l yi̧i̧h/ -> [háájílyį́į́h]   Nijilnishgo ch'ééshdigháahgo jinidaah, índa jinitééh, éí háájílyį́į́h wolyé.
Verb: one rests; to rest; to take a break

T'áałá'ígo	Naakigo	Táá'dóó Ba'a̧a̧
T'ahdii - imperfective		
hanáshyį́į́h	hanéiilyį́į́h	háádeiilyį́į́h
háánílyį́į́h	hanáłyį́į́h	háádaałyį́į́h
hanályį́į́h	hanályį́į́h	háádaalyį́į́h
háájílyį́į́h	háájílyį́į́h	háádajilyį́į́h
T'áá íídą́ą́' - perfective		
hanááshyį́į́'	hanéiilyį́į́'	háádasiilyį́į́'
hááyínílyį́į́'	hanááłyį́į́'	háádasoołyį́į́'
hanáályį́į́'	hanáályį́į́'	háádaasyį́į́'
háájoolyį́į́'	háájoolyį́į́'	háádajoolyį́į́'
T'ahígo - future		
háádeeshyi̧h	háádiilyi̧h	háádadiilyi̧h
háádíílyi̧h	háádoołyi̧h	háádadoołyi̧h
háádoolyi̧h	háádoolyi̧h	háádadoolyi̧h
háázhdoolyi̧h	háázhdoolyi̧h	háádazhdoolyi̧h

Singular (one person)	Dual Plural (two people)	Distributive Plural (three or more people)
T'ahdii - present		
I rest	we rest	we rest
you rest	you rest	you rest
she/he/it rests	they rest	they rest
one rests	people rest	people rest
T'áá íídą́ą́' - past		
I rested	we rested	we rested
you rested	you rested	you rested
she/he/it rested	they rested	they rested
one rested	people rested	people rested
T'ahígo - future		
I will rest	we will rest	we will rest
you will rest	you will rest	you will rest
she/he/it will rest	they will rest	they will rest
one will rest	people will rest	people will rest

rest

Áhát'íinii: /ha ná ji l yį́įh/ -> [haníjílyį́įh] Nizhníyáá nít'ée'go, háájídáahgo, haníjílyį́įh wolyé.
Verb: one rests; to rest

T'ááłá'ígo	Naakigo	Táá'dóó Ba'aa
T'ahdii - imperfective		
hanáshyį́įh	hanéiilyį́įh	hanídeiilyį́įh
hanánílyį́įh	hanáłyį́įh	hanídaałyį́įh
hanályį́įh	hanályį́įh	hanídaalyį́įh
haníjílyį́įh	haníjílyį́įh	hanídajilyį́įh
T'áá íídą́ą́' - perfective		
hanááshyį́į'	hanéiilyį́į'	hanídeiilyį́į'
hanéinílyį́į'	hanáołyį́į'	hanídaałyį́į'
hanáályį́į'	hanáályį́į'	hanídaalyį́į'
haníjoolyį́į'	haníjoolyį́į'	hanídajoolyį́į'
T'ahígo - future		
hanídeeshyįh	hanídiilyįh	hanídadiilyįh
hanídíílyįh	hanídoołyįh	hanídadoołyįh
hanídoolyįh	hanídoolyįh	hanídadoolyįh
hanízhdoolyįh	hanízhdoolyįh	hanídazhdoolyįh

Singular (one person)	Dual Plural (two people)	Distributive Plural (three or more people)
T'ahdii - present		
I rest	we rest	we rest
you rest	you rest	you rest
she/he rests	they rest	they rest
one rests	people rest	people rest
T'áá íídą́ą́' - past		
I rested	we rested	we rested
you rested	you rested	you rested
she/he rested	they rested	they rested
one rested	people rested	people rested
T'ahígo - future		
I will rest	we will rest	we will rest
you will rest	you will rest	you will rest
she/he will rest	they will rest	they will rest
one will rest	people will rest	people will rest

R verbs

return, come back, go back

Áhát'íinii: /ná ji d ghaah/-> [níjídaah] Háadida nijigháá nít'éé' haghandi nahojidleehgo, éí níjídááh, dóó nídzídzáa dooleeł.
Verb: one returns; to return; come or go back

T'ááła'ígo	Naakigo	Táá'dóó Ba'ąą
T'ahdii- imperfective		
náníshdááh	nániit'aash	nániikááh
nánídááh	nánóht'aash	nánóhkááh
nádááh	nát'aash	nákááh
níjídááh	níjít'aash	níjíkááh
T'áá íídą́ą́' - perfective		
nánísdzá	nániit'áázh	nániikai
néínídzá	nánóht'áázh	nánóhkai
nádzá	nát'áázh	nákai
nídzídzá	níjít'áázh	níjíkai
T'ahígo - future		
nídeeshdááł	nídiit'ash	nídiikah
nídíídááł	nídooht'ash	nídoohkah
nídoodááł	nídoot'ash	nídookah
nízhdoodááł	nízhdoot'ash	nízhdookah

Singular (one person)	Dual Plural (two people)	Distributive Plural (three or more people)
T'ahdii - present		
I return	we return	we return
you return	you return	you return
she/he/it returns	they return	they return
one returns	people return	people return
T'áá íídą́ą́' - past		
I returned	we returned	we returned
you returned	you returned	you returned
she/he/it returned	they returned	they returned
one returned	people returned	people returned
T'ahígo - future		
I will return	we will return	we will return
you will return	you will return	you will return
she/he/it will return	they will return	they will return
one will return	people will return	people will return

return it (a bulky object)

Áhát'íinii: /ní jí O 'aah/ -> [níjí'aah] Naalyéegi saad naakits'áadahgo daats'í ał'ąą ádaat'é. Kwe'é yisdzohígi át'éego.
Verb: one returns it; to return a roundish object.

T'áálá'ígo	Naakigo	Táá'dóó Ba'ąą
T'ahdii - imperfective		
nánísh'aah	nániit'aah	nídaniit'aah
nání'aah	nánóh'aah	nídanoh'aah
néí'aah	néí'aah	nídeí'aah
níjí'aah	níjí'aah	nídají'aah
T'áá íídą́ą́' - perfective		
nání'ą́	nániit'ą́	nídaniit'ą́
néíní'ą́	nánoo'ą́	nídanoo'ą́
néiní'ą́	néiní'ą́	nídeiz'ą́
názhní'ą́	názhní'ą́	nídajiz'ą́
T'ahígo - future		
nídeesh'ááł	nídiit'ááł	nídadiit'ááł
nídíí'ááł	nídooh'ááł	nídadooh'ááł
néidoo'ááł	néidoo'ááł	nídeidoo'ááł
nízhdoo'ááł	nízhdoo'ááł	nídazhdoo'aał

Singular (one person)	Dual Plural (two people)	Distributive Plural (three or more people)
T'ahdii - present		
I return	we return	we return
you return	you return	you return
she/he/it returns	they return	they return
one returns	people return	people return
T'áá íídą́ą́' - past		
I returned	we returned	we returned
you returned	you returned	you returned
she/he/it returned	they returned	they returned
one returned	people returned	people returned
T'ahígo - future		
I will return	we will return	we will return
you will return	you will return	you will return
she/he will return	they will return	they will return
one will return	people will return	people will return

return it (a heavy object), haul it back

Áhát'íinii: /b aa ná ji d geeh/ -> [baa níjígeeh]   T'áadoo le'é diné ła' t'áá bí nít'éego, éí bich'į' níjoogéełgo, éí baa níjígeeh wolyé.
Verb: to return it to its rightful owner; to return a load of anything; one returns a load

T'ááła'ígo	Naakigo	Táá'dóó Ba'ąą
T'ahdii - imperfective		
baa náníshgeeh	baa nániigeeh	baa nídaniigeeh
baa nánígeeh	baa nánóhgeeh	baa nídanohgeeh
yaa néígeeh	yaa néígeeh	yaa nídeígeeh
baa níjígeeh	baa níjígeeh	baa nídajígeeh
T'áá íídą́ą́' - perfective		
baa náníshgí	baa nániigí	baa nídasiigí
baa néínígí	baa nánoohgí	baa nídasoohgí
yaa néígí	yaa néígí	yaa nídeisgí
baa níjígí	baa níjígí	baa nídajisgí
T'ahígo - future		
baa nídeeshgééł	baa nídiigééł	baa nídadiigééł
baa nídiigééł	baa nídoohgééł	baa nídadoohgééł
yaa néídoogééł	yaa néídoogééł	yaa nídeidoogééł
baa nízhdoogééł	baa nízhdoogééł	baa nídazhdoogééł

Singular (one person)	Dual Plural (two people)	Distributive Plural (three or more people)
T'ahdii - present		
I return	we return	we return
you return	you return	you return
she/he/it returns	they return	they return
one returns	people return	people return
T'áá íídą́ą́' - past		
I returned	we returned	we returned
you returned	you returned	you returned
she/he/it returned	they returned	they returned
one returned	people returned	people returned
T'ahígo - future		
I will return	we will return	we will return
you will return	you will return	you will return
she/he/it will return	they will return	they will return
one will return	people will return	people will return

rich in, be rich in it

Áhát'íinii: /ji d t'í/-> [jit'í]   T'áadoo le'é t'óó ahayóígo hwee hólǫ́ǫgo, éí jit'í.
Verb: one is rich; to be rich; to be rich in something; to feel successful

T'ááłá'ígo	Naakigo	Táá'dóó Ba'ąą
T'ahdii - neuter imperfective		
yisht'í	yiit'í	deiit'í
nit'í	woht'í	daoht'í
yit'í	yit'í	deit'í
jit'í	jit'í	dajit'í
T'áá íídą́ą́' - perfective		
sist'įįd	siit'įįd	dasiit'įįd
sínít'įįd	sooht'įįd	dasooht'įįd
yist'įįd	yist'įįd	deist'įįd
jist'įįd	jist'įįd	dajist'įįd
T'ahígo - future		
deesht'įįł	diit'įįł	dadiit'įįł
díít'įįł	dooht'įįł	dadooht'įįł
yidoot'įįł	yidoot'įįł	deidoot'įįł
jidoot'įįł	jidoot'įįł	dazhdoot'įįł

Singular (one person)	Dual Plural (two people)	Distributive Plural (three or more people)
T'ahdii - present		
I am rich	we are rich	we are rich
you are rich	you are rich	you are rich
she/he/it is rich	they are rich	they are rich
one is rich	people are rich	people are rich
T'áá íídą́ą́' - past		
I became rich	we became rich	we became rich
you became rich	you became rich	you became rich
she/he/it became rich	they became rich	they became rich
one became rich	people became rich	people became rich
T'ahígo - future		
I will become rich	we will become rich	we will become rich
you will become rich	you will become rich	you will become rich
she/he/it will become rich	they will become rich	they will become rich
one will become rich	people will become rich	people will become rich

rich, wealthy

Áhát'íinii: /a ji d t'í/ -> [ajit'í]   T'áadoo le'é t'óó ahayóigo hwee hólǫ́ǫgo, índa doo hwee hólǫ́ǫ da nít'ée'go índa hwee hazlį́į'go, éí ajit'í jileeh.
Verb: one is wealthy; to be wealthy; to be rich

T'ááłá'ígo	Naakigo	Táá'dóó Ba'ąą
T'ahdii - neuter imperfective		
asht'í	iit'í	da'iit'í
ít'í	oht'í	da'oht'í
at'í	at'í	da'at'í
ajit'í	ajit'í	da'jit'í
T'áá íídą́ą́' - perfective		
asist'įįd	asiit'įįd	da'siit'įįd
asínít'įįd	asooht'įįd	da'sooht'įįd
ast'įįd	ast'įįd	da'ast'įįd
ajist'įįd	ajist'įįd	da'jist'įįd
T'ahígo - future		
adeesht'įįł	adiit'įįł	da'diit'įįł
adíít'įįł	adooht'įįł	da'dooht'įįł
adoot'įįł	adoot'įįł	da'doot'įįł
azhdoot'įįł	azhdoot'įįł	dazh'doot'įįł

Singular (one person)	Dual Plural (two people)	Distributive Plural (three or more people)
T'ahdii - present		
I am wealthy	we are wealthy	we are wealthy
you are wealthy	you are wealthy	you are wealthy
she/he/it is wealthy	they are wealthy	they are wealthy
one is wealthy	people are wealthy	people are wealthy
T'áá íídą́ą́' - past		
I became wealthy	we became wealthy	we became wealthy
you became wealthy	you became wealthy	you became wealthy
she/he/it became wealthy	they became wealthy	they became wealthy
one became wealthy	people became wealthy	people became wealthy
T'ahígo - future		
I will become wealthy	we will become wealthy	we will become wealthy
you will become wealthy	you will become wealthy	you will become wealthy
she/he/it will become wealthy	they will become wealthy	they will become wealthy
one will become wealthy	people will become wealthy	people will become wealthy

rinse, rinse it out

Áhát'íinii: /b ii' na ji ni ł dzid/-> [bii' nazhniłdzid   T'áadoo le'é tó biih jikáahgo dóó jigháadgo, tó bii' nazhniłdzid wolyé.
Verb: one rinses; to rinse out

T'áałá'ígo	Naakigo	Táá'dóó Ba'ąą
T'ahdii- imperfective		
bii' nanisdzid	bii' naniildzid	bii' nidaniildzid
bii' naníłdzid	bii' nanołdzid	bii' nidanołdzid
yii' neiniłdzid	yii' neiniłdzid	yii' nideiniłdzid
bii' nazhniłdzid	bii' nazhniłdzid	bii' nidazhniłdzid
T'áá íídą́ą́'- perfective		
bii' nanéłdzid	bii' naneeldzid	bii' nidaneeldzid
bii' naníníłdzid	bii' nanoołdzid	bii' nidanoołdzid
yii' neineesdzid	yii' neineesdzid	yii' nideineesdzid
bii' nazhneesdzid	bii' nazhneesdzid	bii' nidazhneesdzid
T'ahígo - future		
bii' nidínéesdził	bii' nidíníildził	bii' nidadíníildził
bii' nidínííłdził	bii' nidínóołdził	bii' nidadínóołdził
yii'neidínóołdził	yii'neidínóołdził	yii'nideidínóołdził
bii' nidízhnóołdził	bii' nidízhnóołdził	bii' nidazhdínóołdził

Singular (one person)	Dual Plural (two people)	Distributive Plural (three or more people)
T'ahdii - present		
I rinse	we rinse	we rinse
you rinse	you rinse	you rinse
she/he/it rinses	they rinse	they rinse
one rinses	people rinse	people rinse
T'áá íídą́ą́' - past		
I rinsed	we rinsed	we rinsed
you rinsed	you rinsed	you rinsed
she/he/it rinsed	they rinsed	they rinsed
one rinsed	people rinsed	people rinsed
T'ahígo - future		
I will rinse	we will rinse	we will rinse
you will rinse	you will rinse	you will rinse
she/he/it will rinse	they will rinse	they will rinse
one will rinse	people will rinse	people will rinse

rinse it, pour water over it

Áhát'íinii: /b aah ni ji ł 'eeł/-> [bąąh nijił'eeł]   T'áadoo le'é táláwosh bąąhgo, éí doodaii' łeezh da, hashtł'ish da bąąhgo, tó bee nahgóó kójíléehgo éí bąąh nijił'eeł łeh.
Verb: one rinses; to rinse it; to give it a rinse;

T'ááłá'ígo	Naakigo	Táá'dóó Ba'aa
T'ahdii - imperfective		
bąąh naash'eeł	bąąh neiil'eeł	bąąh nideiil'eeł
bąąh nanił'eeł	bąąh naał'eeł	bąąh nidaał'eeł
yąąh neił'eeł	yąąh neił'eeł	yąąh nideił'eeł
bąąh nijił'eeł	bąąh nijił'eeł	bąąh nidajił'eeł
T'áá íídą́ą́' - perfective		
bąąh nááł'éél	bąąh neiil'éél	bąąh nidasiil'éél
bąąh néíníł'éél	bąąh naooł'éél	bąąh nidasooł'éél
yąąh nayííł'éél	yąąh nayííł'éél	yąąh nideis'éél
bąąh nijííł'éél	bąąh nijííł'éél	bąąh nidajis'éél
T'ahígo - future		
bąąh nideesh'oł	bąąh nidiil'oł	bąąh nidadiil'oł
bąąh nidííł'oł	bąąh nidooł'oł	bąąh nidadooł'oł
yąąh neidooł'oł	yąąh neidooł'oł	yąąh nideidooł'oł
bąąh nizhdooł'oł	bąąh nizhdooł'oł	bąąh nidazhdooł'oł

Singular (one person)	Dual Plural (two people)	Distributive Plural (three or more people)
T'ahdii - present		
I rinse	we rinse	we rinse
you rinse	you rinse	you rinse
she/he/it rinses	they rinse	they rinse
one rinses	people rinse	people rinse
T'áá íídą́ą́' - past		
I rinsed	we rinsed	we rinsed
you rinsed	you rinsed	you rinsed
she/he/it rinsed	they rinsed	they rinsed
one rinsed	people rinsed	people rinsed
T'ahígo - future		
I will rinse	we will rinse	we will rinse
you will rinse	you will rinse	you will rinse
she/he/it will rinse	they will rinse	they will rinse
one will rinse	people will rinse	people will rinse

rinse out the mouth

Áhát'íinii: /ha zéé' ji ni ł dzid/-> [hazéé' nazhniłdzid]   Sizéé' tááhodeesgis (hahodeesh'oł) jinízingo, tó ádázhdiikááh dóó hatsoo' bee hazhó'ó nazhniłhosh, éí óolyé hazéé' nazhniłdzid.
Verb: one rinses out one's mouth; to rinse out the mouth

T'áałá'ígo	Naakigo	Táá'dóó Ba'ąą
T'ahdii- imperfective		
sizéé' nanisdzid	nihizéé' naniildzid	nihizéé' nidaniildzid
nizéé' naniłdzid	nihizéé' nanołdzid	nihizéé' nidanołdzid
bizéé' neiniłdzid	bizéé' neiniłdzid	bizéé' nideiniłdzid
hazéé' nazhniłdzid	hazéé' nazhniłdzid	hazéé' nidazhniłdzid
T'áá íídą́ą́'- perfective		
sizéé' nanéłdzid	nihizéé' naneeldzid	nihizéé' nidaneeldzid
nizéé' nanínіłdzid	nihizéé' nanoołdzid	nihizéé' nidanoołdzid
bizéé' neineesdzid	bizéé' neineesdzid	bizéé' nideineesdzid
hazéé' nazhneesdzid	hazéé' nazhneesdzid	hazéé' nidazhneesdzid
T'ahígo - future		
sizéé' nidínéesdził	nihizéé' nidíníildził	nihizéé' nidadíníildził
nizéé' nidíníłdził	nihizéé' nidínóołdził	nihizéé' nidadínóołdził
bizéé' neidínóołdził	bizéé' neidínóołdził	bizéé' nideidínóołdził
hazéé' nizhdínóołdził	hazéé' nizhdínóołdził	hazéé' nidazhdínóoldził

Singular (one person)	Dual Plural (two people)	Distributive Plural (three or more people)
T'ahdii - present		
I rinse out	we rinse out	we rinse out
you rinse out	you rinse out	you rinse out
she/he/it rinses out	they rinse out	they rinse out
one rinses out	people rinse out	people rinse out
T'áá íídą́ą́' - past		
I rinsed out	we rinsed out	we rinsed out
you rinsed out	you rinsed out	you rinsed out
she/he/it rinsed out	they rinsed out	they rinsed out
one rinsed out	people rinsed out	people rinsed out
T'ahígo - future		
I will rinse out	we will rinse out	we will rinse out
you will rinse out	you will rinse out	you will rinse out
she/he/it will rinse out	they will rinse out	they will rinse out
one will rinse out	people will rinse out	people will rinse out

roll it up

Áhát'íinii: /ji i O dis/ -> [jiidis]   T'áadoo le'é t'áá' ájiił'įįh dóó jiniłmasgo éí jiidis łeh.
Verb: one rolls up; to roll it up

T'ááłá'ígo	Naakigo	Táá'dóó Ba'ąą
T'ahdii - imperfective		
yiisdis	yiidis	deiidis
yiidis	woohdis	daoohdis
yiyiidis	yiyiidis	dayiidis
jiidis	jiidis	dajiidis
T'áá íídą́ą́' - perfective		
sédis	siidis	dasiidis
sínídis	soodis	dasoodis
yizdis	yizdis	deizdis
jizdis	jizdis	dajizdis
T'ahígo - future		
deesdis	diidis	dadiidis
díídis	doohdis	dadoohdis
yidoodis	yidoodis	deidoodis
jidoodis	jidoodis	dazhdoodis

Singular (one person)	Dual Plural (two people)	Distributive Plural (three or more people)
T'ahdii - present		
I roll up	we roll up	we roll up
you roll up	you roll up	you roll up
she/he rolls up	they roll up	they roll up
one rolls up	people roll up	people roll up
T'áá íídą́ą́' - past		
I rolled up	we rolled up	we rolled up
you rolled up	you rolled up	you rolled up
she/he rolled up	they rolled up	they rolled up
one rolled up	people rolled up	people rolled up
T'ahígo - future		
I will roll up	we will roll up	we will roll up
you will roll up	you will roll up	you will roll up
she/he will roll up	they will roll up	they will roll up
one will roll up	people will roll up	people will roll up

roll over

Áhát'íinii: /ná hi ji di l ghal/ -> [náhizhdeelghał]   Tsxį́į́łgo, t'óóyó t'áá na'nı́le'dii náhizhdeejishgo, éí náhizhdeelghał wolyé.
Verb: to roll over; one rolls over fast

T'ááłá'ígo	Naakigo	Táá'dóó Ba'ąą
T'ahdii - imperfective		
náhideeshghał	náhidiilghał	nídahideelghał
náhideelghał	náhidoołghał	nídahidoołghał
náhideelghał	náhideelghał	nídahideelghał
náhizhdeelghał	náhizhdeelghał	nídahizhdeelghał
T'áá íídą́ą́' - perfective		
náhidéshghal	náhideelghal	nídahideelghal
náhidínílghal	náhisidoołghal	nídahisidoołghal
náhideesghal	náhideesghal	nídahideesghal
náhizhdeesghal	náhizhdeesghal	nídahizhdeesghal
T'ahígo - future		
náhidideeshghał	náhididiilghał	nídahididiilghał
náhididíílghał	náhididoołghał	nídahididoołghał
náhididoolghał	náhididoolghał	nídahididoolghał
náhizhdidoolghał	náhizhdidoolghał	nídahizhdidoolghał

Singular (one person)	Dual Plural (two people)	Distributive Plural (three or more people)
T'ahdii - present		
I roll over fast	we roll over fast	we roll over fast
you roll over fast	you roll over fast	you roll over fast
she/he/it rolls over fast	they roll over fast	they roll over fast
one rolls over fast	people roll over fast	people roll over fast
T'áá íídą́ą́' - past		
I rolled over fast	we rolled over fast	we rolled over fast
you rolled over fast	you rolled over fast	you rolled over fast
she/he/it rolled over fast	they rolled over fast	they rolled over fast
one rolled over fast	people rolled over fast	people rolled over fast
T'ahígo - future		
I will roll over fast	we will roll over fast	we will roll over fast
you will roll over fast	you will roll over fast	you will roll over fast
she/he/it will roll over fast	they will roll over fast	they will roll over fast
one will roll over fast	people will roll over fast	people will roll over fast

roll over slowly

Áhát'íinii: /ná hi ji di O jish/-> [náhizhdeejish] Jiztį́įgo, t'áá hazhóó'ógo, łahjigo názhnítéehgo, éí náhizhdeejish wolyé.
Verb: to roll over slowly; one rolls over slowly

T'ááłá'ígo	Naakigo	Táá'dóó Ba'aa
T'ahdii - imperfective		
náhideeshjish	náhidiijish	nídahidiijish
náhideejish	náhidoohjish	nídahidoohjish
náhideejish	náhideejish	nídahideejish
náhizhdeejish	náhizhdeejish	nídahizhdeejish
T'áá íídą́ą́' - perfective		
náhidéshjish	náhideejish	nídahideejish
náhidíníjish	náhidohjish	nídahidohjish
náhideeshjish	náhideeshjish	nídahideeshjish
náhizhdeeshjish	náhizhdeeshjish	nídahizhdeeshjish
T'ahígo - future		
náhidideeshjish	náhididiijish	nídahididiijish
náhididííjish	náhididoohjish	nídahididoohjish
náhididoojish	náhididoojish	nídahididoojish
náhizhdidoojish	náhizhdidoojish	nídahizhdidoojish

Singular (one person)	Dual Plural (two people)	Distributive Plural (three or more people)
T'ahdii - imperfective		
I roll over	we roll over	we roll over
you roll over	you roll over	you roll over
she/he/it rolls over	they roll over	they roll over
one rolls over	people roll over	people roll over
T'áá íídą́ą́' - perfective		
I rolled over	we rolled over	we rolled over
you rolled over	you rolled over	you rolled over
she/he/it rolled over	they rolled over	they rolled over
one rolled over	people rolled over	people rolled over
T'ahígo - future		
I will roll over	we will roll over	we will roll over
you will roll over	you will roll over	you will roll over
she/he/it will roll over	they will roll over	they will roll over
one will roll over	people will roll over	people will roll over

rub feet together

Áhát'íinii: /ahi dí jí dí l 'is/ -> [ahízhdíl'is]   Hakee' bee t'áá hazhóó'ógo ahíjítałgo, éí ałdó' ahízhdíl'is dooleeł.
Verb: to rub one's feet together; one rubs feet together; walk slow taking small steps

T'ááłá'ígo	Naakigo	Táá'dóó Ba'ąą
T'ahdii - imperfective		
ahídís'is	ahídiil'is	ahídadiil'is
ahídíl'is	ahídółʼis	ahídadoł'is
ahídíl'is	ahídíl'is	ahídadil'is
ahízhdíl'is	ahízhdíl'is	ahídazhdil'is
T'áá íídą́ą́' - perfective		
ahídés'eez	ahídeel'eez	ahídadeel'eez
ahídíníl'eez	ahísidooł'eez	ahídasidooł'eez
ahídees'eez	ahídees'eez	ahídadees'eez
ahízhdees'eez	ahízhdees'eez	ahídazhdees'eez
T'ahígo - future		
ahídidees'is	ahídidiil'is	ahídadidiil'is
ahídidííl'is	ahídidooł'is	ahídadidooł'is
ahídidool'is	ahídidool'is	ahídadidool'is
ahídizhdool'is	ahídizhdool'is	ahídazhdidool'is

Singular (one person)	Dual Plural (two people)	Distributive Plural (three or more people)
T'ahdii - imperfective		
I rub feet	we rub feet	we rub feet
you rub feet	you rub feet	you rub feet
she/he/it rubs feet	they rub feet	they rub feet
one rubs feet	people rub feet	people rub feet
T'áá íídą́ą́' - perfective		
I rubbed feet	we rubbed feet	we rubbed feet
you rubbed feet	you rubbed feet	you rubbed feet
she/he/it rubbed feet	they rubbed feet	they rubbed feet
one rubbed feet	people rubbed feet	people rubbed feet
T'ahígo - future		
I will rub feet	we will rub feet	we will rub feet
you will rub feet	you will rub feet	you will rub feet
she/he/it will rub feet	they will rub feet	they will rub feet
one will rub feet	people will rub feet	people will rub feet

rub hands together

Áhát'íinii: /ah í ji di l nih/-> [ahízhdílnih] Hála' bee ahízhdeesnii' dóó ałk'inaanízhdoolnihgo éí ahízhdílnih wolyé.
Verb: to rub hands together; rub cream on hands; to touch each other

T'ááłá'ígo	Naakigo	Táá'dóó Ba'ąą
T'ahdii - imperfective		
ahídíshnih	ahídiilnih	ahídadiilnih
ahídílnih	ahídółnih	ahídadołnih
ahídílnih	ahídílnih	ahídadilnih
ahízhdílnih	ahízhdílnih	ahídazhdilnih
T'áá íídą́ą́' - perfective		
ahídéshnii'	ahídeelnii'	ahídadeelnii'
ahídínílnii'	ahísidoołnii'	ahídasidoołnii'
ahídeesnii'	ahídeesnii'	ahídadeesnii'
ahízhdeesnii'	ahízhdeesnii'	ahídazhdeesnii'
T'ahígo - future		
ahídideeshnih	ahídidiilnih	ahídadidiilnih
ahídidíílnih	ahídidoołnih	ahídadidoołnih
ahídidoolnih	ahídidoolnih	ahídadidoolnih
ahídizhdoolnih	ahídizhdoolnih	ahídazhdidoolnih

Singular (one person)	Dual Plural (two people)	Distributive Plural (three or more people)
T'ahdii - present		
I rub hands	we rub hands	we rub hands
you rub hands	you rub hands	you rub hands
she/he/it rubs hands	they rub hands	they rub hands
one rubs hands	people rub hands	people rub hands
T'áá íídą́ą́' - past		
I rubbed hands	we rubbed hands	we rubbed hands
you rubbed hands	you rubbed hands	you rubbed hands
she/he/it rubbed hands	they rubbed hands	they rubbed hands
one rubbed hands	people rubbed hands	people rubbed hands
T'ahígo - future		
I will rub hands	we will rub hands	we will rub hands
you will rub hands	you will rub hands	you will rub hands
she/he/it will rub hands	they will rub hands	they will rub hands
one will rub hands	people will rub hands	people will rub hands

rub it against it

Áhát'íinii: /ha ná ji l yíí́h/ -> [bízhdiniyish]   T'áadoo le'é t'áá yéego bíjígołgo, éí bízhdiniyish dooleeł.
Verb: one rubs; to rub one object against another object

T'áałá'ígo	Naakigo	Táá'dóó Ba'ąą
T'ahdii - imperfective		
bídinishhish	bídiniigish	bídadiniigish
bídiníyish	bídinohhish	bídadinohhish
yíidiniyish	yíidiniyish	yídeidiniyish
bízhdiniyish	bízhdiniyish	bídazhdiniyish
T'áá íídą́ą́' - perfective		
bídinéyiizh	bídineegiizh	bídadineegiizh
bídiníníyiizh	bídinooyiizh	bídadinooyiizh
yíidineezhyiizh	yíidineezhyiizh	yídeidineezhyiizh
bízhdineezhyiizh	bízhdineezhyiizh	bídazhdineezhyiizh
T'ahígo - future		
bídidínéeshhish	bídidíníigish	bídadidíníigish
bídidínííyish	bídidínóohhish	bídadidínóohhish
yíididínóoyish	yíididínóoyish	yídeididínóoyish
bízhdidínóoyish	bízhdidínóoyish	bídazhdidínóoyish

Singular (one person)	Dual Plural (two people)	Distributive Plural (three or more people)
T'ahdii - present		
I rub	we rub	we rub
you rub	you rub	you rub
she/he/it rubs	they rub	they rub
one rubs	people rub	people rub
T'áá íídą́ą́' - past		
I rubbed	we rubbed	we rubbed
you rubbed	you rubbed	you rubbed
she/he/it rubbed	they rubbed	they rubbed
one rubbed	people rubbed	people rubbed
T'ahígo - future		
I will rub	we will rub	we will rub
you will rub	you will rub	you will rub
she/he/it will rub	they will rub	they will rub
one will rub	people will rub	people will rub

ruin it, destroy it

Áhát'íinii: /ji ł chǫǫh/ -> [jiłchxǫǫh] T'áadoo le'é doo yá'át'ééhgóó ájiił'įįhgo, éí jiłchxǫǫh.
Verb: one ruins; to ruin it; destroy it

T'áałá'ígo	Naakigo	Táá'dóó Ba'ąą
T'ahdii - imperfective		
yishchxǫǫh	yiilchxǫǫh	deiilchxǫǫh
niłchxǫǫh	wołchxǫǫh	daołchxǫǫh
yiłchxǫǫh	yiłchxǫǫh	deiłchxǫǫh
jiłchxǫǫh	jiłchxǫǫh	dajiłchxǫǫh
T'áá íídą́ą́' - perfective		
yiłchxǫ'	yiilchxǫ'	deiilchxǫ'
yíníłchxǫ'	woołchxǫ'	daoołchxǫ'
yiyíílchxǫ'	yiyíílchxǫ'	dayíílchxǫ'
jíílchxǫ'	jíílchxǫ'	dajíílchxǫ'
T'ahígo - future		
deeshchxǫǫł	diilchxǫǫł	dadiilchxǫǫł
díílchxǫǫł	doołchxǫǫł	dadoołchxǫǫł
yidoołchxǫǫł	yidoołchxǫǫł	deidoołchxǫǫł
jidoołchxǫǫł	jidoołchxǫǫł	dazhdoołchxǫǫł

Singular (one person)	Dual Plural (two people)	Distributive Plural (three or more people)
T'ahdii - present		
I ruin	we ruin	we ruin
you ruin	you ruin	you ruin
she/he/it ruins	they ruin	they ruin
one ruins	people ruin	people ruin
T'áá íídą́ą́' - past		
I ruined	we ruined	we ruined
you ruined	you ruined	you ruined
she/he/it ruined	they ruined	they ruined
one ruined	people ruined	people ruined
T'ahígo - future		
I will ruin	we will ruin	we will ruin
you will ruin	you will ruin	you will ruin
she/he/it will ruin	they will ruin	they will ruin
one will ruin	people will ruin	people will ruin

run, be running along

Áhát'íinii: /ji l woł/ -> [joolwoł]   Hajáád bee tsį́įłgo hagáalgo, joolwoł wolyé.
Verb: one is running; to run, arrive running; run along

T'ááłá'ígo	Naakigo	Táá'dóó Ba'ąą
T'ahdii - progressive		
yishwoł	ahiniilchééł	yiijah
yílwoł	ahinoołchééł	wohjah
yilwoł	ahinoolchééł	yijah
joolwoł	ahizhnoolchééł	joojah
T'áá íídą́ą́' - perfective		
nishwod	ahininiilcháá'	niijéé'
yínílwod	ahininoołcháá'	noojéé'
yílwod	ahineelcháá'	níjéé'
jilwod	ahizhneelcháá'	jiníjéé'
T'ahígo - future		
deeshwoł	ahidíníilchééł	diijah
díílwoł	ahidínóołchééł	doohjah
doolwoł	ahidínóolchééł	doojah
jidoolwoł	ahizhdínóolchééł	jidoojah

Singular (one person)	Dual Plural (two people)	Distributive Plural (three or more people)
T'ahdii - present		
I am running	we are running	we are running
you are running	you are running	you are running
she/he/it is running	they are running	they are running
one is running	people are running	people are running
T'áá íídą́ą́' - past		
I ran	we ran	we ran
you ran	you ran	you ran
she/he/it ran	they ran	they ran
one ran	people ran	people ran
T'ahígo - future		
I will run	we will run	we will run
you will run	you will run	you will run
she/he/it will run	they will run	they will run
one will run	people will run	people will run

run from, be on the run

Áhát'íinii: /na ji ni O ché/-> [nazhniché] T'áadoo le'é bits'ąą, naaníjoolwołgo, bééjíłdzidgo da, éí nazhnichée dooleeł.
Verb: one runs from; to escape from; to be chased; to be a fugitive

T'áałá'ígo	Naakigo	Táá'dóó Ba'ąą
T'ahdii - imperfective		
nanishché	naniiché	nidaniiché
naniché	nanohché	nidanohché
naniché	naniché	nidaniché
nazhniché	nazhniché	nidazhniché
T'áá íídą́ą́' - perfective		
nanécháá'	naneecháá'	nidaneecháá'
naníncháá'	nishinoocháá'	nidashinoocháá'
naneezhcháá'	naneezhcháá'	nidaneezhcháá'
nazhneezhcháá'	nazhneezhcháá'	nidazhneezhcháá'
T'ahígo - future		
nidínéeshcheeł	nidíníicheeł	nidadíníicheeł
nidíníicheeł	nidínóohcheeł	nidadínóohcheeł
nidínóocheeł	nidínóolcheeł	nidadínóocheeł
nidízhnóocheeł	nidízhnóocheeł	nidazhdínóołcheeł

Singular (one person)	Dual Plural (two people)	Distributive Plural (three or more people)
T'ahdii - present		
I run from	we run from	we run from
you run from	you run from	you run from
she/he/it runs from	they run from	they run from
one runs from	people run from	people run from
T'áá íídąą́' - past		
I ran from	we ran from	we ran from
you ran from	you ran from	you ran from
she/he/it ran from	they ran from	they ran from
one ran from	people ran from	people ran from
T'ahígo - future		
I will run from	we will run from	we will run from
you will run from	you will run from	you will run from
she/he/it will run from	they will run from	they will run from
one will run from	people will run from	people will run from

run out

Áhát'íinii: /ch'í ji l yeed/ -> [ch'íjílyeed]   Tsį́įłgo tł'óó' góne dah jiiteehgo, éí ch'íjílyeed.
Verb: one runs out; to run out; to exit quickly

T'ááłá'ígo	Naakigo	Táá'dóó Ba'ąą
T'ahdii - imperfective		
ch'íníshyeed	ch'íhi'niilchééh	ch'íniijeeh
ch'ínílyeed	ch'íhi'nołchééh	ch'ínóhjeeh
ch'élyeed	ch'íhi'nilchééh	ch'éjeeh
ch'íjílyeed	ch'íhizh'nilchééh	ch'íjíjeeh
T'áá íídą́ą́' - perfective		
ch'íníshwod	ch'íhi'niilchą́ą́'	ch'íniijéé'
ch'íínílwod	ch'íhi'noołchą́ą́'	ch'ínoojéé'
ch'élwod	ch'íhi'neelchą́ą́'	ch'íníjéé'
ch'íjílwod	ch'íhizh'neelchą́ą́'	ch'ízhníjéé'
T'ahígo - future		
ch'ídeeshwoł	ch'íhidí'níilchééł	ch'ídiijah
ch'ídíílwoł	ch'íhidí'nóołchééł	ch'ídoohjah
ch'ídoolwoł	ch'íhidí'nóolchééł	ch'ídoojah
ch'ízhdoolwoł	ch'íhizhdí'nóołchééł	ch'ídazhdoojah

Singular (one person)	Dual Plural (two people)	Distributive Plural (three or more people)
T'ahdii - present		
I run out	we run out	we run out
you run out	you run out	you run out
she/he/it runs out	they run out	they run out
one runs out	people run out	people run out
T'áá íídą́ą́' - past		
I ran out	we ran out	we ran out
you ran out	you ran out	you ran out
she/he/it ran out	they ran out	they ran out
one ran out	people ran out	people ran out
T'ahígo - future		
I will run out	we will run out	we will run out
you will run out	you will run out	you will run out
she/he/it will run out	they will run out	they will run out
one will run out	people will run out	people will run out

saddle up, saddle a horse

Áhát'íinii: /bi k'i dah a ji O nííł/ -> [bik'i dah ajinííł] Łį́į́' háájída shidooyééł jinízingo, łį́į́' biyééł bééjíitł'į́į́h, éí bik'i dah ajinííł wolyé.
Verb: to saddle up; saddle a horse

T'ááłá'ígo	Naakigo	Táá'dóó Ba'ąą
T'ahdii - imperfective		
bik'i dah ashishnííł	bik'i dah asii'nííł	bik'i dah da'ii'nííł
bik'i dah asínííł	bik'i dah ohnííł	bik'i dah da'ohnííł
yik'i dah anííł	yik'i dah anííł	yik'i dah da'anííł
bik'i dah ajinííł	bik'i dah ajinííł	bik'i dah da'jinííł
T'áá íídą́ą́' - perfective		
bik'i dah asénil	bik'i dah asii'nil	bik'i dah da'sii'nil
bik'i dah asíninil	bik'i dah asoonil	bik'i dah da'soonil
yik'i dah aznil	yik'i dah aznil	yik'i dah da'aznil
bik'i dah ajiznil	bik'i dah ajiznil	bik'i dah da'jiznil
T'ahígo - future		
bik'i dah adeeshnił	bik'i dah adii'nił	bik'i dah da'dii'nił
bik'i dah adíínił	bik'i dah adoohnił	bik'i dah da'doohnił
yik'i dah adoonił	yik'i dah adoonił	yik'i dah da'doonił
bik'i dah azhdoonił	bik'i dah azhdoonił	bik'i dah dazh'doonił

Singular (one person)	Dual Plural (two people)	Distributive Plural (three or more people)
T'ahdii - present		
I saddle	we saddle	we saddle
you saddle	you saddle	you saddle
she/he/it saddles	they saddle	they saddle
one saddles	people saddle	people saddle
T'áá íídą́ą́' - past		
I saddled	we saddled	we saddled
you saddled	you saddled	you saddled
she/he/it saddled	they saddled	they saddled
one saddled	people saddled	people saddled
T'ahígo - future		
I will saddle	we will saddle	we will saddle
you will saddle	you will saddle	you will saddle
she/he/it will saddle	they will saddle	they will saddle
one will saddle	people will saddle	people will saddle

scold, berate, (harsh angry talk)

Áhát'íinii: /ho ji sh O ké/ -> [hojishké] Doo hoł yá'át'ééhgóó, t'óóyó t'áá na'níle'dii yájíłti'go, éí hojishkée dooleeł.
Verb: to scold; to be angry; one scolds

T'áálá'ígo	Naakigo	Táá'dóó Ba'ąą
T'ahdii - imperfective		
hoshishké	hoshiiké	dahoshiiké
hoshíníké	hoshohké	dahoshohké
hashké	hojishké	dahojishké
hojishké	hojishké	dahojishké
T'áá íídą́ą́' - perfective		
hoshííshkeed	hoshiikeed	dahoshiikeed
hoshíínikeed	hoshoohkeed	dahoshoohkeed
hóóshkeed	hóóshkeed	dahóóshkeed
hojíishkeed	hojíishkeed	dahojíishkeed
T'ahígo - future		
hoshideeshkeeł	hoshidiikeeł	dahoshidiikeeł
hoshidíikeeł	hoshidoohkeeł	dahoshidoohkeeł
hodooshkeeł	hodooshkeeł	dahodooshkeeł
hozhdooshkeeł	hozhdooshkeeł	dahozhdooshkeeł

Singular (one person)	Dual Plural (two people)	Distributive Plural (three or more people)
T'ahdii - present		
I scold	we scold	we scold
you scold	you scold	you scold
she/he/it scolds	they scold	they scold
one scolds	people scold	people scold
T'áá íídą́ą́' - past		
I scolded	we scolded	we scolded
you scolded	you scolded	you scolded
she/he/it scolded	they scolded	they scolded
one scolded	people scolded	people scolded
T'ahígo - future		
I will scold	we will scold	we will scold
you will scold	you will scold	you will scold
she/he/it will scold	they will scold	they will scold
one will scold	people will scold	people will scold

scrape, clean it off

Áhát'íinii: /b í ji O ghaas/ -> [bíjíghaas]   T'áadoo le'é ha'át'íhída bąąhgo, nahji' kójíléehgo, éí bíjíghaas.
Verb: to scrape it ; to scrape mud off one's shoes; to scrape

T'áałá'ígo	Naakigo	Táá'dóó Ba'ąą
T'ahdii - imperfective		
bésxaas	bíigaas	bídeiigaas
bínighaas	bóhaas	bídaahaas
yíighaas	yíighaas	yídeighaas
bíjíghaas	bíjíghaas	bídajighaas
T'áá íídą́ą́' - perfective		
bééghaz	bíigaz	bídeiigaz
bíínighaz	bóoghaz	bídaooghaz
yíyíighaz	yíyíighaz	yídayíighaz
bíjíighaz	bíjíighaz	bídajíighaz
T'ahígo - future		
bídeesxas	bídiigas	bídadiigas
bídíighas	bídoohas	bidadoohas
yíidooghas	yíidooghas	yídeidooghas
bízhdooghas	bízhdooghas	bídazdoogas

Singular (one person)	Dual Plural (two people)	Distributive Plural (three or more people)
T'ahdii - present		
I scrape	we scrape	we scrape
you scrape	you scrape	you scrape
she/he/it scrapes	they scrape	they scrape
one scrapes	people scrape	people scrape
T'áá íídą́ą́' - past		
I scraped	we scraped	we scraped
you scraped	you scraped	you scraped
she/he/it scraped	they scraped	they scraped
one scraped	people scraped	people scraped
T'ahígo - future		
I will scrape	we will scrape	we will scrape
you will scrape	you will scrape	you will scrape
she/he/it will scrape	they will scrape	they will scrape
one will scrape	people will scrape	people will scrape

scrape it off, clean it off (adhering matter)

Áhát'íinii: /ji ł dééh/-> [jiłdééh] T'áadoo le'é hashtł'ish bąąhgo, nahgóó kójíléehgo, éí jiłdééh dooleeł.
Verb: one scrapes off; to scrape it off; to clean off; to clean off mud from the shoes; to weed; to wipe off

T'ááłá'ígo	Naakigo	Táá'dóó Ba'ąą
T'ahdii- imperfective		
yishdééh	yiildééh	deiildééh
niłdééh	wołdééh	daałdééh
yiłdééh	yiłdééh	deiłdééh
jiłdééh	jiłdééh	dajiłdééh
T'áá íídą́ą́'- perfective		
yíłdee'	yiildee'	deiildee'
yíníłdee'	woołdee'	daoołdee'
yiyííłdee'	yiyííłdee'	dayííłdee'
jííłdee'	jííłdee'	dajííłdee'
T'ahígo - future		
deeshdah	diildah	dadiildah
dííłdah	doołdah	dadoołdah
yidoołdah	yidoołdah	deidoołdah
jidoołdah	jidoołdah	dazhdoołdah

Singular (one person)	Dual Plural (two people)	Distributive Plural (three or more people)
T'ahdii - present		
I scrape off	we scrape off	we scrape off
you scrape off	you scrape off	you scrape off
she/he/it scrapes off	they scrape off	they scrape off
one scrapes off	people scrape off	people scrape off
T'áá íídą́ą́' - past		
I scraped off	we scraped off	we scraped off
you scraped off	you scraped off	you scraped off
she/he/it scraped off	they scraped off	they scraped off
one scraped off	people scraped off	people scraped off
T'ahígo - future		
I will scrape off	we will scrape off	we will scrape off
you will scrape off	you will scrape off	you will scrape off
she/he/it will scrape off	they will scrape off	they will scrape off
one will scrape off	people will scrape off	people will scrape off

S verbs

scrape, scrape the pots

Áhát'íinii: /bi ji O ch'iid/-> [bíjích'iid]   Ásaa' ch'iyáán bídiilidgo, nahgóó kójíléehgo shíí éí bíjích'iid dooleeł.

Verb: one scrapes; to scrape it; to clean by rubbing with something rough; to scrape with the fingernails

T'ááłá'ígo	Naakigo	Táá'dóó Ba'ąą
T'ahdii - imperfective		
béshch'iid	bíich'iid	bídeiich'iid
bíních'iid	béhch'iid	bídaahch'id
yíích'iid	yíích'iid	yídeich'iid
bíjích'iid	bíjích'iid	bídajich'iid
T'áá íídą́ą́'- perfective		
bééch'id	bíich'id	bídeiich'id
bíínich'id	bóoch'id	bídaooch'id
yíyíích'id	yíyíích'id	yídayíích'id
bíjíích'id	bíjíích'id	bídajíích'id
T'ahígo - future		
bídeeshch'ił	bídiich'ił	bídadiich'ił
bídíích'ił	bídoohch'ił	bídadoohch'ił
yíidooch'ił	yíidoochłił	yídeidooch'ił
bíizhdooch'ił	bízhdooch'ił	bídazhdooch'ił

Singular (one person)	Dual Plural (two people)	Distributive Plural (three or more people)
T'ahdii - present		
I scrape	we scrape	we scrape
you scrape	you scrape	you scrape
she/he/it scrapes	they scrape	they scrape
one scrapes	people scrape	people scrape
T'áá íídą́ą́' - past		
I scraped	we scraped	we scraped
you scraped	you scraped	you scraped
she/he/it scraped	they scraped	they scraped
one scraped	people scraped	people scraped
T'ahígo - future		
I will scrape	we will scrape	we will scrape
you will scrape	you will scrape	you will scrape
she/he/it will scrape	they will scrape	they will scrape
one will scrape	people will scrape	people will scrape

scratch it (an itch)

Áhát'íinii: /ji O ch'id/ -> [jich'id] T'áadoo le'é háláshgaan bee jigazgo jich'id wolyé.
Verb: one scratches; to scratch it; to scratch an itch with fingernails

T'áálá'ígo	Naakigo	Táá'dóó Ba'ąą
T'ahdii - imperfective		
yishch'id	yiich'id	deiich'id
nich'id	wohch'id	daahch'id
yich'id	yich'id	deich'id
jich'id	jich'id	dajich'id
T'áá íídą́ą́' - perfective		
yích'id	yiich'id	deiich'id
yíních'id	wooch'id	daooch'id
yiyíích'id	yiyíích'id	dayíích'id
jíích'id	jíích'id	dajíích'id
T'ahígo - future		
deeshch'ił	diich'ił	dadiich'ił
díích'ił	doohch'ił	dadoohch'ił
yidooch'ił	yidooch'ił	deidooch'ił
jidooch'ił	jidooch'ił	dazhdooch'ił

Singular (one person)	Dual Plural (two people)	Distributive Plural (three or more people)
T'ahdii - present		
I scratch	we scratch	we scratch
you scratch	you scratch	you scratch
she/he/it scratches	they scratch	they scratch
one scratches	people scratch	people scratch
T'aa iidaa' - past		
I scratched	we scratched	we scratched
you scratched	you scratched	you scratched
she/he/it scratched	they scratched	they scratched
one scratched	people scratched	people scratched
T'ahigo - future		
I will scratch	we will scratch	we will scratch
you will scratch	you will scratch	you will scratch
she/he/it will scratch	they will scratch	they will scratch
one will scratch	people will scratch	people will scratch

S verbs

scratch it out, cross it out

Áhát'íinii: /bi k'i a ji i O ghas/-> [bik'i ajiighas] T'áadoo le'é t'áá na'níle'dii bikáa'gi ajiizohgo, éí bik'i ajiighas dooleeł.
Verb: to cross it out; to make a mark on it with force; one marks

T'ááłá'ígo	Naakigo	Táá'dóó Ba'ąą
T'ahdii - imperfective		
bik'i iisxas	bik'i iigas	bik'i da'iigas
bik'i iighas	bik'i oohhas	bik'i da'oohhas
yik'i iighas	yik'i iighas	yik'i da'iighas
bik'i ajiighas	bik'i ajiighas	bik'i da'ijiighas
T'áá íídą́ą́' - perfective		
biki'i aséghas	bik'i asiigas	bik'i da'siigas
bik'i asíníghas	bik'i asooghas	bik'i da'sooghas
yik'i azghas	yik'i azghas	yik'i da'azghas
bik'i ajizghas	bik'i ajizghas	bik'i da'jizghas
T'ahígo - future		
bik'i adeesxas	bik'i adiigas	bik'i da'diigas
bik'i adííghas	bik'i adoohhas	bik'i da'doohhas
yik'i adooghas	yik'i adooghas	yik'i da'dooghas
bik'i azhdooghas	bik'i azhdooghas	bik'i dazh'dooghas

Singular (one person)	Dual Plural (two people)	Distributive Plural (three or more people)
T'ahdii - present		
I mark	we mark	we mark
you mark	you mark	you mark
she/he/it marks	they mark	they mark
one marks	people mark	people mark
T'áá íídą́ą́' - past		
I marked	we marked	we marked
you marked	you marked	you marked
she/he/it marked	they marked	they marked
one marked	people marked	people marked
T'ahígo - future		
I will mark	we will mark	we will mark
you will mark	you will mark	you will mark
she/he/it will mark	they will mark	they will mark
one will mark	people will mark	people will mark

screw it (with a screwdriver), fasten with a screw

Áhát'íinii: /b ił a a ji O géés/-> [bił i'jigéés]   Bee ił adaagizí dóó ił adaagizí bee tsin baa ajigéesgo, éí bił i'jigéés dooleeł.
Verb: fasten it by using a screwdriver; one fastens, screws

T'áałá'ígo	Naakigo	Táá'dóó Ba'ąą
T'ahdii - imperfective		
bił e'esgéés	bił i'iigéés	bił ada'iigéés
bił i'ígéés	bił o'ohgéés	bił ada'ohgéés
yił e'egéés	yił e'egéés	yıł ada'agéés
bił i'jigéés	bił i'jigéés	bił ada'jigéés
T'áá íídą́ą́' - perfective		
bił i'íígiz	bił i'iigiz	bił ada'siigiz
bił i'íínígiz	bił o'oogiz	bił ada'soogiz
yił i'íígiz	yił i'íígiz	yił ada'azgiz
bił i'jíígiz	bił i'jíígiz	bił ada'jizgiz
T'ahígo - future		
bił i'deesgis	bił i'diigis	bił ada'diigis
bił i'díígis	bił i'doohgis	bił ada'doohgis
yił i'doogis	yił i'doogis	yił ada'doogis
bił izh'doogis	bił izh'doogis	bił adazh'doogis

Singular (one person)	Dual Plural (two people)	Distributive Plural (three or more people)
T'ahdii - present		
I fasten	we fasten	we fasten
you fasten	you fasten	you fasten
she/he/it fastens	they fasten	they fasten
one fastens	people fasten	people fasten
T'áá íídą́ą́' - past		
I fastened	we fastened	we fastened
you fastened	you fastened	you fastened
she/he/it fastened	they fastened	they fastened
one fastened	people fastened	people fastened
T'ahígo - future		
I will fasten	we will fasten	we will fasten
you will fasten	you will fasten	you will fasten
she/he/it will fasten	they will fasten	they will fasten
one will fasten	people will fasten	people will fasten

S verbs

selfish, being selfish

Áhát'íinii: /aghá á ji di l 'á/-> [aghá ázhdool'á]   T'áá shí t'éí jinízingo, doo nahgóó diné ła' baa nitsíjíkeesgóó, éí óolyé, aghá ázhdool'á.
Verb: one is selfish; to be selfish; to think of oneself always

T'ááłá'ígo	Naakigo	Táá'dóó Ba'ąą
T'ahdii - imperfective		
aghá ádeesh'á	aghá ádiil'á	aghá ádadiil'á
aghá ádíínííl'á	aghá ádooł'á	aghá ádadooł'á
aghá ádool'á	aghá ádool'á	aghá ádadool'á
aghá ázhdool'á	aghá ázhdool'á	aghá ádazhdool'á
T'áá íídą́ą́' - perfective		
aghá ádeesh'áá nít'éé'	aghá ádiil'áá nít'éé'	aghá ádadiil'áá nít'éé'
aghá ádíínííl'áá nít'éé'	aghá ádooł'áá nít'éé'	aghá ádadooł'áá nít'éé'
aghá ádool'áá nít'éé'	aghá ádool'áá nít'éé'	aghá ádadool'áá nít'éé'
aghá ázhdool'áá nít'éé'	aghá ázhdool'áá nít'éé'	aghá ádazhdool'áá nít'éé'
T'ahígo - future		
aghá ádeesh'áa doo	aghá ádiil'áa doo	aghá ádadiil'áa doo
aghá ádíínííl'áa doo	aghá ádooł'áa doo	aghá ádadooł'áa doo
aghá ádool'áa doo	aghá ádool'áa doo	aghá ádadool'áa doo
aghá ázhdool'áa doo	aghá ázhdool'áa doo	aghá ádazhdool'áa doo

Singular (one person)	Dual Plural (two people)	Distributive Plural (three or more people)
T'ahdii - present		
I am selfish	we are selfish	we are selfish
you are selfish	you are selfish	you are selfish
she/he/it is selfish	they are selfish	they are selfish
one is selfish	people are selfish	people are selfish
T'áá íídą́ą́' - past		
I was selfish	we were selfish	we were selfish
you were selfish	you were selfish	you were selfish
she/he/it was selfish	they were selfish	they were selfish
one was selfish	people were selfish	people were selfish
T'ahígo - future		
I will be selfish	we will be selfish	we will be selfish
you will be selfish	you will be selfish	you will be selfish
she/he/it will be selfish	they will be selfish	they will be selfish
one will be selfish	people will be selfish	people will be selfish

separate them, set them aside

Áhát'íinii:/ałts'á ji O nííł/-> [ałts'ájínííł]   T'áadoo le'é t'áałáhígóó sinil nít'ée'go, t'áá ał'ąą nijíníiłgo, ałts'ájínííł łeh.
Verb: to separate animate or inanimate objects; one separates plural objects

T'áałá'ígo	Naakigo	Táá'dóó Ba'ąą
T'ahdii - imperfective		
ałts'áníshnííł	ałts'ánii'nííł	ałts'ádanii'nííł
ałts'ánínííł	ałts'ánóhnííł	ałts'ádanohnííł
ałts'éínííł	ałts'éínííł	ałts'ádeínííł
ałts'ájínííł	ałts'ájínííł	ałts'ádajínííł
T'áá íídą́ą́' - perfective		
ałts'áninil	ałts'ánii'nil	ałts'ádanii'nil
ałts'éíninil	ałts'ánoonil	ałts'ádanoonil
ałts'eininil	ałts'éininil	ałts'ádeiznil
ałts'ázhninil	ałts'ázhninil	ałts'adajiznil
T'ahígo - future		
ałts'ádeeshnił	ałts'ádii'nił	ałts'ádadii'nił
ałts'ádíínił	ałts'ádoohnił	ałts'ádadoohnił
ałts'éidoonił	ałts'éidoonił	ałts'ádeidoonił
ałts'ázhdoonił	ałts'ázhdoonił	ałts'adazhdoonił

Singular (one person)	Dual Plural (two people)	Distributive Plural (three or more people)
T'ahdii - present		
I separate	we separate	we separate
you separate	you separate	you separate
she/he/it separates	they separate	they separate
one separates	people separate	people separate
T'áá íídą́ą́' - past		
I separated	we separated	we separated
you separated	you separated	you separated
she/he/it separated	they separated	they separated
one separated	people separated	people separated
T'ahígo - future		
I will separate	we will separate	we will separate
you will separate	you will separate	you will separate
she/he/it will separate	they will separate	they will separate
one will separate	people will separate	people will separate

set a date, appointment

Áhát'íinii: /ni ho jí O 'aah/ -> [nihojí'aah]   Diné ła' bił nijilnishgo, índa bił chida'ahijool'ı́įgo, bá nahoji'áahgo, bił ahíníjiikahgo, anínáánéidiikah jinı́igo bá nihoji'ááh, éí óolyé nihojí'aah.
Verb: one makes an appointment; to make an appointment; to set a date; to plan a deadline; to make a commitment; to be sentenced by a judge

T'ááłá'ígo	Naakigo	Táá'dóó Ba'ą́ą
T'ahdii - imperfective		
nihonish'aah	nihoniit'aah	nidahoniit'aah
nihoní'aah	nihonoh'aah	nidahonoh'aah
nihó'aah	nihó'aah	nidahó'aah
nihojí'aah	nihojí'aah	nidahojí'aah
T'áá íídą́ą́' - perfective		
nihoní'ą́	nihoniit'ą́	nidahoniit'ą́
nihwííní'ą́	nihonoo'ą́	nidahonoo'ą́
nihoní'ą́	nihoní'ą́	nidahaz'ą́
nihozhní'ą́	nihozhní'ą́	nidahojiz'ą́
T'ahígo - future		
nihodeesh'ááł	nihodiit'ááł	nidahodiit'ááł
nihodíí'ááł	nihodooh'ááł	nidahodooh'ááł
nihodoo'ááł	nihodoo'ááł	nidahodoo'ááł
nihozhdoo'ááł	nihozhdoo'ááł	nidahozhdoo'aał

Singular (one person)	Dual Plural (two people)	Distributive Plural (three or more people)
T'ahdii - present		
I make an appointment	we make an appointment	we make an appointment
you make an appointment	you make an appointment	you make an appointment
she/he makes an appointment	they make an appointment	they make an appointment
one makes an appointment	people make an appointment	people make an appointment
T'áá íídą́ą́' - past		
I made an appointment	we made an appointment	we made an appointment
you made an appointment	you made an appointment	you made an appointment
she/he made an appointment	they made an appointment	they made an appointment
one made an appointment	people made an appointment	people made an appointment

continued on next page

set a date, appointment *continued*

T'ahígo - future

I will make an appointment
you will make an appointment
she/he will make an appointment
one will make an appointment

we will make an appointment
you will make an appointment
they will make an appointment
people will make an appointment

we will make an appointment
you will make an appointment
they will make an appointment
people will make an appointment

sew, sew it close

Áhát'íinii: /dá 'a ji dee ł kaad/ -> [dázh'deełkaad] T'áadoo le'é bii' hazhdiłbįįhgo, tsah bee níjíłkadgo, éí dázh'deełkaad dooleeł.
Verb: to sew it shut; to close it; one sews it shut

T'áałá'ígo	Naakigo	Táá'dóó Ba'ąą
T'ahdii - imperfective		
dádi'nishkaad	dádi'niildaad	dáda'diniilkaad
dádi'níłkaad	dádi'nołkaad	dáda'dinołkaad
dá'deełkaad	dá'deełkaad	dáda'deełkaad
dázh'deełkaad	dázh'deełkaad	dadazh'deełkaad
T'áá íídą́ą́' - perfective		
dádi'níłkad	dádi'niilkad	dádadi'niilkad
dá'díínítkad	dádi'noołkad	dádadi'noołkad
dádi'níłkad	dádi'níłkad	dáda'deeskad
dázhdi'níłkad	dázhdi'níłkad	dádazh'deeskad
T'ahígo - future		
dádi'deeshkał	dádi'diilkał	dádadi'diilkał
dádi'díílkał	dádi'doołkał	dádadi'doołkał
dádi'doołkał	dádi'doołkał	dádadi'doołkał
dázhdi'doołkał	dázhdi'doołkał	dádazhdi'doołkał

Singular (one person)	Dual Plural (two people)	Distributive Plural (three or more people)
T'ahdii - present		
I sew it shut	we sew it shut	we sew it shut
you sew it shut	you sew it shut	you sew it shut
she/he/it sews it shut	they sew it shut	they sew it shut
one sews it shut	people sew it shut	people sew it shut
T'áá íídą́ą́' - past		
I sewed it shut	we sewed it shut	we sewed it shut
you sewed it shut	you sewed it shut	you sewed it shut
she/he/it sewed it shut	they sewed it shut	they sewed it shut
one sewed it shut	people sewed it shut	people sewed it shut
T'ahígo - future		
I will sew it shut	we will sew it shut	we will sew it shut
you will sew it shut	you will sew it shut	you will sew it shut
she/he/it will sew it shut	they will sew it shut	they will sew it shut
one will sew it shut	people will sew it shut	people will sew it shut

shear it (a sheep)

Áhát'íinii: /tá ji dí O géésh/ -> [tázhdígéésh] Dibé dóó tł'ízí bighaa' bik'ijiłgéeshgo, éí tázhdígéésh.
Verb: to shear; one shears a sheep or goat

T'áálá'ígo	Naakigo	Táá'dóó Ba'ąą
T'ahdii - imperfective		
tádíshgéésh	tádiigéésh	tádadiigéésh
tádígéésh	tádóhgéésh	tádadohgéésh
táidigéésh	táidigéésh	tádeidigéésh
tázhdígéésh	tázhdígéésh	tádazhdigéésh
T'áá íídą́ą́' - perfective		
tádíígizh	tádiigizh	tádadiigizh
tádíínígizh	tádoogizh	tádadoogizh
táidíígizh	táidíígizh	tádeideezhgizh
tázhdíígizh	tázhdíígizh	tádazhdeezhgizh
T'ahígo - future		
tádideeshgish	tádidiigish	tádadidiigish
tádidíígish	tádidoohgish	tádadidoohgish
táididoogish	táididoogish	tádeididoogish
tázhdidoogish	tázhdidoogish	tádazhdidoogish

Singular (one person)	Dual Plural (two people)	Distributive Plural (three or more people)
T'ahdii - present		
I shear	we shear	we shear
you shear	you shear	you shear
she/he/it shears	they shear	they shear
one shears	people shear	people shear
T'áá íídą́ą́' - past		
I sheared	we sheared	we sheared
you sheared	you sheared	you sheared
she/he/it sheared	they sheared	they sheared
one sheared	people sheared	people sheared
T'ahígo - future		
I will shear	we will shear	we will shear
you will shear	you will shear	you will shear
she/he/it will shear	they will shear	they will shear
one will shear	people will shear	people will shear

shine a light on it

Áhát'íinii: /bi k'i ji a di i ł dlaad/-> [bik'izh'diiłdlaad]   T'áadoo le'é bee ni'dildlaadí bee bik'izh'diiłdíingo shíí ałdó' bik'izh'diiłdlaad dooleeł.
Verb: one shines a light; to shine a light on it

T'áálá'ígo	Naakigo	Táá'dóó Ba'aa
T'ahdii- imperfective		
bik'i'diishdlaad	bik'i'diildlaad	bik'ida'diildlaad
bik'i'diiłdlaad	bik'i'doołdlaad	bik'ida'doołdlaad
yik'i'diiłdlaad	yik'i'diiłdlaad	yik'ida'diiłdlaad
bik'izh'diiłdlaad	bik'izh'diiłdlaad	bik'idazh'diiłdlaad
T'áá íídą́ą́'- perfective		
bik'i'diiłdláád	bik'i'diildláád	bik'ida'diildláád
bik'i'diniłdláád	bik'i'doołdláád	bik'ida'doołdláád
yik'i'diiłdláád	yik'i'diiłdláád	yik'ida'diiłdláád
bik'izh'diiłdláád	bik'izh'diiłdláád	bik'idazh'diiłdláád
T'ahígo - future		
bik'idi'deeshdlał	bik'idi'diildlał	bik'idadi'diildlał
bik'idi'díłdlał	bik'idi'doołdlał	bik'idadi'doołdlał
yik'idi'doołdlał	yik'idi'doołdlał	yik'idadi'doołdlał
bik'izhdi'doołdlał	bik'izhdi'doołdlał	bik'idazhdi'doołdlał

Singular (one person)	Dual Plural (two people)	Distributive Plural (three or more people)
T'ahdii - present		
I shine on	we shine on	we shine on
you shine on	you shine on	you shine on
she/he/it shines on	they shine on	they shine on
one shines on	people shine on	people shine on
T'áá íídą́ą́' - past		
I shined on	we shined on	we shined on
you shined on	you shined on	you shined on
she/he/it shined on	they shined on	they shined on
one shined on	people shined on	people shined on
T'ahígo - future		
I will shine on	we will shine on	we will shine on
you will shine on	you will shine on	you will shine on
she/he/it will shine on	they will shine on	they will shine on
one will shine on	people will shine on	people will shine on

shoot, shoot a gun

Áhát'íinii: /a ji di i ł dǫǫh/ -> [ajidiiłdǫǫh] Bee'eldǫǫh bik'a' biih ji'ááh dóó ajiiłta'go, ajidiiłdǫǫh wolyé. Azhdiiłdǫǫh ałdó' dabijiní.
Verb: one shoots; to shoot a gun

T'áałá'ígo	Naakigo	Táá'dóó Ba'ąą
T'ahdii- imperfective		
adiishdǫǫh	adiildǫǫh	da'diildǫǫh
adiiłdǫǫh	adoołdǫǫh	da'doołdǫǫh
adiiłdǫǫh	adiiłdǫǫh	da'diiłdǫǫh
azhdiiłdǫǫh	azhdiiłdǫǫh	dazh'diiłdǫǫh
T'áá íídą́ą́'- perfective		
adéłdǫǫh	adeeldǫǫh	da'deeldǫǫh
adíníłdǫǫh	adoołdǫǫh	da'sidoołdǫǫh
adeesdǫǫh	adeesdǫǫh	da'deesdǫǫh
azhdeesdǫǫh	azhdeesdǫǫh	dazh 'deesdǫǫh
T'ahígo - future		
adideeshdǫǫł	adidiildǫǫł	da'didiildǫǫł
adidííłdǫǫł	adidoołdǫǫł	da'didoołdǫǫł
adidoołdǫǫł	adidoołdǫǫł	da'didoołdǫǫł
azhdidoołdǫǫł	azhdidoołdǫǫł	dazhdi'doołdǫǫł

Singular (one person)	Dual Plural (two people)	Distributive Plural (three or more people)
T'ahdii - present		
I shoot	we shoot	we shoot
you shoot	you shoot	you shoot
she/he/it shoots	they shoot	they shoot
one shoots	people shoot	people shoot
T'áá íídą́ą́' - past		
I shot	we shot	we shot
you shot	you shot	you shot
she/he/it shot	they shot	they shot
one shot	people shot	people shot
T'ahígo - future		
I will shoot	we will shoot	we will shoot
you will shoot	you will shoot	you will shoot
she/he/it will shoot	they will shoot	they will shoot
one will shoot	people will shoot	people will shoot

show off, play tricks on others

Áhát'íinii: /hwe ádílááh/ -> [hwe'édílááh]   Bíighahí baa nijigháago, honeeni t'éí aghá ájósingo, łą́ ájít'į́įgo dóó doo áho'di'nínígóó ájít'éego éí hwe'édílááh.

Verb: to be naughty; to be a brat; to play tricks on others; to show off; one shows off

T'áałá'ígo	Naakigo	Táá'dóó Ba'ąą
T'ahdii - neuter imperfective		
she'édílááh	nihe'édílááh	nihe'édadílááh
ne'édilaah	nihe'édílááh	nihe'édadílááh
be'édílááh	be'édílááh	be'édadílááh
hwe'édílááh	hwe'édílááh	hwe'édadílááh
T'áá íídą́ą́' - neuter past		
she'édílááh nít'éé'	nihe'édílááh n;t'ee'	nihe'édadilááh nít'éé'
ne'édílááh nít'éé'	nihe'édílááh nít'éé'	nihe'édadílááh nít'éé'
be'édílááh nít'éé'	be'édílááh nit'ee'	be'édadílááh nít'éé'
hwe'édílááh nít'éé'	hwe'édílááh nít'éé'	hwe'édadílááh nít'éé'
T'ahígo - future		
she'édílááh doo	nihe'édílááh doo	nihe'édadílááh doo
ne'édílááh doo	nihe'édílááh doo	nihe'édadílááh doo
be'édílááh doo	be'édílááh doo	be'édadílááh doo
hwe'édílááh doo	hwe'édílááh doo	hwe'édadílááh doo

Singular (one person)	Dual Plural (two people)	Distributive Plural (three or more people)
T'ahdii - present		
I show off	we show off	we show off
you show off	you show off	you show off
she/he/it shows off	they show off	they show off
one shows off	people show off	people show off
T'áá íídą́ą́' - past		
I showed off	we showed off	we showed off
you showed off	you showed off	you showed off
she/he/it showed off	they showed off	they showed off
one showed off	people showed off	people showed off
T'ahígo - future		
I will show off	we will show off	we will show off
you will show off	you will show off	you will show off
she/he/it will show off	they will show off	they will show off
one will show off	people will show off	people will show off

sift it (as flour)

Áhát'íinii: /bi ghá ji ni ł dééh/-> [bigházhniłdééh] T'áadoo le'é bee aghá'niłdéhé bee ąąh hazhniłdéehgo, éí bigházhniłdééh łeh.
Verb: one sifts; to sift

T'ááłá'ígo	Naakigo	Táá'dóó Ba'ąą
T'ahdii- imperfective		
bigháníshdééh	bighániildééh	bighádaniildééh
bigháníłdééh	bighánółdééh	bighádanołdééh
yigháiniłdééh	yigháiniłdééh	yighádeiniłdééh
bigházhniłdééh	bigházhniłdééh	bighádazhniłdééh
T'áá íídą́ą́'- perfective		
bigháninił̇dee'	bighániniildee'	bighádaniniildee'
bigháníínił̇dee'	bigháninoołdee'	bighádaninoołdee'
yigháinininił̇dee'	yigháinininił̇dee'	yighádeineesdee'
bigházhnininił̇dee'	bigházhnininił̇dee'	bighádazhneesdee'
T'ahígo - future		
bighádínéeshdah	bighádíníildah	bighádadíníildah
bighádínííłdah	bighádínóołdah	bighádadínóołdah
yigháidínóołdah	yigháidínóołdah	yighádeidínóołdah
bigházhdínóołdah	bigházhdínóołdah	bighádazhdínóołdah

Singular (one person)	Dual Plural (two people)	Distributive Plural (three or more people)
T'ahdii - present		
I sift	we sift	we sift
you sift	you sift	you sift
she/he/it sifts	they sift	they sift
one sifts	people sift	people sift
T'áá íídą́ą́' - past		
I sifted	we sifted	we sifted
you sifted	you sifted	you sifted
she/he/it sifted	they sifted	they sifted
one sifted	people sifted	people sifted
T'ahígo - future		
I will sift	we will sift	we will sift
you will sift	you will sift	you will sift
she/he/it will sift	they will sift	they will sift
one will sift	people will sift	people will sift

S verbs

singe it, to burn it lightly

Áhát'íinii:/ji O zeés/-> [jizéés] Kǫ' bee t'áá ałts'íísí t'óó bik'i nideezk'ą́ą'go ájíléehgo éí jizéés wolyé. Ádíláah bee ałdó' ą̨ąh nijiłhaałgo, ałdó' ájizéés deiłní ła'.
Verb: one singes; to singe or burn weeds, to singe sheephead and other part

T'ááłá'ígo	Naakigo	Táá'dóó Ba'ąą
T'ahdii - imperfective		
yisséés	yidéés	deiidéés
nizéés	wohséés	daahséés
yizéés	yizéés	deizéés
jizéés	jizéés	dajizéés
T'áá íídą́ą́' - perfective		
yízeez	yideez	deiideez
yínízeez	woozeez	daoozeez
yiyíízeez	yiyíízeez	dayiyíízeez
yíízeez	yíízeez	dayíízeez
T'ahígo - future		
deessis	diidis	dadiidis
díízis	doosis	dadoosis
yidoozis	yidoozis	deidoozis
jidoozis	jidoozis	dazhdoozis

Singular (one person)	Dual Plural (two people)	Distributive Plural (three or more people)
T'ahdii - present		
I singe	we singe	we singe
you singe	you singe	you singe
she/he/it singes	they singe	they singe
one singes	people singe	people singe
T'áá íídą́ą́' - past		
I singed	we singed	we singed
you singed	you singed	you singed
she/he/it singed	they singed	they singed
one singed	people singed	people singed
T'ahígo - future		
I will singe	we will singe	we will singe
you will singe	you will singe	you will singe
she/he/it will singe	they will singe	they will singe
one will singe	people will singe	people will singe

sit down

Áhát'íinii: /ji ni O daah/-> [jinidaah] Ni'góó, índa t'áadoo le'é bikáa'gi, yaa kójiit'įįh dóó ni'nikizhdil-nih dóó t'áá yaa kójooniiłgo hadas ałtso hatł'aa' bee nikidiijiłgo', éí jinidaah wolyé.
Verb: one sits down; to sit down; to be seated

T'ahdii- imperfective
nishdaah	niikeeh	diniibįįh
nídaah	nohdeeh	dinohbįįh
nidaah	nikeeh	dinibįįh
jinidaah	jinikeeh	jidinibįįh

T'áá íídą́ą́' - perfective
nédá	neeké	dineebin
nínídá	nooké	dinoobin
neezdá	neezké	dineezbin
jineezdá	jineezké	jidineezbin

T'ahígo - future
dínéeshdaał	díníikeeł	díníibįįł
díníídaał	dínóohkeeł	dínóohbįįł
dínóodaał	dínóokeeł	dínóobįįł
jidínóodaał	jidínóokeeł	jidínóobįįł

Singular (one person)	Dual Plural (two people)	Distributive Plural (three or more people)

T'ahdii - present
I sit down	we sit down	we sit down
you sit down	you sit down	you sit down
she/he/it sits down	they sit down	they sit down
one sits down	people sit down	people sit down

T'áá íídą́ą́' - past
I sat down	we sat down	we sat down
you sat down	you sat down	you sat down
she/he/it sat down	they sat down	they sat down
one sat down	people sat down	people sat down

T'ahígo - future
I will sit down	we will sit down	we will sit down
you will sit down	you will sit down	you will sit down
she/he/it will sit down	they will sit down	they will sit down
one will sit down	people will sit down	people will sit down

S verbs

sleep

Áhát'íinii: /a ji ł hosh/-> [ajiłhosh] Bił jiniizįįhgo, jinitééh dóó hatah ałtso hasht'ehodit'eeh, áko ajiłhosh.
Verb: to sleep; one sleeps

T'ááłá'ígo	Naakigo	Táá'dóó Ba'ąą
T'ahdii - imperfective		
ashxosh	iilwosh	da'iilwosh
iłhosh	ołhosh	da'ołhosh
ałhosh	ałhosh	da'ałhosh
ajiłhosh	ajiłhosh	da'jiłhosh
T'áá íídą́ą́' - perfective		
iiłhaazh	iilghaazh	da'iilghaazh
iiniłhaazh	oołhaazh	da'oołhaazh
iiłhaazh	iiłhaazh	da'iiłhaazh
ajiiłhaazh	ajiiłhaazh	da'jiiłhaazh
T'ahígo - future		
iideeshxosh	iidiilwosh	da'iidiilwosh
iidíłhosh	iidoołhosh	da'iidoołhosh
iidoołhosh	iidoołhosh	da'iidoołhosh
iizhdoołhosh	iizhdoołhosh	da'iizhdoołhosh

Singular (one person)	Dual Plural (two people)	Distributive Plural (three or more people)
T'ahdii - present		
I sleep	we sleep	we sleep
you sleep	you sleep	you sleep
she/he/it sleeps	they sleep	they sleep
one sleeps	people sleep	people sleep
T'áá íídą́ą́' - past		
I slept	we slept	we slept
you slept	you slept	you slept
she/he/it slept	they slept	they slept
one slept	people slept	people slept
T'ahígo - future		
I will sleep	we will sleep	we will sleep
you will sleep	you will sleep	you will sleep
she/he/it will sleep	they will sleep	they will sleep
one will sleep	people will sleep	people will sleep

slide on a slope

Áhát'íinii: /ní ji di l zho'/- > [nízhdílzho'] Áłchíní jíłíigo, daané'é ádin nidi t'áá hó hadaane'é ájiił'įįh, adahgi nízhdílzho'go, éí ayóó bóhoneedlíį łeh.

Verb: one slides; to slide; to play slide on a slope; children often play a game of slide off steep hill

T'ááłá'ígo	Naakigo	Táá'dóó Ba'ąą
T'ahdii - neuter imperfective		
nídíshzho'	nídiilzho'	nídadiilzho'
nídílzho'	nidołzho'	nidadołzho'
nídílzho'	nídílzho'	nídadilzho'
nízhdílzho'	nízhdílzho'	nídazhdilzho'
T'áá íídą́ą́' - past		
nídíshzho' nít'éé'	nídiilzho' nít'éé'	nídadiilzho' nít'éé'
nídílzho' nít'éé'	nidołzho' nít'éé'	nidadołzho' nít'éé'
nídílzho' nít'éé'	nídílzho' nít'éé'	nídadilzho' nít'éé'
nízhdílzho' nít'éé'	nízhdílzho' nít'éé'	nídazhdilzho' nít'éé'
T'ahígo - future		
nídíshzho' doo	nídiilzho' doo	nídadiilzho' doo
nídílzho' doo	nidołzho' doo	nidadołzho' doo
nídílzho' doo	nídílzho' doo	nídadilzho' doo
nízhdílzho' doo	nízhdílzho' doo	nídazhdilzho' doo

Singular (one person)	Dual Plural (two people)	Distributive Plural (three or more people)
T'ahdii - present		
I slide	we slide	we slide
you slide	you slide	you slide
she/he/it slides	they slide	they slide
one slides	children slide	children slide
T'áá íídą́ą́' - past		
I slid	we slid	we slid
you slid	you slid	you slid
she/he/it slid	they slid	they slid
one slid	children slid	children slid
T'ahígo - future		
I will slide	we will slide	we will slide
you will slide	you will slide	you will slide
she/he/it will slide	they will slide	they will slide
one will slide	children will slide	children will slide

smell it

Áhát'íinii: /ji ł chin/-> [jiłchin] T'áadoo le'é dahalchinígíí háníí' iijołgo, éí jiłchin łeh.
Verb: one smells; to smell it

T'ááłá'ígo	Naakigo	Táá'dóó Ba'ąą
T'ahdii - imperfective		
yishchin	yiilchin	deiilchin
niłchin	wołchin	daałchin
yiłchin	yiłchin	deiłchin
jiłchin	jiłchin	dajiłchin
T'aa íídą́ą́' - perfective		
shéłchą́ą́'	shiilchą́ą́'	dashiilchą́ą́'
shínííłchą́ą́'	shoołchą́ą́'	dashoołchą́ą́'
yishchą́ą́'	yishchą́ą́'	deishchą́ą́'
jishchą́ą́'	jishchą́ą́'	dajishchą́ą́'
T'ahígo - future		
deeshchį́į́ł	diilchį́į́ł	dadiilchį́į́ł
díílchį́į́ł	doołchį́į́ł	dadoołchį́į́ł
yidoołchį́į́ł	yidoołchį́į́ł	deidoołchį́į́ł
jidoołchį́į́ł	jidoołchį́į́ł	dazhdoołchį́į́ł

Singular (one person)	Dual Plural (two people)	Distributive Plural (three or more people)
T'ahdii - present		
I smell	we smell	we smell
you smell	you smell	you smell
she/he/it smells	they smell	they smell
one smells	people smell	people smell
T'áá íídą́ą́' - past		
I smelled	we smelled	we smelled
you smelled	you smelled	you smelled
she/he/it smelled	they smelled	they smelled
one smelled	people smelled	people smelled
T'ahígo - future		
I will smell	we will smell	we will smell
you will smell	you will smell	you will smell
she/he/it will smell	they will smell	they will smell
one will smell	people will smell	people will smell

smile, laugh

Áhát'íinii: /ji d dloh/-> [joodloh]   T'áadoo le'é baa dloznízingo, ch'ízhdeeldlo'go éí joodloh dooleeł.
Verb: one smiles; to laugh; to smile

T'ááłá'ígo	Naakigo	Táá'dóó Ba'ąą
T'ahdii- progressive		
yishdloh	yiidloh	deiidloh
yídloh	wohdloh	daahdloh
yidloh	yidloh	daadloh
joodloh	joodloh	dajoodloh
T'áá íídą́ą́'- perfective		
eeshdlo'	iidlo'	adasiidlo'
íínídlo'	oohdlo'	adasoohdlo'
eedlo'	eedlo'	adaasdlo'
ajoodlo'	ajoodlo'	adajisdlo'
T'ahígo - future		
adeeshdloh	adiidloh	adadiidloh
adíídloh	adoohdloh	adadoohdloh
adoohdloh	adoodloh	adadoodloh
azhdoodloh	azhdoodloh	adazhdoodloh

Singular (one person)	Dual Plural (two people)	Distributive Plural (three or more people)
T'ahdii - present		
I smile	we smile	we smile
you smile	you smile	you smile
she/he/it smiles	they smile	they smile
one smiles	people smile	people smile
T'áá íídą́ą́' - past		
I smiled	we smiled	we smiled
you smiled	you smiled	you smiled
she/he/it smiled	they smiled	they smiled
one smiled	people smiled	people smiled
T'ahígo - future		
I will smile	we will smile	we will smile
you will smile	you will smile	you will smile
she/he/it will smile	they will smile	they will smile
one will smile	people will smile	people will smile

sneak up, creep up on it

Áhát'íinii: /b aa ni ji d nééh/-> [baa niji'nééh]   T'áadoo le'é t'áadoo hoo'íní t'áá áyídídę́ę́' bich'į' nijí'néehgo, éí baa nijí'nééh łeh.
Verb: to creep up on it; to sneak up on it; to lurk; to stalk

T'ááłá'ígo	Naakigo	Táá'dóó Ba'ąą
T'ahdii - imperfective		
baa ninish'nééh	baa ninii'nééh	baa nidanii'nééh
baa niní'nééh	baa ninoh'nééh	baa nidanoh'nééh
yaa nii'nééh	yaa nii'nééh	yaa nidaa'nééh
baa nijí'nééh	baa nijí'nééh	baa nidají'nééh
T'áá íídą́ą́' - perfective		
baa ninish'na'	baa ninii'na'	baa nidasii'na'
baa nííní'na'	baa ninooh'na'	baa nidasooh'na'
yaa nii'na'	yaa nii'na'	yaa nidaas'na'
baa nijí'na'	baa nijí'na'	baa nidajis'na'
T'ahígo - future		
baa nideesh'nah	baa nidii'nah	baa nidadii'nah
baa nidíí'nah	baa nidooh'nah	baa nidadooh'nah
yaa nidoo'nah	yaa nidoo'nah	yaa nidadoo'nah
baa nizhdoo'nah	baa nizhdoo'nah	baa nidazhdoo'nah

Singular (one person)	Dual Plural (two people)	Distributive Plural (three or more people)
T'ahdii - present		
I sneak up on	we sneak up on	we sneak up on
you sneak up on	you sneak up on	you sneak up on
she/he/it sneaks up on	they sneak up on	they sneak up on
one sneaks up on	people sneak up on	people sneak up on
T'áá íídą́ą́' - past		
I sneaked up on	we sneaked up on	we sneaked up on
you sneaked up on	you sneaked up on	you sneaked up on
she/he/it sneaked up on	they sneaked up on	they sneaked up on
one sneaked up on	people sneaked up on	people sneaked up on
T'ahígo - future		
I will sneak up on	we will sneak up on	we will sneak up on
you will sneak up on	you will sneak up on	you will sneak up on
she/he/it will sneak up on	they will sneak up on	they will sneak up on
one will sneak up on	people will sneak up on	people will sneak up on

solder, weld them together

Áhát'íinii: /ahí ji di i ł hííh/ -> [ahízhdiiłííh] T'áadoo le'é béésh danilínígíí yéego ahídidoołjah jinízingo bee ahí'diilyíhí bee ahízhdiiłjah, éí ahízhdiiłííh wolyé.
Verb: to solder; one solders; weld together

T'ááłá'ígo	Naakigo	Táá'dóó Ba'ąą
T'ahdii - imperfective		
ahídiishhííh	ahídiilyííh	ahídadiilyííh
ahídiiłhííh	ahídoołhííh	ahídadoołhííh
ahíidiiłhííh	ahíidiiłhííh	ahídeidiiłhííh
ahízhdiiłhííh	ahízhdiiłhííh	ahídazhdiiłhííh
T'áá íídą́ą́' - perfective		
ahídiiłhíí'	ahídiilyíí'	ahídadiilyíí'
ahídiniłhíí'	ahídoołhíí'	ahídadoołhíí'
ahíidiiłhíí'	ahíidiiłhíí'	ahídeidiiłhíí'
ahízhdiiłhíí'	ahízhdiiłhíí'	ahídazhdiiłhíí'
T'ahígo - future		
ahídideeshhih	ahídidiilyih	ahídadidiilyih
ahídidííłhih	ahídidoołhih	ahídadidoołhih
ahíididoołhih	ahíididoołhih	ahídeididoołhih
ahídizhdoołhih	ahídizhdoołhih	ahídazhdidoołhih

Singular (one person)	Dual Plural (two people)	Distributive Plural (three or more people)
T'ahdii - present		
I solder	we solder	we solder
you solder	you solder	you solder
she/he/it solders	they solder	they solder
one solders	people solder	people solder
T'áá íídą́ą́' - past		
I soldered	we soldered	we soldered
you soldered	you soldered	you soldered
she/he/it soldered	they soldered	they soldered
one soldered	people soldered	people soldered
T'ahígo - future		
I will solder	we will solder	we will solder
you will solder	you will solder	you will solder
she/he/it will solder	they will solder	they will solder
one will solder	people will solder	people will solder

S verbs

speak, make a speech

Áhát'íinii: /ha ji d dziih/ -> [hajidziih] Saad bee t'áadoo le'é jiníigo, hajidziih wolyé.
Verb: one speaks; to make a speech

T'ááłá'ígo	Naakigo	Táá'dóó Ba'ąą
T'ahdii- imperfective		
haasdziih	haiidziih	hadeiidziih
hanidziih	haahdziih	hadaahdziih
haadziih	haadziih	hadaadziih
hajidziih	hajidziih	hadajidziih
T'áá íídą́ą́'- perfective		
haasdzíí'	haiidzíí'	hadasiidzíí'
háínídzíí'	haoohdzíí'	hadasoohdzíí'
haadzíí'	haadzíí'	hadaasdzíí'
hajoodzíí'	hajoodzíí'	hadajoodzíí'
T'ahígo - future		
hadeesdzih	hadiidzih	hadadiidzih
hadíídzih	hadoohdzih	hadadoodzih
hadoodzih	hadoodzih	hadadoodzih
hazhdoodzih	hazhdoodzih	hadazhdoodzih

Singular (one person)	Dual Plural (two people)	Distributive Plural (three or more people)
T'ahdii - present		
I speak	we speak	we speak
you speak	you speak	you speak
she/he/it speaks	they speak	they speak
one speaks	people speak	people speak
T'áá íídą́ą́' - past		
I spoke	we spoke	we spoke
you spoke	you spoke	you spoke
she/he/it spoke	they spoke	they spoke
one spoke	people spoke	people spoke
T'ahígo - future		
I will speak	we will speak	we will speak
you will speak	you will speak	you will speak
she/he/it will speak	they will speak	they will speak
one will speak	people will speak	people will speak

speak, speak for

Áhát'íinii: /bá ha ji O dziih/-> [bá hajidziih] Ła'nida saad bee bíká'adeeshwoł jinízingo, bich'ą́ą́h yájíłti'go, éí bá hajidziih wolyé.
Verb: one speaks for; to speak for; to speak on behalf of

T'áałá'ígo	Naakigo	Táá'dóó Ba'ąą
T'ahdii- imperfective		
bá haasdziih	bá haiidziih	bá hadeiidziih
bá hanidziih	bá haahdziih	bá hadaahdziih
yá haadziih	yá haadziih	yá hadaadziih
bá hajidziih	bá hajidziih	bá hadajidziih
T'áá íídą́ą́'- perfective		
bá haasdzíí'	bá haiidzíí'	bá hadasiidzíí'
bá háínídzíí'	bá haoohdzíí'	bá hadaasoohdzíí'
yá haadzíí'	yá haadzíí'	yá hadaasdzíí'
bá hajoodzíí'	bá hajoodzíí'	bá hadadzoodzíí'
T'ahígo - future		
bá hadeesdzih	bá hadiidzih	bá hadadiidzih
bá hadíídzih	bá hadoohdzih	bá hadadoohdzih
yá hadoodzih	yá hadoodzih	yá hadadoodzih
bá hazhdoodzih	bá hazhdoodzih	bá hadazhdoodzih

Singular (one person)	Dual Plural (two people)	Distributive Plural (three or more people)
T'ahdii - present		
I speak for	we speak for	we speak for
you speak for	you speak for	you speak for
she/he/it speaks for	they speak for	they speak for
one speaks for	people speak for	people speak for
T'áá íídą́ą́' - past		
I spoke for	we spoke for	we spoke for
you spoke for	you spoke for	you spoke for
she/he/it spoke for	they spoke for	they spoke for
one spoke for	people spoke for	people spoke for
T'ahígo - future		
I will speak for	we will speak for	we will speak for
you will speak for	you will speak for	you will speak for
she/he/it will speak for	they will speak for	they will speak for
one will speak for	people will speak for	people will speak for

S verbs

spin it (yarn)

Áhát'íinii: /ji i O diz/-> [jiidiz]   Aghaa' hanoolchaad náás joołts'ǫ́łgo, ałk'íjoołgisgo, bee adizí bee jidiz łeh.
Verb: one spins yarn; to twist into yarn

T'áálá'ígo	Naakigo	Táá'dóó Ba'ąą
T'ahdii- imperfective		
yisdiz	yiidiz	deiidiz
nidiz	wohdiz	daahdiz
yidiz	yidiz	deidiz
jidiz	jidiz	dajidiz
T'áá íídą́ą́'- perfective		
sédiz	siidiz	dasiidiz
sínídiz	soodiz	dasoodiz
yizdiz	yizdiz	deizdiz
jizdiz	jizdiz	dajizdiz
T'ahígo - future		
deesdis	diidis	dadiidis
díídis	doohdis	dadoohdis
yidoodis	yidoodis	deidoodis
jidoodis	jidoodis	dazhdoodis

Singular (one person)	Dual Plural (two people)	Distributive Plural (three or more people)
T'ahdii - present		
I spin	we spin	we spin
you spin	you spin	you spin
she/he/it spins	they spin	they spin
one spins	people spin	people spin
T'áá íídą́ą́' - past		
I spun	we spun	we spun
you spun	you spun	you spun
she/he/it spun	they spun	they spun
one spun	people spun	people spun
T'ahígo - future		
I will spin	we will spin	we will spin
you will spin	you will spin	you will spin
she/he/it will spin	they will spin	they will spin
one will spin	people will spin	people will spin

steal, embezzle

Áhát'íinii: /a ji ni O 'įįh/ -> [azhni'įįh] T'áadoo le'é doo hógóó ádíí'jílchííhgo, diné t'áadoo bił bééhózíní yóó' ajiléehgo, éí azhni'įįh wolyé.
Verb: to steal; to cheat; to rob; to embezzle; one steals

T'ááłá'ígo	Naakigo	Táá'dóó Ba'ąą
T'ahdii - imperfective		
anish'įįh	aniit'įįh	da'niit'įįh
aní'įįh	anoh'įįh	da'noh'įįh
ani'įįh	ani'įįh	da'ni'įįh
azhni'įįh	azhni'įįh	dazh'ni'įįh
T'áá íídą́ą́' - perfective		
ané'íí'	aneet'íí'	da'neet'íí'
aníní'íí'	anoo'íí'	da'noo'íí'
aneez'íí'	aneez'íí'	da'neez'íí'
azhneez íí'	azhneez'íí'	dazh'neez'íí'
T'ahígo - future		
adínéesh'įįł	adíníit'įįł	da'díníit'įįł
adíníí'įįł	adínóoh'įįł	da'dínóoh'įįł
adínóo'įįł	adínóo'įįł	da'dínóo'įįł
azhdínóo'įįł	azhdínóo'įįł	dazhdí'nóo'įįł

Singular (one person)	Dual Plural (two people)	Distributive Plural (three or more people)
T'ahdii - present		
I steal	we steal	we steal
you steal	you steal	you steal
she/he/it steals	they steal	they steal
one steals	people steal	people steal
T'áá íídą́ą́' - past		
I stole	we stole	we stole
you stole	you stole	you stole
she/he/it stole	they stole	they stole
one stole	people stole	people stole
T'ahígo - future		
I will steal	we will steal	we will steal
you will steal	you will steal	you will steal
she/he/it will steal	they will steal	they will steal
one will steal	people will steal	people will steal

stingy, horde

Áhát'íinii: /'aa jí (ji + ni) O chị' / -> [aa jíchị'] T'áadoo le'é bicháníji'áago, doo a'ajíléégóó, índa doo jijooba'góó éí aa jíchị' wolyé.
Verb: one is stingy; to be stingy

T'ááłá'ígo	Naakigo	Táá'dóó Ba'ąą
T'ahdii - neuter		
aa nishchị'	aa niichị'	aa daniichị'
aa níchị'	aa nohchị'	aa danohchị'
aa nichị'	aa nichị'	aa danichị'
aa jíchị'	aa jíchị'	aa dajíchị'
T'áá íídą́ą́' - past		
aa nishchị' nít'éé'	aa niichị' nít'éé'	aa daniichị' nít'éé'
aa níchị' nít'éé'	aa nohchị' nít'éé'	aa danohchị' nít' éé'
aa nichị' nít'éé'	aa nichị' nít'éé'	aa danichị' nít'éé'
aa jíchị' nit'éé'	aa jíchị' nít'éé'	aa dajíchị' nít'éé'
T'ahgo - future		
aa nishchị' doo	aa niichị' doo	aa daniichị' doo
aa níchị' doo	aa nohchị' doo	aa danohchị' doo
aa nichị' doo	aa nichị' doo	aa danichị' doo
aa jíchị' doo	aa jíchị' doo	aa dajíchị' doo

Singular (one person)	Dual Plural (two people)	Distributive Plural (three or more people)
T'ahdii - present		
I am stingy	we are stingy	we are stingy
you are stingy	you are stingy	you are stingy
she/he/it is stingy	they are stingy	they are stingy
one is stingy	people are stingy	people are stingy
T'áá íídą́ą́' - past		
I was stingy	we were stingy	we were stingy
you were stingy	you were stingy	you were stingy
she/he/it was stingy	they were stingy	they were stingy
one was stingy	people were stingy	people were stingy
T'ahígo - future		
I will be stingy	we will be stingy	we will be stingy
you will be stingy	you will be stingy	you will be stingy
she/he/it will be stingy	they will be stingy	they will be stingy
one will be stingy	people will be stingy	people will be stingy

stop it (as a car)

Áhát'íinii: /ni bi ji ł tłáád/ -> [nibijíłtłáád] T'áadoo le'é diits'a'go yilwoł nít'ée'go, aníjígéesgo, éí nibijíłtłáád wolyé.
Verb: one stops it; to stop it; to stop a machine, a car, etc.

T'áálá'ígo	Naakigo	Táá'dóó Ba'ąą
T'ahdii - imperfective		
nibiníshtłáád	nibiniiltłáád	nidabiniiltłáád
nibiníłtłáád	nibinołtłáád	nidabinołtłáád
niyíłtłáád	niyíłtłáád	nidayíłtłáád
nibijíłtłáád	nibijíłtłáád	nidabijíłtłáád
T'áá íídą́ą́' - perfective		
nibiníłtłah	nibiniiltłah	nidabiniiltłah
nibííníłtłah	nibinoołtłah	nidabinoołtłah
niiníłtłah	niiníłtłah	nideistłah
nijiníłtłah	nijiníłtłah	nidabijistłah
T'ahígo - future		
nibideeshtłił	nibidiiltłił	nidabidiiltłił
nibidííłtłił	nibidoołtłił	nidabidoołtłił
niidoołtłił	niidoołtłił	nideidoołtłił
nibizhdoołtłił	nibizhdoołtłił	nidabizhdoołtłił

Singular (one person)	Dual Plural (two people)	Distributive Plural (three or more people)
T'ahdii - present		
I stop it	we stop it	we stop it
you stop it	you stop it	you stop it
she/he/it stops it	they stop it	they stop it
one stops it	people stop it	people stop it
T'áá íídą́ą́' - past		
I stopped it	we stopped it	we stopped it
you stopped it	you stopped it	you stopped it
she/he/it stopped it	they stopped it	they stopped it
one stopped it	people stopped it	people stopped it
T'ahígo - future		
I will stop it	we will stop it	we will stop it
you will stop it	you will stop it	you will stop it
she/he/it will stop it	they will stop it	they will stop it
one will stop it	people will stop it	people will stop it

S verbs

stop it, turn it off (the ignitition)

Áhát'íinii: /ni jí ł tłáád/-> [nijíłtłáád] T'áadoo le'é yilwoł nít'éé'go, doo yilwołgóó ájílééhgo, éí nijíłtłáád łeh.
Verb: one stops it; to stop it; to halt it; stop the car

T'ááłá'ígo	Naakigo	Táá'dóó Ba'ąą
T'ahdii - imperfective		
ninishtłáád	niniiltłáád	nidaniiltłáád
niníłtłáád	ninołtłáád	nidanołtłáád
niyíłtłáád	niyíłtłáád	nidayíłtłáád
nijíłtłáád	nijíłtłáád	nidajíłtłáád
T'áá íídą́ą́' - perfective		
ninishtłah	niniiltłah	nidaniiltłah
nííníłtłah	ninoołtłah	nidanoołtłah
niyiníłtłah	niyiníłtłah	nideistłah
nizhníłtłah	nizhníłtłah	nidajistłah
T'ahígo - future		
nideeshtłił	nidiiltłił	nidadiiltłił
nidííłtłił	nidoołtłił	nidadoołtłił
niidoołtłił	niidoołtłił	nideidoołtłił
nizhdoołtłił	nizhdoołtłił	nidazhdoołtłił

Singular (one person)	Dual Plural (two people)	Distributive Plural (three or more people)
T'ahdii - present		
I stop	we stop	we stop
you stop	you stop	you stop
she/he/it stops	they stop	they stop
one stops	people stop	people stop
T'áá íídą́ą́' - past		
I stopped	we stopped	we stopped
you stopped	you stopped	you stopped
she/he/it stopped	they stopped	they stopped
one stopped	people stopped	people stopped
T'ahígo - future		
I will stop	we will stop	we will stop
you will stop	you will stop	you will stop
she/he/it will stop	they will stop	they will stop
one will stop	people will stop	people will stop

strain it

Áhát'íinii: /b ąąh ha ji ł 'eeł/-> [bąąh hajił'eeł] T'áadoo le'é tó bii' dah nidaa'eełgo, nahji' kódeeshłííł jinízingo, éí bee ąąh haal'eetí bee bąąh hajił'eełgo ałtso nahji' kójiil'įįh.
Verb: use a strainer to strain; to pour water through it

T'ááłá'ígo	Naakigo	Táá'dóó Ba'ąą
T'ahdii - imperfective		
bąąh haash'eeł	bąąh haiil'eeł	bąąh hadeiil'eeł
bąąh hanił'eeł	bąąh haał'eeł	bąąh hadaał'eeł
yąąh haił'eeł	yąąh haił'eeł	yąąh hadeił'eeł
bąąh hajił'eeł	bąąh hajił'eeł	bąąh hadajił'eeł
T'áá íídą́ą́' - perfective		
bąąh hááł'éél	bąąh haiil'éél	bąąh hadasiil'éél
bąąh háíníł'éél	bąąh haooł'éél	bąąh hadasooł'éél
yąąh hayííł'éél	yąąh hayííł'éél	yąąh hadeis'éél
bąąh hajííł'éél	bąąh hajííł'éél	bąąh hadajis'éél
T'ahígo - future		
bąąh hadeesh'oł	bąąh hadiil'oł	bąąh hadadiil'oł
bąąh hadííł'oł	bąąh hadooł'oł	bąąh hadadooł'oł
yąąh haidooł'oł	yąąh haidooł'oł	yąąh hadeidooł'oł
bąąh hazhdooł'oł	bąąh hazhdooł'oł	bąąh hadazhdooł'oł

Singular (one person)	Dual Plural (two people)	Distributive Plural (three or more people)
T'ahdii - present		
I strain	we strain	we strain
you strain	you strain	you strain
she/he/it strains	they strain	they strain
one strains	people strain	people strain
T'áá íídą́ą́' - past		
I strained	we strained	we strained
you strained	you strained	you strained
she/he/it strained	they strained	they strained
one strained	people strained	people strained
T'ahígo - future		
I will strain	we will strain	we will strain
you will strain	you will strain	you will strain
she/he/it will strain	they will strain	they will strain
one will strain	people will strain	people will strain

S verbs

string them (as beads)

Áhát'íinii: /ji O 'eesh/-> [ji'eesh]   T'áadoo le'é biníká dahasdzą́ągo, tł'óół bighájiiłt'éehgo yisht'eezhgo, ájíłééhgo, éí ji'eesh wolyé.
Verb: one strings; to string beads or other objects that can be strung together

T'ááłá'ígo	Naakigo	Táá'dóó Ba'ąą
T'ahdii - imperfective		
yish'eesh	yiit'eesh	deiit'eesh
ni'eesh	woh'eesh	daah'eesh
yi'eesh	yi'eesh	dei'eesh
ji'eesh	ji'eesh	daji'eesh
T'áá íídą́ą́' - perfective		
shé'eezh	shiit'eezh	dashiit'eezh
shíní'eezh	shoo'eezh	dashoo'eezh
yizh'eezh	yizh'eezh	deizh'eezh
jizh'eezh	jizh'eezh	dajizh'eezh
T'ahígo - future		
deesh'ish	diit'ish	dadiit'ish
díí'ish	dooh'ish	dadooh'ish
yidoo'ish	yidoo'ish	deidoo'ish
jidoo'ish	jidoo'ish	dazhdoo'ish

Singular (one person)	Dual Plural (two people)	Distributive Plural (three or more people)
T'ahdii - present		
I string	we string	we string
you string	you string	you string
she/he/it strings	they string	they string
one strings	people string	people string
T'áá íídą́ą́' - past		
I strung	we strung	we strung
you strung	you strung	you strung
she/he/it strung	they strung	they strung
one strung	people strung	people strung
T'ahígo - future		
I will string	we will string	we will string
you will string	you will string	you will string
she/he/it will string	they will string	they will string
one will string	people will string	people will string

strum, pick

Áhát'íinii: /ji ł tązh/ /-> [jiłtązh] Nidáa'gi ásaa' ádah joo'áałgo diné dahataałgo, éí ásaa' jiłtązh łeh. Máazoo bee nijinéego da, éí jiłtązh łeh. Nááná tsits'aa' yiłtązhí, "guitar" da, bee nijinéego éí jiłtązhgo bee nijinée łeh. Bee'ech'iishí dóó aghą̄ąstsiin wolyé guitar.

Verb: strum; pick; peck ; to pluck a guitar; to beat a clay pot drum, rap, knock

T'áałá'ígo	Naakigo	Táá'dóó Ba'ąą
T'ahdii - imperfective		
yishtązh	yiiltązh	deiiltązh
niłtązh	wołtązh	daałtązh
yiłtązh	yiłtązh	deiłtązh
jiłtązh	jiłtązh	dajiłtązh
T'áá íídą́ą́' - perfective		
yíłtązh	yiiltązh	deiiltązh
yíníłtązh	woołtązh	daoołtązh
yiyííłtązh	yiyííłtązh	dayííłtązh
jííłtązh	jííłtązh	dajííłtązh
T'ahígo - future		
deeshtąsh	diiltąsh	dadiiltąsh
dííłtąsh	doołtąsh	dadoołtąsh
yidoołtąsh	yidoołtąsh	deidoołtąsh
jidoołtąsh	jidoołtąsh	dazhdoołtąsh

Singular (one person)	Dual Plural (two people)	Distributive Plural (three or more people)
T'ahdii - present		
I flick	we flick	we flick
you flick	you flick	you flick
she/he/it flicks	they flick	they flick
one flicks	people flick	people flick
T'áá íídą́ą́' - past		
I flicked	we flicked	we flicked
you flicked	you flicked	you flicked
she/he/it flicked	they flicked	they flicked
one flicked	people flicked	people flicked
T'ahígo - future		
I will flick	we will flick	we will flick
you will flick	you will flick	you will flick
she/he/it will flick	they will flick	they will flick
one will flick	people will flick	people will flick

stuck in a tight space

Áhát'íinii: /ho ho ni O tih/-> [hohonitih]   Doo ádahoołts'óózí góne' aníjí'nah da, hála' da doo tózis bidágí biih nízhdílnih da, hohonitih.
Verb: one is stuck; to be stuck in a tight place; to be stuck in a hole; claustrophobic

T'ááłá'ígo	Naakigo	Táá'dóó Ba'ąą
T'ahdii - neuter imperfective		
shihonitih	nihihonitih	nihidahonitih
nihonitih	nihihonitih	nihidahonitih
bihonitih	bihonitih	bidahonitih
hohonitih	hohonitih	hodahonitih
T'áá íídą́ą́' - perfective		
shihonéétih	nihihonéétih	nihidahonéétih
nihonéétih	nihihonéétih	nihidahonéétih
bihonéétih	bihonéétih	bidahonéétih
hohonéétih	hohonéétih	hodahonéétih
T'ahígo - future		
shihodínóotih	nihihodínóotih	nihidahodínóotih
nihodínóotih	nihihodínóotih	nihidahodínóotih
bihodínóotih	bihodínóotih	bidahodínóotih
hohodínóotih	hohodínóotih	hodahodínóotih

Singular (one person)	Dual Plural (two people)	Distributive Plural (three or more people)
T'ahdii - present		
I am stuck	we are stuck	we are stuck
you are stuck	you are stuck	you are stuck
she/he/it is stuck	they are stuck	they are stuck
one is stuck	people are stuck	people are stuck
T'áá íídą́ą́' - past		
I got stuck	we got stuck	we got stuck
you got stuck	you got stuck	you got stuck
she/he/it got stuck	they got stuck	they got stuck
one got stuck	people got stuck	people got stuck
T'ahígo - future		
I will get stuck	we will get stuck	we will get stuck
you will get stuck	you will get stuck	you will get stuck
she/he/it will get stuck	they will get stuck	they will get stuck
one will get stuck	people will get stuck	people will get stuck

subtract numbers, objects

Áhát'íinii: /bi ts'á ji O zóóh/- > [bits'ájízóóh] T'áadoo le'é díkwíigo da, habá'ólta'í, díí naaltsoos bikáá'gi ałts'áníníłł hodíiniidgo, naaltsoos bikáa'gi bits'ájízóóh dooleeł.
Verb: one subtracts; to subtract objects from one another; to write down subtracted numbers

T'ááłá'ígo	Naakigo	Táá'dóó Ba'ąą
T'ahdii - imperfective		
bits'ánísóóh	bits'ániidzóóh	bits'ádaniidzóóh
bits'ánízóóh	bits'ánóhsóóh	bits'ádanohsóóh
yits'éízóóh	yits'éízóóh	yits'ádeízóóh
bits'ájízóóh	bits'ájízóóh	bits'ádajízóóh
T'áá íídą́ą́' - perfective		
bits'ánízo	bits'ániidzo	bits'ádaniidzo
bits'éínízo	bits'ánoozo	bits'ádanoozo
yits'áinízo	yits'áinízo	yits'ádeizzo
bits'ázhnízo	bits'ázhnízo	bits'ádajizzo
T'ahígo - future		
bits'ádeessoh	bits'ádiidzoh	bits'ádadiidzoh
bits'ádíízoh	bits'ádoohsoh	bits'ádadoohsoh
yits'éidoozoh	yits'éidoozoh	yits'ádeidoozoh
bits'ázhdoozoh	bits'ázhdoozoh	bits'ádazhdoozoh

Singular (one person)	Dual Plural (two people)	Distributive Plural (three or more people)
T'ahdii - present		
I subtract	we subtract	we subtract
you subtract	you subtract	you subtract
she/he/it subtracts	they subtract	they subtract
one subtracts	people subtract	people subtract
T'áá íídą́ą́' - past		
I subtracted	we subtracted	we subtracted
you subtracted	you subtracted	you subtracted
she/he/it subtracted	they subtracted	they subtracted
one subtracted	people subtracted	people subtracted
T'ahígo - future		
I will subtract	we will subtract	we will subtract
you will subtract	you will subtract	you will subtract
she/he/it will subtract	they will subtract	they will subtract
one will subtract	people will subtract	people will subtract

subtract numbers, reduce objects

Áhát'íinii: /bi ji di O zóóh/-> [bizhdizóóh] T'áadoo le'é díí kwe'é dah shijaa'ígíí bidíníłł ho'di'níigo, éí bizhdíínilgo, éí naaltsoos bikáa'gi bizhdizóóh dooleeł.
Verb: one subtracts; to subtract numbers in writing; to take away

T'ááłá'ígo	Naakigo	Táá'dóó Ba'ąą
T'ahdii - imperfective		
bidissóóh	bidiidzóóh	bidadiidzóóh
bidízóóh	bidohsóóh	bidadohsóóh
yiididzóóh	yiididzóóh	yideidizóóh
bizhdizóóh	bizhdizóóh	bidazhdizóóh
T'áá íídą́ą́' - perfective		
bidíízo	bidiidzo	bidadiidzo
bidíínizo	bidoozo	bidadoozo
yiidíízo	yiidíízo	yideidíízo
bizhdíízo	bizhdíízo	bidazhdíízo
T'ahígo - future		
bidideessoh	bididiidzoh	bidadidiidzoh
bididíízoh	bididoohsoh	bidadidoohsoh
yididoozoh	yididoozoh	yideididoozoh
bizhdidoozoh	bizhdidoozoh	bidazhdidoozoh

Singular (one person)	Dual Plural (two people)	Distributive Plural (three or more people)
T'ahdii - present		
I subtract	we subtract	we subtract
you subtract	you subtract	you subtract
she/he/it subtracts	they subtract	they subtract
one subtracts	people subtract	people subtract
T'áá íídą́ą́' - past		
I subtracted	we subtracted	we subtracted
you subtracted	you subtracted	you subtracted
she/he/it subtracted	they subtracted	they subtracted
one subtracted	people subtracted	people subtracted
T'ahígo - future		
I will subtract	we will subtract	we will subtract
you will subtract	you will subtract	you will subtract
she/he/it will subtract	they will subtract	they will subtract
one will subtract	people will subtract	people will subtract

suck, nurse

Áhát'íinii: /a ji ł t'o'/ -> [ajiłt'o']   Awéé' jílį́igo, ch'iyáán t'ah doo bizh'niiyį́į́hgóó, éí t'óó hamá bibe' jiłt'o' łeh, éí ajiłt'o' wolyé.
Verb: one nurses (sucks); to suck; to nurse like a baby

T'áálá'ígo	Naakigo	Táá'dóó Ba'aa
T'ahdii - imperfective		
asht'o'	iilt'o'	da'iilt'o'
íłt'o'	ołt'o'	da'ołt'o'
ałt'o'	ałt'o'	da'ałt'o'
ajiłt'o'	ajiłt'o'	da'jiłt'o'
T'áá íídą́ą́' - perfective		
ííłt'óód	iiłt'óód	da'iiłt'óód
ííníłt'óód	oołt'óód	da'oołt'óód
ííłt'óód	ííłt'óód	da'ííłt'óód
ajííłt'óód	ajííłt'óód	da'jííłt'óód
T'ahígo - future		
adeesht'oł	adiilt'oł	da'diilt'oł
adííłt'oł	adoołt'oł	da'doołt'oł
adoołt'oł	adoołt'oł	da'doołt'oł
azhdoołt'oł	azhdoołt'oł	dazh'doołt'oł

Singular (one person)	Dual Plural (two people)	Distributive Plural (three or more people)
T'ahdii - present		
I nurse	we nurse	we nurse
you nurse	you nurse	you nurse
she/he/it nurses	they nurse	they nurse
one nurses	people nurse	people nurse
T'áá íídą́ą́' - past		
I nursed	we nursed	we nursed
you nursed	you nursed	you nursed
she/he/it nursed	they nursed	they nursed
one nursed	people nursed	people nursed
T'ahígo - future		
I will nurse	we will nurse	we will nurse
you will nurse	you will nurse	you will nurse
she/he/it will nurse	they will nurse	they will nurse
one will nurse	people will nurse	people will nurse

suck, suck on it

Áhát'íinii: /ji O ts'ǫǫs/ -> [jits'ǫǫs] Ałk'ésdisí da, hálátsoh da, hazáá'áago, jiłnaad dóó jiłt'o'go, éí jits'ǫǫs wolyé.
Verb: suck on ice, candy, thumb, etc.

T'áálá'ígo	Naakigo	Táá'dóó Ba'ąą
T'ahdii - imperfective		
yists'ǫǫs	yiits'ǫǫs	deiits'ǫǫs
nits'ǫǫs	wohts'ǫǫs	daahts'ǫǫs
yits'ǫǫs	yits'ǫǫs	deits'ǫǫs
jits'ǫǫs	jits'ǫǫs	dajits'ǫǫs
T'áá íídą́ą́' - perfective		
yíts'óóz	yiits'óóz	deiits'óóz
yíníts'óóz	woots'óóz	daoots'óóz
yiyííts'óóz	yiyííts'óóz	dayííts'óóz
jííts'óóz	jííts'óóz	dajííts'óóz
T'ahígo - future		
deests'ǫs	diits'ǫs	dadiits'ǫs
dííts'ǫs	doohts'ǫs	dadoohts'ǫs
yidoots'ǫs	yidoots'ǫs	deidoots'ǫs
jidoots'ǫs	jidoots'ǫs	dazhdoots'ǫs

Singular (one person)	Dual Plural (two people)	Distributive Plural (three or more people)
T'ahdii - present		
I suck	we suck	we suck
you suck	you suck	you suck
she/he/it sucks	they suck	they suck
one sucks	people suck	people suck
T'áá íídą́ą́' - past		
I sucked	we sucked	we sucked
you sucked	you sucked	you sucked
she/he/it sucked	they sucked	they sucked
one sucked	people sucked	people sucked
T'ahígo - future		
I will suck	we will suck	we will suck
you will suck	you will suck	you will suck
she/he/it will suck	they will suck	they will suck
one will suck	people will suck	people will suck

sulk, mad, feel bad

Áhát'íinii: /ni ji ø chǫ'/-> [nijichǫ'] Doo há 'áts'íídgóó, índa ła'nida hwee naanéego biniinaa doo hoł haldingóó éí nijichǫ' wolyé.
Verb: one sulks; to sulk; to feel bad; to be unhappy

T'ááłá'ígo	Naakigo	Táá'dóó Ba'ąą
T'ahdii - imperfective		
naashchǫ'	neiichǫ	nideiichǫ'
nanichǫ'	naahchǫ'	nidaahchǫ'
naachǫ'	naachǫ'	nidaachǫ'
nijichǫ'	nijichǫ'	nidajichǫ'
T'áá íídą́ą́' - perfective		
nishéchǫ'	nishiichǫ'	nidashiichǫ'
nishínichǫ'	nishoochǫ'	nidashoochǫ'
naazhchǫ'	naazhchǫ'	nidaazhchǫ'
nijizhchǫ'	nijizhchǫ'	nidajizhchǫ'
T'ahigo - future		
nideeshchǫǫł	nidiichǫǫł	nidadiichǫǫł
nidííchǫǫł	nidoohchǫǫł	nidadoohchǫǫł
nidoochǫǫł	nidoochǫǫł	nidadoochǫǫł
nizhdoochǫǫł	nizhdoochǫǫł	nidazhdoochǫǫł

Singular (one person)	Dual Plural (two people)	Distributive Plural (three or more people)
T'ahdii - present		
I am sulky	we are sulky	we are sulky
you are sulky	you are sulky	you are sulky
she/he/it is sulky	they are sulky	they are sulky
one is sulky	people are sulky	people are sulky
T'áá íídą́ą́' - past		
I sulked	we sulked	we sulked
you sulked	you sulked	you sulked
she/he/it sulked	they sulked	they sulked
one sulked	people sulked	people sulked
T'ahígo - future		
I will sulk	we will sulk	we will sulk
you will sulk	you will sulk	you will sulk
she/he/it will sulk	they will sulk	they will sulk
one will sulk	people will sulk	people will sulk

swim, bathe

Áhát'íinii: /ni ji O bé/-> [nijibé] Táyi' ni'jiłkóo'go, éí doodaii' táyi' jizdáago, tá'ázdígisgo, éí nijibé wolyé.
Verb: one bathes; to swim; to bathe

T'áałá'ígo	Naakigo	Táá'dóó Ba'ąą
T'ahdii - imperfective		
naashbé	néiibé	nideiibé
nanibé	naahbé	nidaahbé
naabé	naabé	nidaabé
nijibé	nijibé	nidajibé
T'áá íídą́ą́' - perfective		
nisébį́į́'	nisiibį́į́'	nidasiibį́į́'
nisíníbį́į́'	nisoobį́į́'	nidasoobį́į́'
naazbį́į́'	naazbį́į́'	nidaazbį́į́'
nijizbį́į́'	nijizbį́į́'	nidajizbį́į́'
T'ahígo - future		
nideeshbeeł	nidiibeeł	nidadiibeeł
nidííbeeł	nidoohbeeł	nidadoohbeeł
nidoobeeł	nidoobeeł	nidadoobeeł
nizhdoobééł	nizhdoobeeł	nidazhdoobeeł

Singular (one person)	Dual Plural (two people)	Distributive Plural (three or more people)
T'ahdii - present		
I bathe	we bathe	we bathe
you bathe	you bathe	you bathe
she/he/it bathes	they bathe	they bathe
one bathes	people bathe	people bathe
T'áá íídą́ą́' - past		
I bathed	we bathed	we bathed
you bathed	you bathed	you bathed
she/he/it bathed	they bathed	they bathed
one bathed	people bathed	people bathed
T'ahígo - future		
I will bathe	we will bathe	we will bathe
you will bathe	you will bathe	you will bathe
she/he/it will bathe	they will bathe	they will bathe
one will bathe	people will bathe	people will bathe

sweep out, clean out (an area)

Áhát'íinii: /ch'í ho ji ł zhóóh/ -> [ch'íhojíshóóh]   Ni'góó' wóne'é ts'iilzéígo, éí bee nahalzhoohí bee ch'íhojízíidgo, éí ch'íhojíshóóh łeh.

Verb: one sweeps out; to sweep out with a brush or broom; clean out

T'áałá'ígo	Naakigo	Táá'dóó Ba'ąą
T'ahdii - imperfective		
ch'íhonishóóh	ch'íhoniilzhóóh	ch'ídahoniilzhóóh
ch'íhoníshóóh	ch'íhonoshóóh	ch'ídahonoshóóh
ch'íhóshóóh	ch'íhóshóóh	ch'ídahóshóóh
ch'íhojíshóóh	ch'íhojíshóóh	ch'ídahojíshóóh
T'áá íídą́ą́' - perfective		
ch'íhoníshóó'	ch'íhoniilzhóó'	ch'ídahoniilzhóó'
ch'íhwííníshóó'	ch'íhonooshóó'	ch'ídahonooshóó'
ch'íhoníshóó'	ch'íhoníshóó'	ch'ídahashshóó'
ch'íhozhníshóó'	ch'íhozhníshóó'	ch'ídahojishshóó'
T'ahígo - future		
ch'íhodeeshoh	ch'íhodiilzhoh	ch'ídahodiilzhoh
ch'íhodííshoh	ch'íhodooshoh	ch'ídahodooshoh
ch'íhodooshoh	ch'íhodooshoh	ch'ídahodooshoh
ch'íhozhdooshoh	ch'íhozhdooshoh	ch'ídahozhdooshoh

Singular (one person)	Dual Plural (two people)	Distributive Plural (three or more people)
T'ahdii - present		
I sweep out	we sweep out	we sweep out
you sweep out	you sweep out	you sweep out
she/he/it sweeps out	they sweep out	they sweep out
one sweeps out	people sweep out	people sweep out
T'áá íídą́ą́' - past		
I swept out	we swept out	we swept out
you swept out	you swept out	you swept out
she/he/it swept out	they swept out	they swept out
one swept out	people swept out	people swept out
T'ahígo - future		
I will sweep out	we will sweep out	we will sweep out
you will sweep out	you will sweep out	you will sweep out
she/he/it will sweep out	they will sweep out	they will sweep out
one will sweep out	people will sweep out	people will sweep out

S verbs

sweep, sweep up

Áhát'íinii: /na ho ji ł zhooh/ -> [nahojishooh]   Ni'góó ts'iilzéígo, bee nahalzhoohí bee náhizdiizíidgo, éí nahojishooh łeh.
Verb: one sweeps; to sweep with a brush or broom

T'áałá'ígo	Naakigo	Táá'dóó Ba'ąą
T'ahdii - imperfective		
nahashooh	nahwiilzhooh	nidahwiilzhooh
nahóshooh	nahoshooh	nidahoshooh
nahashooh	nahashooh	nidahashooh
nahojishooh	nahojishooh	nidahojishooh
T'áá íídą́ą́' - perfective		
nahoshéshóó'	nahoshiilzhóó'	nidahoshiilzhóó'
nahoshíníshóó'	nahoshooshóó'	nidahoshooshóó'
nahashshóó'	nahashóó'	nidahashshóó'
nahojishshóó'	nahojishóó'	nidahojishshóó'
T'ahígo - future		
nahodeeshoh	nahodiilzhoh	nidahodiilzhoh
nahodíishoh	nahodooshoh	nidahodooshoh
nahodooshoh	nahodooshoh	nidahodooshoh
nahozhdooshoh	nahozhdooshoh	nidahozhdooshoh

Singular (one person)	Dual Plural (two people)	Distributive Plural (three or more people)
T'ahdii - present		
I sweep	we sweep	we sweep
you sweep	you sweep	you sweep
she/he/it sweeps	they sweep	they sweep
one sweeps	people sweep	people sweep
T'áá íídą́ą́' - past		
I swept	we swept	we swept
you swept	you swept	you swept
she/he/it swept	they swept	they swept
one swept	people swept	people swept
T'ahígo - future		
I will sweep	we will sweep	we will sweep
you will sweep	you will sweep	you will sweep
she/he/it will sweep	they will sweep	they will sweep
one will sweep	people will sweep	people will sweep

take them away from him forcefully

Áhát'íinii: /bigha jí d níłł/-> [bighají'níłł]   Ła'nida t'áadoo le'é t'áá bígo, éí shí doo jinízingo, t'áá na'níle'ii bits'áá' nízhdiinilgo, bighají'níłł wolyé.
Verb: to take away from objects that could be used with handling stems; one takes away

T'áálá'ígo	Naakigo	Táá'dóó Ba'ąą
T'ahdii - imperfective		
bighanish'níłł	bighanii'níłł	bighadanii'níłł
bighaní'níłł	bighanoh'níłł	bighadanoh'níłł
yighayí'níłł	yighayí'níłł	yighadeí'níłł
bighají'níłł	bighají'níłł	bighadají'níłł
T'áá íídą́ą́' - perfective		
bighanish'nil	bighanii'nil	bighadanii'nil
bighayíní'nil	bighanooh'nil	bighadanooh'nil
yighayí'nil	yighayí'nil	yighadeis'nil
bighají'nil	bighají'nil	bighadajis'nil
T'ahígo - future		
bighadeesh'nił	bighadii'nił	bighadadii'nił
bighadíí'nił	bighadooh'nił	bighadadooh'nił
yighaidoo'nił	yighaidoo'nił	yighadeidoo'nił
bighazhdoo'nił	bighazhdoo'nił	bighadazhdoo'nił

Singular (one person)	Dual Plural (two people)	Distributive Plural (three or more people)
T'ahdii - present		
I take away	we take away	we take away
you take away	you take away	you take away
she/he/it takes away	they take away	they take away
one takes away	people take away	people take away
T'áá íídą́ą́' - past		
I took away	we took away	we took away
you took away	you took away	you took away
she/he/it took away	they took away	they took away
one took away	people took away	people took away
T'ahígo - future		
I will take away	we will take away	we will take away
you will take away	you will take away	you will take away
she/he/it will take away	they will take away	they will take away
one will take away	people will take away	people will take away

takes advantage of . . .

Áhát'íinii: /łí '(a) jí O cháázh/ -> [łí'jícháázh, łi'jíchxáázh] T'áadoo le'é t'áá acháhwíídeeni'ee bee aláahdi a'jíléehgo, éí łí'jícháázh. Diné ła łi'zht'oochxáázh.
Verb: to be greedy; to exploit it; to take advantage of it; to make the most of it; to gain

T'ááła'ígo	Naakigo	Táá'dóó Ba'ąą
T'ahdii - imperfective		
łé'éshcháázh	łí'iicháázh	łída'iicháázh
łí'ícháázh	łí'óhcháázh	łída'ohcháázh
łé'écháázh	łé'écháázh	łída'acháázh
łí'jícháázh	łí'jícháázh	łída'jícháázh
T'áá íídą́ą́' - perfective		
łí'shécháázh	łí'shiicháázh	łída'shiicháázh
łí'shínícháázh	łí'shoocháázh	łída'shoocháázh
łé'ézhcháázh	łé'ézhcháázh	łída'azhcháázh
łí'jízhcháázh	łí'jízhcháázh	łída'jizhcháázh
T'ahígo - future		
łí'deeshcháásh	łí'diicháásh	łída'diicháásh
łí'díícháásh	łi'doohcháásh	łída'doohcháásh
łí'doocháásh	łí'doocháásh	łída'doocháásh
łizh'doocháásh	łizh'doocháásh	łídazh'doocháásh

Singular (one person)	Dual Plural (two people)	Distributive Plural (three or more people)
T'ahdii - present		
I exploit it	we exploit it	we exploit it
you exploit it	you exploit it	you exploit it
she/he/it exploits it	they exploit it	they exploit it
one exploits it	people exploit it	people exploit it
T'áá íídą́ą́' - past		
I exploited it	we exploited it	we exploited it
you exploited it	you exploited it	you exploited it
she/he exploited it	they exploited it	they exploited it
one exploited it	people exploited it	people exploited it
T'ahígo - future		
I will exploit it	we will exploit it	we will exploit it
you will exploit it	you will exploit it	you will exploit it
she/he will exploit it	they will exploit it	they will exploit it
one will exploit it	people will exploit it	people will exploit it

talk, make a speech

Áhát'íinii: /yá ji ł ti'/ -> [yájíłti']   Saad nizhónígo ałkéé' sinilgo diné bee bich'į' hajidziihgo éí diné bich'į' yájíłti' dooleeł.
Verb: one talks; to talk; to give a talk; to make a speech

T'áałá'ígo	Naakigo	Táá'dóó Ba'ąą
T'ahdii - imperfective		
yáshti'	yéiilti'	yádeiilti'
yáníłti'	yáłti'	yádaałti'
yáłti'	yáłti'	yádaałti'
yájíłti'	yájíłti'	yádajiłti'
T'áá íídą́ą́' - perfective		
yááłti'	yéiilti'	yádeiilti'
yéíníłti'	yáoołti'	yádaoołti'
yááłti'	yááłti'	yádááłti'
yájííłti'	yájííłti'	yádajííłti'
T'ahígo - future		
yádeeshtih	yádiiltih	yádadiiltih
yádííłtih	yádoołtih	yádadoołtih
yádoołtih	yádoołtih	yádadoołtih
yázhdoołtih	yázhdoołtih	yádazhdoołtih

Singular (one person)	Dual Plural (two people)	Distributive Plural (three or more people)
T'ahdii - present		
I talk	we talk	we talk
you talk	you talk	you talk
she/he/it talks	they talk	they talk
one talks	people talk	people talk
T'áá íídą́ą́' - past		
I talked	we talked	we talked
you talked	you talked	you talked
she/he/it talked	they talked	they talked
one talked	people talked	people talked
T'ahígo - future		
I will talk	we will talk	we will talk
you will talk	you will talk	you will talk
she/he/it will talk	they will talk	they will talk
one will talk	people will talk	people will talk

talk to, give a talk to

Áhát'íinii: /bi ch'į' yá ji ł ti'/-> [bich'į' yájíłti']   Łahda diné da, azdzání da, yá'át'éehgo nitsékeesígíí, áłchíní yich'į' yádoołtih ha'niih. éí diné bich'į' yájíłti' wolyé.
Verb: one talks to; to talk to him/her; to give advice to someone.

T'ááłá'ígo	Naakigo	Táá'dóó Ba'ąą
T'ahdii - imperfective		
bich'į' yáshti'	bich'į' yéiilti'	bich'į' yádeiilti'
bich'į' yáníłti'	bich'į' yáłti'	bich'į' yádaałti'
yich'į' yáłti'	yich'į' yáłti'	yich'į' yádaałti'
bich'į' yájíłti'	bich'į' yájíłti'	bich'į' yádajíłti'
T'áá íídą́ą́' - perfective		
bich'į' yáálti'	bich'į' yéiilti'	bich'į' yádeiilti'
bich'į' yéíníłti'	bich'į' yáoołti'	bich'į' yádaoołti'
yich'į' yáálti'	yich'į' yáálti'	yich'į' yádáálti'
bich'į' yájíílti'	bich'į' yájíílti'	bich'į' yádajíílti'
T'ahígo - future		
bich'į' yádeeshtih	bich'į' yádiiltih	bich'į' yádadiiltih
bich'į' yádíłtih	bich'į' yádoołtih	bich'į' yádadoołtih
yich'į' yádoołtih	yich'į' yádoołtih	yich'į' yádadoołtih
bich'į' yázhdoołtih	bich'į' yázhdoołtih	bich'į' yádzahdoołtih

Singular (one person)	Dual Plural (two people)	Distributive Plural (three or more people)
T'ahdii - present		
I talk to	we talk to	we talk to
you talk to	you talk to	you talk to
she/he/it talks to	they talk to	they talk to
one talks to	people talk to	people talk to
T'áá íídą́ą́' - past		
I talked to	we talked to	we talked to
you talked to	you talked to	you talked to
she/he/it talked to	they talked to	they talked to
one talked to	people talked to	people talked to
T'ahígo - future		
I will talk to	we will talk to	we will talk to
you will talk to	you will talk to	you will talk to
she/he/it will talk to	they will talk to	they will talk to
one will talk to	people will talk to	people will talk to

tear it apart

Áhát'íinii: /k'í ji ł dlaad/-> [k'íjiłdlaad] T'áadoo le'é t'áá na'níle'dii ahájízóosgo, éí k'íjiłdlaad łeh.
Verb: one breaks or tears it off; to tear in half objects that are flat and flexible or rope-like

T'ááłá'ígo	Naakigo	Táá'dóó Ba'aa
T'ahdii- imperfective		
k'ínishdlaad	k'íniildlaad	k'ídaniildlaad
k'íniłdlaad	k'ínółdlaad	k'ídanołdlaad
k'íiłdlaad	k'íiłdlaad	k'ídeiłdlaad
k'íjiłdlaad	k'íjiłdlaad	k'ídajiłdlaad
T'áá íídą́ą́'- perfective		
k'íníłdláád	k'íniildláád	k'ídaniildláád
k'íiníłdláád	k'ínoołdláád	k'ídanoołdláád
k'íiniłdláád	k'íiniłdláád	k'ídeisdláád
k'ízhníłdláád	k'ízhníłdláád	k'ídajisdláád
T'ahígo - future		
k'ídeeshdlał	k'ídiildlał	k'ídadiildlał
k'ídííłdlał	k'ídoołdlał	k'ídadoołdlał
k'íidoołdlał	k'íidoołdlał	k'ídeidoołdlał
k'ízhdoołdlał	k'ízhdoołdlał	k'ídazhdoołdlał

Singular (one person)	Dual Plural (two people)	Distributive Plural (three or more people)
T'ahdii - present		
I tear	we tear	we tear
you tear	you tear	you tear
she/he/it tear	they tear	they tear
one tear	people tear	people tear
T'áá íídą́ą́' - past		
I tore	we tore	we tore
you tore	you tore	you tore
she/he/it tore	they tore	they tore
one tore	people tore	people tore
T'ahígo - future		
I will tear	we will tear	we will tear
you will tear	you will tear	you will tear
she/he/it will tear	they will tear	they will tear
one will tear	people will tear	people will tear

tear, pull it apart in pieces

Áhát'íinii: /a ji ł dlaad/-> [ajiłdlaad]   T'áadoo le'é t'áá na'níle'dii ajiiłdlaago, éí ajiłdlaad wolyé.
Verb: one tears; to tear a flat, flexible object

T'ááłá'ígo	Naakigo	Táá'dóó Ba'ąą
T'ahdii- imperfective		
iishdlaad	iildlaad	adeiildlaad
anił dlaad	oołdlaad	adaałdlaad
iiłdlaad	iiłdlaad	adeiłdlaad
ajiłdlaad	ajiłdlaad	adajiłdlaad
T'áá íídą́ą́'- perfective		
ííłdláád	iildláád	adasiildláád
íínił dláád	oołdláád	adasoołdláád
ayííłdláád	ayííłdláád	adeisdláád
ajííłdláád	ajííłdláád	adajisdláád
T'ahígo - future		
adeeshdlał	adiildlał	adadiildlał
adííłdlał	adoołdlał	adadoołdlał
iidoołdlał	iidoołdlał	adeidoołdlał
azhdoołdlał	azhdoołdlał	adazhdoołdlał

Singular (one person)	Dual Plural (two people)	Distributive Plural (three or more people)
T'ahdii - present		
I tear	we tear	we tear
you tear	you tear	you tear
she/he/it tears	they tear	they tear
one tears	people tear	people tear
T'áá íídą́ą́' - past		
I tore	we tore	we tore
you tore	you tore	you tore
she/he/it tore	they tore	they tore
one tore	people tore	people tore
T'ahígo - future		
I will tear	we will tear	we will tear
you will tear	you will tear	you will tear
she/he/it will tear	they will tear	they will tear
one will tear	people will tear	people will tear

tell, tell about

Áhát'íinii: /b aa ho ji l ne'/-> [baa hojilne']   T'áadoo le'é kót'é jiníigo, t'áá át'é ííshjání ájíléehgo, éí baa hojilne' łeh.
Verb: to tell about

T'áałá'ígo	Naakigo	Táá'dóó Ba'aa
T'ahdii - imperfective		
baa hashne'	baa hwiilne'	baa dahwiilne'
baa hólne'	baa hołne'	baa dahołne'
yaa halne'	yaa halne'	yaa dahalne'
baa hojilne'	baa hojilne'	baa dahojilne'
T'áá íídą́ą́' - perfective		
baa hweeshne'	baa hwiilne'	baa dahwiilne'
baa hwíínílne'	baa hoołne'	baa dahoołne'
yaa hoolne'	yaa hoolne'	yaa dahoolne'
baa hojoolne'	baa hojoolne'	baa dahojoolne'
T'ahígo - future		
baa hodeeshnih	baa hodiilnih	baa dahodiilnih
baa hodíílnih	baa hodoołnih	baa dahodoołnih
yaa hodoolnih	yaa hodoolnih	yaa dahodoolnih
baa hozhdoolnih	baa hozhdoolnih	baa dahozhdoolnih

Singular (one person)	Dual Plural (two people)	Distributive Plural (three or more people)
T'ahdii - present		
I tell about	we tell about	we tell about
you tell about	you tell about	you tell about
she/he/it tells about	they tell about	they tell about
one tells about	people tell about	people tell about
T'áá íídą́ą́' - past		
I told about	we told about	we told about
you told about	you told about	you told about
she/he/it told about	they told about	they told about
one told about	people told about	people told about
T'ahígo - future		
I will tell about	we will tell about	we will tell about
you will tell about	you will tell about	you will tell about
she/he/it will tell about	they will tell about	they will tell about
one will tell about	people will tell about	people will tell about

tell, tell about something or someone

Áhát'íinii: /baa ch'í ho jí O 'aah/-> [baa ch'íhojí'aah]   T'áadoo le'é t'óó t'áá ałts'ísígo, ch'íjí'áahgo, éí baa ch'íhojí'aah wolyé.
Verb: one mentions it; to mention it; to make known; to tell of it

T'áałá'ígo	Naakigo	Táá'dóó Ba'ąą
T'ahdii - imperfective		
baa ch'íhonish'aah	baa ch'íhoniit'aah	baa ch'ídahoniit'aah
baa ch'íhoní'aah	baa ch'íhonoh'aah	baa ch'ídahonoh'aah
yaa ch'íhó'aah	yaa ch'íhó'aah	yaa ch'ídahó'aah
baa ch'íhojí'aah	baa ch'íhojí'aah	baa ch'ídahojí'aah
T'áá íídą́ą́' - perfective		
baa ch'íhoní'ą́	baa ch'íhoniit'ą́	baa ch'ídahoniit'ą́
baa ch'íhwííní'ą́	baa ch'íhonoo'ą́	baa ch'ídahonoo'ą́
yaa ch'íhoní'ą́	yaa ch'íhoní'ą́	yaa ch'ídahaz'ą́
baa ch'íhozhní'ą́	baa ch'íhozhní'ą́	baa ch'ídahojiz'ą́
T'ahígo - future		
baa ch'íhodeesh'ááł	baa ch'íhodiit'ááł	baa ch'ídahodiit'ááł
baa ch'íhodíí'ááł	baa ch'íhodooh'ááł	baa ch'ídahodooh'ááł
yaa ch'íhodoo'ááł	yaa ch'íhodoo'ááł	yaa ch'ídahodoo'ááł
baa ch'íhozhdoo'ááł	baa ch'íhozhdoo'ááł	baa ch'ídahozhdoo'aał

Singular (one person)	Dual Plural (two people)	Distributive Plural (three or more people)
T'ahdii - present		
I mention	we mention	we mention
you mention	you mention	you mention
she/he mentions	they mention	they mention
one mentions	people mention	people mention
T'áá íídą́ą́' - past		
I mentioned	we mentioned	we mentioned
you mentioned	you mentioned	you mentioned
she/he mentioned	they mentioned	they mentioned
one mentioned	people mentioned	people mentioned
T'ahígo - future		
I will mention	we will mention	we will mention
you will mention	you will mention	you will mention
she/he will mention	they will mention	they will mention
one will mention	people will mention	people will mention

thaw it out

Áhát'íinii: /ná ji ł híįh/ -> [níjíłhį́įh]   T'áadoo le'é tó dóó tó bii'íłígíí yistin nít'ée'go, názhniiłdoigo, tó nádleehgo éí níjíłhį́įh łeh.
Verb: to thaw out; to thaw frozen objects

T'áałá'ígo	Naakigo	Táá'dóó Ba'ąą
T'ahdii - imperfective		
náshhį́įh	néiilyį́įh	nídeiilyį́įh
nánílhį́įh	nálhį́įh	nídaałhį́įh
néíłhį́įh	néíłhį́įh	nídeiłhį́įh
níjíłhį́įh	níjíłhį́įh	nídajíłhį́įh
T'áá íídą́ą́' - perfective		
nááłhį́į'	néiilyį́į'	nídeiilyį́į'
néíníłhį́į'	náoołhį́į'	nídaoołhį́į'
náyíłhį́į'	náyíłhį́į'	nídayíłhį́į'
níjíłhį́į'	níjíłhį́į'	nídajíłhį́į'
T'ahígo - future		
nídeeshhįh	nídiilyįh	nídadiilyįh
nídíłhįh	nídoołhįh	nídadoołhįh
néidoołhįh	néidoołhįh	nídeidoołhįh
nízhdoołhįh	nízhdoołhįh	nídazhdoołhįh

Singular (one person)	Dual Plural (two people)	Distributive Plural (three or more people)
T'ahdii - present		
I thaw	we thaw	we thaw
you thaw	you thaw	you thaw
she/he/it thaws	they thaw	they thaw
one thaws	people thaw	people thaw
T'áá íídą́ą́' - past		
I thawed	we thawed	we thawed
you thawed	you thawed	you thawed
she/he/it thawed	they thawed	they thawed
one thawed	people thawed	people thawed
T'ahígo - future		
I will thaw	we will thaw	we will thaw
you will thaw	you will thaw	you will thaw
she/he/it will thaw	they will thaw	they will thaw
one will thaw	people will thaw	people will thaw

T verbs

think, concentrate, contemplate

Áhát'íinii: /nitsí ji O kees/-> [nitsíjíkees] Ts'ídá t'áá ákwíījí nihíni' bee t'áadoo le'é baa ákodaniidzin, dóó bee nihił ééhózin, éí nitsíjíkees wolyé.
Verb: to think; to concentrate on something; to contemplate; one thinks

T'ááłá'ígo	Naakigo	Táá'dóó Ba'ąą
T'ahdii - imperfective		
nitséskees	nitsíikees	nitsídeiikees
nitsíníkees	nitsóohkees	nitsídaahkees
nitsékees	nitsékees	nitsídaakees
nitsíjíkees	nitsíjíkees	nitsídajikees
T'áá íídą́ą́' - perfective		
nitsísékééz	nitsísiikééz	nitsídasiikééz
nitsísíníkééz	nitsísookééz	nitsídasookééz
nitsézkééz	nitsézkééz	nitsídaazkééz
nitsíjízkééz	nitsíjízkééz	nitsídajizkééz
T'ahígo - future		
nitsídeeskos	nitsídiikos	nitsídadiikos
nitsídííkos	nitsídoohkos	nitsídadoohkos
nitsídookos	nitsídookos	nitsídadookos
nitsízhdookos	nitsízhdookos	nitsídazhdookos

Singular (one person)	Dual Plural (two people)	Distributive Plural (three or more people)
T'ahdii - present		
I think	we think	we think
you think	you think	you think
she/he/it thinks	they think	they think
one thinks	people think	people think
T'áá íídą́ą́' - past		
I thought	we thought	we thought
you thought	you thought	you thought
she/he/it thought	they thought	they thought
one thought	people thought	people thought
T'ahígo - future		
I will think	we will think	we will think
you will think	you will think	you will think
she/he/it will think	they will think	they will think
one will think	people will think	people will think

tie, tie off an opening

Áhát'íinii: /dá ji di O tł'ó/-> [dázhdítł'ó] Azis doo bii' ha'doodił da jinízingo, ch'íhool'áhíjí, tł'óół bee be'jitł'óóh, éí óolyé dázhdítł'ó.
Verb: to tie off an opening with a string

T'áálá'ígo	Naakigo	Táá'dóó Ba'ąą
T'ahdii - imperfective		
dádíshtł'ó	dádiitł'ó	dádadiitł'ó
dádítł'ó	dádóhtł'ó	dádadohtł'ó
déiditł'ó	déiditł'ó	dádeiditł'ó
dázhdítł'ó	dázhdítł'ó	dádazhditł'ó
T'áá íídą́ą́' - perfective		
dádétł'ó	dádeetł'ó	dádadeetł'ó
dádínítł'ó	dádisootł'ó	dádadisootł'ó
déideeztł'ó	déideeztł'ó	dádeideeztł'ó
dázhdeeztł'ó	dázhdeeztł'ó	dádazhdeeztł'ó
T'ahígo - future		
dádideeshtł'óół	dádidiitł'óół	dádadidiitł'óół
dádidíítł'óół	dádidoohtł'óół	dádadidoohtł'óół
déididootł'óół	déididootł'óół	dádeididootł'óół
dázhdidootł'óół	dázhdidootł'óół	dádazhdidootł'óół

Singular (one person)	Dual Plural (two people)	Distributive Plural (three or more people)
T'ahdii - present		
I tie shut	we tie shut	we tie shut
you tie shut	you tie shut	you tie shut
she/he/it ties shut	they tie shut	they tie shut
one ties shut	people tie shut	people tie shut
T'áá íídą́ą́' - past		
I tied shut	we tied shut	we tied shut
you tied shut	you tied shut	you tied shut
she/he/it tied shut	they tied shut	they tied shut
one tied shut	people tied shut	people tied shut
T'ahígo - future		
I will tie shut	we will tie shut	we will tie shut
you will tie shut	you will tie shut	you will tie shut
she/he/it will tie shut	they will tie shut	they will tie shut
one will tie shut	people will tie shut	people will tie shut

T verbs

tire, become exhausted

Áhát'íinii: ch'ééshdighááh   ch'ééh ji di O ghááh   Nijilnishgo t'áadoo háájílyíhí na'ahana'go ch'ééshdighááh.
Verb: to become tired; one is becoming tired

T'áálá'ígo	Naakigo	Táá'dóó Ba'ąą
T'ahdii - imperfective		
ch'ééh dishááh	ch'ééh diit'aash	ch'ééh diikááh
ch'ééh dinááh	ch'ééh doh'aash	ch'ééh dohkááh
ch'ééh dighááh	ch'ééh di'aash	ch'ééh dikááh
ch'ééshdighááh	ch'ééshdi'aash	ch'ééshdikááh
T'áá íídą́ą́' - perfective		
ch'ééh déyá	ch'ééh deet'áázh	ch'ééh deekai
ch'ééh díníyá	ch'ééh dishoo'áázh	ch'ééh disoohkai
ch'ééh deeyá	ch'ééh deezh'áázh	ch'ééh deeskai
ch'ééshdeeyá	ch'ééshdeezh'áázh	ch'éésh deeskai
T'ahígo - future		
ch'ééh dideesháá́ł	ch'ééh didiit'ash	ch'ééh didiikah
ch'ééh didíínááł	ch ééh didooh'ash	ch ééh didoohkah
ch'ééh didoogááł	ch'ééh didoo'ash	ch'ééh didookah
ch'ééshdidoogááł	ch'ééshdidoo'ash	ch'ééshdidookah

Singular (one person)	Dual Plural (two people)	Distributive Plural (three or more people)
T'ahdii - present		
I am getting tired	we are getting tired	we are getting tired
you are getting tired	you are getting tired	you are getting tired
she/he/it is getting tired	they are getting tired	they are getting tired
one is getting tired	people are getting tired	people are getting tired
T'áá íídą́ą́' - past		
I am tired	we are tired	we are tired
you are tired	you are tired	you are tired
she/he/it is tired	they are tired	they are tired
one is tired	people are tired	people are tired
T'ahígo - future		
I will get tired	we will get tired	we will get tired
you will get tired	you will get tired	you will get tired
she/he/it will get tired	they will get tired	they will get tired
one will get tired	people will get tired	people will get tired

T verbs

travel, be away from home

Áhát'íinii: /ch'aa ni ji O ghá/-> [ch'aa nijighá] Doo jizdáágóó, áłahjį' hagáálgo, éí ch'aa nijighá wolyé.

Verb: to travel; to be away from home; one travels

T'ááłá'ígo	Naakigo	Táá'dóó Ba'ąą
T'ahdii - imperfective		
ch'aa naashá	ch'aa neiit'aash	ch'aa neiikai
ch'aa naniná	ch'aa naah'aash	ch'aa naahkai
ch'aa naaghá	ch'aa naa'aash	ch'aa naakai
ch'aa nijighá	ch'aa niji'aash	ch'aa nijikai
T'áá íídą́ą́' - perfective		
ch'aa niséyá	ch'aa nishiit'áázh	ch'aa nisiikai
ch'aa nisíníyá	ch'aa nishoo'áázh	ch'aa nisoohkai
ch'aa naayá	ch'aa naazh'áázh	ch'aa naaskai
ch'aa nijiyá	ch'aa nijizh'áázh	ch'aa nidziskai
T'ahígo - future		
ch'aa nideeshaał	ch'aa nidiit'ash	ch'aa nidiikah
ch'aa nidíínaał	ch'aa nidooh'ash	ch'aa nidohkah
ch'aa nidoogaał	ch'aa nidoo'ash	ch'aa nidookah
ch'aa nizhdoogaał	ch'aa nizhdoo'ash	ch'aa nizhdookah

Singular (one person)	Dual Plural (two people)	Distributive Plural (three or more people)
T'ahdii - present		
I travel	we travel	we travel
you travel	you travel	you travel
she/he/it travels	they travel	they travel
one travels	people travel	people travel
T'áá íídą́ą́' - past		
I traveled	we traveled	we traveled
you traveled	you traveled	you traveled
she/he/it traveled	they traveled	they traveled
one traveled	people traveled	people traveled
T'ahígo - future		
I will travel	we will travel	we will travel
you will travel	you will travel	you will travel
she/he/it will travel	they will travel	they will travel
one will travel	people will travel	people will travel

T verbs

try it on

Áhát'íinii: /á dí ji ni l 'ąąh/ -> [ádízhneel'ąąh]   T'áadoo le'é ániidígo shíighah daats'í jinízingo, ádízhneel'ąąh.
Verb: one tries on; to try it on

T'áałá'ígo	Naakigo	Táá'dóó Ba'ąą
T'ahdii - imperfective		
ádíneesh'ąąh	ádíniil'ąąh	ádídaniil'ąąh
ádíneel'ąąh	ádínooł'ąąh	ádídanooł'ąąh
ádíineel'ąąh	ádíineel'ąąh	ádídeineel'ąąh
ádízhneel'ąąh	ádízhneel'ąąh	ádídazhneel'ąąh
T'áá íídą́ą́' - perfective		
ádínéésh'ąad	ádíniil'ąad	ádídaniil'ąad
ádínííníl'ąad	ádínooł'ąad	ádídanooł'ąad
ádíinéél'ąad	ádíinéél'ąad	ádídeinéél'ąad
ádízhnéél'ąad	ádízhnéél'ąad	ádídazhnéél'ąad
T'ahígo - future		
ádídínéesh'ąął	ádídíniil'ąął	ádídadíniil'ąął
ádídínííl'ąął	ádídínóoł'ąął	ádídadínóoł'ąął
ádíidínóol'ąął	ádíidínóol'ąął	ádídeidínóol'ąął
ádídízhnóol'ąął	ádídízhnóol'ąął	ádídazhdínóol'ąął

Singular (one person)	Dual Plural (two people)	Distributive Plural (three or more people)
T'ahdii - present		
I try on	we try on	we try on
you try on	you try on	you try on
she/he/it tries on	they try on	they try on
one tries on	people try on	people try on
T'áá íídą́ą́' - past		
I tried on	we tried on	we tried on
you tried on	you tried on	you tried on
she/he/it tried on	they tried on	they tried on
one tried on	people tried on	people tried on
T'ahígo - future		
I will try on	we will try on	we will try on
you will try on	you will try on	you will try on
she/he/it will try on	they will try on	they will try on
one will try on	people will try on	people will try on

try out, try it out

Áhát'íinii: /n bí ji ni O taah/-> [nabízhnítaah] T'áadoo le'é índa ájíléehgo, t'óó átsé ájít'íigo, éí nabízhnítaah wolyé.
Verb: one tries out; to try it out

T'ááłá'ígo	Naakigo	Táá'dóó Ba'ąą
T'ahdii - imperfective		
nabíníshtaah	nabíníitaah	nabídaniitaah
nabínítaah	nabínóhtaah	nabídanohtaah
nayínítaah	nayínítaah	nayídanitaah
nabízhnítaah	nabízhnítaah	nabídazhnitaah
T'áá íídą́ą́' - perfective		
nabínétą́ą́'	nabíneetą́ą́'	nabídaneetą́ą́'
nabínínítą́ą́'	nabínootą́ą́'	nabídanootą́ą́'
nayíneeztą́ą́'	nayíneeztą́ą́'	nayídaneeztą́ą́'
nabízhneeztą́ą́'	nabízhneeztą́ą́'	nabídazhneeztą́ą́'
T'ahígo - future		
nabídíneeshtah	nabídíníitah	nabídadíníitah
nabídíníitah	nabídínóohtah	nabídadínóohtah
nayídínóotah	nayídínóotah	nayídadínóotah
nabízhdínóotah	nabízhdínóotah	nabídazhdínóotah

Singular (one person)	Dual Plural (two people)	Distributive Plural (three or more people)
T'ahdii - present		
I try out	we try out	we try out
you try out	you try out	you try out
she/he/it tries out	they try out	they try out
one tries out	people try out	people try out
T'áá íídą́ą́' - past		
I tried out	we tried out	we tried out
you tried out	you tried out	you tried out
she/he/it tried out	they tried out	they tried out
one tried out	people tried out	people tried out
T'ahígo - future		
I will try out	we will try out	we will try out
you will try out	you will try out	you will try out
she/he/it will try out	they will try out	they will try out
one will try out	people will try out	people will try out

try out, try it out *(continued)*

Áhát'íinii: /bí ji ni O tááh/-> [bízhnítááh] T'áadoo le'é índa ájílééh, t'óó átsé haalá yit'éego át'é jinízingo, bízhnítááh wolyé.
Verb: one tries out; to try it out, give it a chance, try, try it first

T'áálá'ígo	Naakigo	Táá'dóó Ba'a
T'ahdii - imperfective		
bíníshtááh	bíníitááh	bídaniitááh
bínítááh	bínóhtááh	bídanohtááh
yínítááh	yínítááh	yídanitááh
bízhnítááh	bízhnítááh	bídazhnitááh
T'áá íídą́ą́' - perfective		
bínétą́ą́'	bíneetą́ą́'	bídaneetą́ą́'
bínínítą́ą́'	bínootą́ą́'	bídanootą́ą́'
yíneeztą́ą́'	yíneeztą́ą́'	yídaneeztą́ą́'
bízhneeztą́ą́'	bízhneeztą́ą́'	bídazhneeztą́ą́'
T'ahígo - future		
bídínéeshtah	bídíníitah	bídadíníitah
bídíníitah	bídínóohtah	bídadínóohtah
yídínóotah	yídínóotah	yídadínóotah
bízhdínóotah	bízhdínóotah	bídazhdínóotah

Singular (one person)	Dual Plural (two people)	Distributive Plural (three or more people)
T'ahdii - present		
I try out	we try out	we try out
you try out	you try out	you try out
she/he/it tries out	they try out	they try out
one tries out	people try out	people try out
T'áá íídą́ą́' - past		
I tried out	we tried out	we tried out
you tried out	you tried out	you tried out
she/he/it tried out	they tried out	they tried out
one tried out	people tried out	people tried out
T'ahígo - future		
I will try out	we will try out	we will try out
you will try out	you will try out	you will try out
she/he/it will try out	they will try out	they will try out
one will try out	people will try out	people will try out

turn back, go back

Áhát'íinii: /niki ji O ghááh/-> [nikijíghááh]   Nát'ą́ą́' haghangóó náhojidleehgo, nikizhníyá wolyé.
Verb: to go back; turn back; one goes home

T'ááłá'ígo	Naakigo	Táá'dóó Ba'ąą
T'ahdii - imperfective		
nikinishááh	nikiniit'aash	nikiniikai
nikinínááh	nikinoh'aash	nikinoohkai
nikiyíghááh	nikee'aash	nikeekai
nikijíghááh	nikijí'aash	nikizhníkai
T'áá íídą́ą́' - perfective		
nikiníyá	nikiniit'áázh	nikiniikai
nikííníyá	nikinoo'áázh	nikinoohkai
nikiníyá	nikiní'áázh	nikeekai
nikizhníyá	nikizhní'áázh	nikijíkai
T'ahígo - future		
nikideeshááł	nididiit'ash	nikidiikah
nikidíínááł	nikidooh'ash	nikidoohkah
nikidoogááł	nikidoo'ash	nikidookah
nikizhdoogááł	nikizhdoo'ash	nikizhdookah

Singular (one person)	Dual Plural (two people)	Distributive Plural (three or more people)
T'ahdii - present		
I go home	we go home	we go home
you go home	you go home	you go home
she/he/it goes home	they go home	they go home
one goes home	people go home	people go home
T'áá íídą́ą́' - past		
I went home	we went home	we went home
you went home	you went home	you went home
she/he/it went home	they went home	they went home
one went home	people went home	people went home
T'ahígo - future		
I will go home	we will go home	we will go home
you will go home	you will go home	you will go home
she/he/it will go home	they will go home	they will go home
one will go home	people will go home	people will go home

turn it off, shut it off

Áhátʼíinii: /a ná ji O néés/ -> [aníjígéés] Tʼáadoo leʼé tʼóó haagizgo, háálíigo, ąąʼ ánídeeshdlííł jinízingo, éí aníjígéesgo ałtso aníjígis.
Verb: to turn it off; to shut it off; one shuts off

Tʼááłáʼígo	Naakigo	Táaʼdóó Baʼąą
Tʼahdii - imperfective		
anásgéés	anéiigéés	anídeiigéés
anánígéés	anáhgéés	anídaahgéés
anéígéés	anéígéés	anídeigéés
aníjígéés	aníjígéés	anídajigéés
Tʼáá íídą́ą́ʼ - perfective		
anáágiz	anéiigiz	anídasiigiz
anéínígiz	anáoogiz	anídasoogiz
anáyíígiz	anáyíígiz	anídeizgiz
aníjíígiz	aníjíígiz	anídajizgiz
Tʼahígo - future		
anídeesgis	anídiigis	anídadiigis
anídíígis	anídoohgis	anídadoohgis
anéidoogis	anéidoogis	anídeidoogis
anízhdoogis	anízhdoogis	anídazhdoogis

Singular (one person)	Dual Plural (two people)	Distributive Plural (three or more people)
Tʼahdii - present		
I shut off	we shut off	we shut off
you shut off	you shut off	you shut off
she/he/it shuts off	they shut off	they shut off
one shuts off	people shut off	people shut off
Tʼáá íídą́ą́ʼ - past		
I shut off	we shut off	we shut off
you shut off	you shut off	you shut off
she/he/it shut off	they shut off	they shut off
one shut off	people shut off	people shut off
Tʼahígo - future		
I will shut off	we will shut off	we will shut off
you will shut off	you will shut off	you will shut off
she/he/it will shut off	they will shut off	they will shut off
one will shut off	people will shut off	people will shut off

turn it off (the light), extinguish it (fire)

Áhát'íinii: /ji ni łtséés/ -> [jiniłtséés] Kǫ' diltłi'go, doo diltłi' dago, ádeeshłííł jinízingo, jiniłtséesgonitsis.

Verb: one turns off; to turn off the light; to put out the fire; to turn off the stove, radio, etc.

T'áałá'ígo	Naakigo	Táá'dóó Ba'ąą
T'ahdii - imperfective		
nistséés	niiltséés	daniiltséés
níłtséés	nołtséés	danołtséés
yiniłtséés	yiniłtséés	deiniłtséés
jiniłtséés	jiniłtséés	dazhniłtséés
T'áá íídą́ą́' - perfective		
néłtsiz	neeltsiz	daneeltsiz
níníłtsiz	sinoołtsiz	danoołtsiz
yineestsiz	yineestsiz	deineestsiz
jineestsiz	jineestsiz	dazhneestsiz
T'ahígo - future		
dínéestsis	díníiltsis	dadíníiltsis
dínííłtsis	dínóołtsis	dadínóołtsis
yidínóołtsis	yidínóołtsis	deidínóołtsis
jidínóołtsis	jidínóołtsis	dazhdínółtsis

Singular (one person)	Dual Plural (two people)	Distributive Plural (three or more people)
T'ahdii - present		
I turn off	we turn off	we turn off
you turn off	you turn off	you turn off
she/he/it turns off	they turn off	they turn off
one turns off	people turn off	people turn off
T'áá íídą́ą́' - past		
I turned off	we turned off	we turned off
you turned off	you turned off	you turned off
she/he/it turned off	they turned off	they turned off
one turned off	people turned off	people turned off
T'ahígo - future		
I will turn off	we will turn off	we will turn off
you will turn off	you will turn off	you will turn off
she/he/it will turn off	they will turn off	they will turn off
one will turn off	people will turn off	people will turn off

turn it over

Áhát'íinii: /ní ji yi O 'aah/-> [níjii'ááh]   Ajiłt'eesgo, łahdę́ę́' at'isgo, łahdę́ę́' náádoot'is jinízingo níjii'ááh.
Verb: one turns it over; to turn it over

T'ááła'ígo	Naakigo	Táá'dóó Ba'ąą
T'ahdii - imperfective		
náhásh'aah	náhiit'aah	nídahiit'aah
náhí'aah	náhóh'aah	nídahoh'aah
náyii'aah	náyii'aah	nídayii'aah
níjii'aah	níjii'aah	nídajii'aah
T'áá íídą́ą́' - perfective		
náhá'ą	náhaat'ą	nídahaat'ą
náhíní'ą	náhoo'ą	nídahisoo'ą
náyiiz'ą	náyiiz'ą	nídayiiz'ą
níjiiz'ą	níjiiz'ą	nídajiiz'ą
T'ahígo - future		
náhideesh'ááł	náhidiit'ááł	nídahidiit'ááł
náhidíí'ááł	náhidoo'ááł	nídahidooh'ááł
néidiyoo'ááł	néidiyoo'ááł	nídeidiyoo'ááł
náhizhdoo'ááł	náhizhdoo'ááł	nídahizhdoo'ááł

Singular (one person)	Dual Plural (two people)	Distributive Plural (three or more people)
T'ahdii - present		
I turn over	we turn over	we turn over
you turn over	you turn over	you turn over
she/he/it turns over	they turn over	they turn over
one turns over	people turn over	people turn over
T'áá íídą́ą́' - past		
I turned over	we turned over	we turned over
you turned over	you turned over	you turned over
she/he/it turned over	they turned over	they turned over
one turned over	people turned over	people turned over
T'ahígo - future		
I will turn over	we will turn over	we will turn over
you will turn over	you will turn over	you will turn over
she/he/it will turn over	they will turn over	they will turn over
one will turn over	people will turn over	people will turn over

turn off the light

Áhát'íinii: /a ji ni ł tséés/ -> [azhniłtséés] T'áadoo le'é diltłi' nít'ée'go, doo diltłi'góó ájíléehgo, éí azhniłtséés nitsis..
Verb: one turns off the light; to turn off the light; to put out the fire; blow out a candle or lamp

T'áałá'ígo	Naakigo	Táá'dóó Ba'ąą
T'ahdii - imperfective		
anistséés	aniiltséés	da'niiltséés
aníłtséés	anołtséés	da'nołtséés
aniłtséés	aniłtséés	da'niłtséés
azhniłtséés	azhniłtséés	dazh'niłtséés
T'áá íídą́ą́' - perfective		
anéłtsiz	aneeltsiz	da'neeltsiz
aníníłtsiz	anoołtsiz	da'noołtsiz
aneestsiz	aneestsiz	da'neestsiz
azhneestsiz	azhneestsiz	dazh'neestsiz
T'ahígo - future		
adínéestsis	adíníiltsis	dadí'níiltsis
adínííłtsis	adínóołtsis	dadí'nóołtsis
adínóołtsis	adínóołtsis	dadí'nóołtsis
azhdínóołtsis	azhdínóołtsis	dazhdínóołtsis

Singular (one person)	Dual Plural (two people)	Distributive Plural (three or more people)
T'ahdii - present		
I turn off	we turn off	we turn off
you turn off	you turn off	you turn off
she/he/it turns off	they turn off	they turn off
one turns off	people turn off	people turn off
T'áá íídą́ą́' - past		
I turned off	we turned off	we turned off
you turned off	you turned off	you turned off
she/he/it turned off	they turned off	they turned off
one turned off	people turned off	people turned off
T'ahígo - future		
I will turn off	we will turn off	we will turn off
you will turn off	you will turn off	you will turn off
she/he/it will turn off	they will turn off	they will turn off
one will turn off	people will turn off	people will turn off

twist, twist it apart

Áhát'íinii: /a há ji O géés/-> [ahájígéés]   T'áadoo le'é níjoogisgo, k'édla' éí ahájígéés wolyé.
Verb: to twist it apart; one twists apart

T'áálá'ígo	Naakigo	Táá'dóó Ba'ąą
T'ahdii - imperfective		
ahánísgéés	ahániigéés	ahádaniigéés
ahánígéés	ahánóhgéés	ahádanohgéés
aháígéés	aháígéés	ahádéígéés
ahájígéés	ahájígéés	ahádajígéés
T'áá íídą́ą́' - perfective		
ahánígiz	ahániigiz	ahádaniigiz
aháínígiz	ahánoogiz	ahádanoogiz
aháinígiz	aháinígiz	ahádeizgiz
aházhnígiz	aházhnígiz	ahádajizgiz
T'ahígo - future		
ahádeesgis	ahádiigis	ahádadiigis
ahádíígis	ahádoohgis	ahádadoohgis
aháidoogis	aháidoogis	ahádeidoogis
aházhdoogis	aházhdoogis	ahádazhdoogis

Singular (one person)	Dual Plural (two people)	Distributive Plural (three or more people)
T'ahdii - present		
I twist it apart	we twist it apart	we twist it apart
you twist it apart	you twist it apart	you twist it apart
she/he/it twist sit apart	they twist it apart	they twist it apart
one twists it apart	people twist it apart	people twist it apart
T'áá íídą́ą́' - past		
I twisted it apart	we twisted it apart	we twisted it apart
you twisted it apart	you twisted it apart	you twisted it apart
she/he/it twisted it apart	they twisted it apart	they twisted it apart
one twisted it apart	people twisted it apart	people twisted it apart
T'ahígo - future		
I will twist it apart	we will twist it apart	we will twist it apart
you will twist it apart	you will twist it apart	you will twist it apart
she/he/it will twist it apart	they will twist it apart	they will twist it apart
one will twist it apart	people will twist it apart	people will twist it apart

twist two wires or rope together

Áhát'íinii:/ał k'í ji i ł gis/-> [ałk'íjiiłgis]   Tł'óół da, béésh ałts'ózí da, dóó t'áadoo le'é naakigo nijilééh dóó ahíjółta'go łají níjoogisgo ahináheezti' yileeh, éí ałk'íjiiłgis wolyé.
Verb: to twist two long slender objects together; to twist; one twists

T'ááłá'ígo	Naakigo	Táá'dóó Ba'ąą
T'ahdii - imperfective		
ałk'íisgis	ałk'íilgis	ałk'ídeiilgis
ałk'íiłgis	ałk'íołgis	ałk'ídaoołgis
ałk'íyiiłgis	ałk'íyiiłgis	ałk'ídayiiłgis
ałk'íjiiłgis	ałk'íjiiłgis	ałk'ídajiiłgis
T'áá íídą́ą́' - perfective		
ałk'íséłgiz	ałk'ísiilgiz	ałk'ídasiilgiz
ałk'ísíníłgiz	ałk'ísoołgiz	ałk'ídasoołgiz
ałk'íísgiz	ałk'íísgiz	ałk'ídeisgiz
ałk'íjísgiz	ałk'ijísgiz	ałk'ídajisgiz
T'ahígo - future		
ałk'ídeesgis	ałk'ídiilgis	ałk'ídadiilgis
ałk'ídíiłgis	ałk'ídoołgis	ałk'ídadoołgis
ałk'íidoołgis	ałk'íidoołgis	ałk'ídeidoołgis
ałk'ízhdoołgis	ałk'ízhdoołgis	ałk'ídazhdoołgis

Singular (one person)	Dual Plural (two people)	Distributive Plural (three or more people)
T'ahdii - present		
I twist	we twist	we twist
you twist	you twist	you twist
she/he/it twists	they twist	they twist
one twists	people twist	people twist
T'áá íídą́ą́' - past		
I twisted	we twisted	we twisted
you twisted	you twisted	you twisted
she/he/it twisted	they twisted	they twisted
one twisted	people twisted	people twisted
T'ahígo - future		
I will twist	we will twist	we will twist
you will twist	you will twist	you will twist
she/he/it will twist	they will twist	they will twist
one will twist	people will twist	people will twist

T verbs

understand (hear), know a languge

Áhát'íinii: /a ji di i O ts'a'/-> [azhdiits'a'] Bilagáana bizaad bee yát'i'go, ííshjánígo, hoł bééhózingo, éí bilagáana bizaad jidiits'a' dooleeł, dóó azhdiits'a'go bee hwéého'dílzin dooleeł.
Verb: one hears; to understand; to hear; to know a language

T'ááłá'ígo	Naakigo	Táá'dóó Ba'ąą
T'ahdii - neuter imperfective		
adiists'a'	adiits'a'	da'diits'a'
adinits'a'	adoohts'a'	da'doohts'a'
adiits'a'	adiits'a'	da'diits'a'
azhdiits'a'	azhdiits'a'	dazh'diits'a'
T'áá íídą́ą́' - perfective		
adiséts'ą́ą́'	adisiits'ą́ą́'	da'sidiits'ą́ą́'
adisíníts'ą́ą́'	adisoots'ą́ą́'	da'sidoots'ą́ą́'
adiizts'ą́ą́'	adiizts'ą́ą́'	da'diizts'ą́ą́'
azhdiizts'ą́ą́'	azhdizts'ą́ą́'	dazh'diizts'ą́ą́'
T'ahígo - future		
adideests'ííł	adidiits'ííł	dadi'diits'ííł
adidííts'ííł	adidoohts'ííł	dadi'doohts'ííł
adidoots'ííł	adidoots'ííł	dadi'doots'ííł
azhdidoots'ííł	azhdidoots'ííł	dazhdi'doots'ííł

Singular (one person)	Dual Plural (two people)	Distributive Plural (three or more people)
T'ahdii - present		
I hear	we hear	we hear
you hear	you hear	you hear
she/he/it hears	they hear	they hear
one hears	people hear	people hear
T'áá íídą́ą́' - past		
I heard	we heard	we heard
you heard	you heard	you heard
she/he/it heard	they heard	they heard
one heard	people heard	people heard
T'ahígo - future		
I will hear	we will hear	we will hear
you will hear	you will hear	you will hear
she/he/it will hear	they will hear	they will hear
one will hear	people will hear	people will hear

unsaddle a horse

Áhát'íinii: /bi k'i na a ji O nííł/ -> [bik'i ni'jinííł] Łį́į́' bik'i dah aznil nít'ée'go, łį́į́' biyéél adajinííł dóó łį́į́' bizhdichxíidgo, éí bik'i ni'jinił átsé.
Verb: to unsaddle a horse; one unsaddles

T'ááłá'ígo	Naakigo	Táá'dóó Ba'ąą
T'ahdii - imperfective		
bik'i na'ashnííł	bik'i na'ii'nííł	bik'i nida'ii'nííł
bik'i na'ínííł	bik'i na'ohnííł	bik'i nida'ohnííł
yik'i na'anííł	yik'i na'anííł	yik'i nida'anííł
bik'i ni'jinííł	bik'i ni'jinííł	bik'i nida'jinííł
T'áá íídą́ą́' - perfective		
bik'i na'íínil	bik'i na'ii'nil	bik'i nida'sii'nil
bik'i na'íínínil	bik'i na'oonil	bik'i nida'soonil
yik'i na'íínil	yik'i na'íínil	yik'i nida'aznil
bik'i ni'jíínil	bik'i ni'jíínil	bik'i nida'jiznil
T'ahígo - future		
bik'i ni'deeshnił	bik'i ni'dii'nił	bik'i nida'dii'nił
bik'i ni'díínił	bik'i ni'doohnił	bik'i nida'doohnił
yik'i ni'doonił	yik'i ni'doonił	yik'i nida'doonił
bik'i nizh'doonił	bik'i nizh'doonił	bik'i nidazh'doonił

Singular (one person)	Dual Plural (two people)	Distributive Plural (three or more people)
T'ahdii - present		
I unsaddle	we unsaddle	we unsaddle
you unsaddle	you unsaddle	you unsaddle
she/he/it unsaddles	they unsaddle	they unsaddle
one unsaddles	people unsaddle	people unsaddle
T'áá íídą́ą́' - past		
I unsaddled	we unsaddled	we unsaddled
you unsaddled	you unsaddled	you unsaddled
she/he/it unsaddled	they unsaddled	they unsaddled
one unsaddled	people unsaddled	people unsaddled
T'ahígo - future		
I will unsaddle	we will unsaddle	we will unsaddle
you will unsaddle	you will unsaddle	you will unsaddle
she/he/it will unsaddle	they will unsaddle	they will unsaddle
one will unsaddle	people will unsaddle	people will unsaddle

use up, deplete

Áhát'íinii: /á ji ł diih/-> [ájiłdiih] T'áadoo le'é ałtso chijooł'ii̜hgo, ałtso biyaa ch'íjílwo'go éí ájiłdiih.
Verb: one uses up; to deplete it

T'ááłá'ígo	Naakigo	Táá'dóó Ba'a̜a̜

T'ahdii- imperfective

áshdiih	íildiih	ádeiildiih
ánítdiih	átdiih	ádaałdiih
íítdiih	íítdiih	ádeitdiih
ájítdiih	ájítdiih	ádajitdiih

T'áá íídą́ą́'- perfective

ásétdiid	ásiildiid	ádasiildiid
ásínítdiid	ásoołdiid	ádasoołdiid
íísdiid	íísdiid	ádeisdiid
ájísdiid	ájísdiid	ádajisdiid

T'ahígo - future

ádeeshdii̜ł	ádiildii̜ł	ádadiildii̜ł
ádíítdii̜ł	ádoołdii̜ł	ádadoołdii̜ł
íidoołdii̜ł	íidoołdii̜ł	ádeidoołdii̜ł
ázhdoołdii̜ł	ázhdoołdii̜ł	ádazhdoołdii̜ł

Singular (one person)	Dual Plural (two people)	Distributive Plural (three or more people)

T'ahdii - present

I use up	we use up	we use up
you use up	you use up	you use up
she/he/it uses up	they use up	they use up
one uses up	people use up	people use up

T'áá íídą́ą́' - past

I used up	we used up	we used up
you used up	you used up	you used up
she/he/it used up	they used up	they used up
one used up	people used up	people used up

T'ahígo - future

I will use up	we will use up	we will use up
you will use up	you will use up	you will use up
she/he/it will use up	they will use up	they will use up
one will use up	people will use up	people will use up

walk about, go about, be alive, live

Áhát'íinii: /na ji O ghá/-> [nijighá] Hagáál nijiłt'i'go óolyé nijighá. Dahinánígíí ałdo' nidaakaigo át'é. Hazhó'ó nijigháago, naaníjoodáálgo índa éí nigháago át'é.
Verb: to go; one goes about; walk about, be alive

T'ááłá'ígo	Naakigo	Táá'dóó Ba'ąą
T'ahdii - imperfective		
naashá	neiit'aash	neiikai / nideiikai
naniná	naah'aash	naahkai / nidaahkai
naaghá	naa'aash	naakai / nidaakai
nijighá	niji'aash	nijikai / nidajikai
T'áá íídą́ą́' - perfective		
niséyá	nishiit'áázh	nisiikai / nidasiikai
nisíníyá	nishoo'áázh	nisoohkai / nidasoohkai
naayá	naazh'áázh	naaskai / nidaaskai
nijiyá	nijizh'áázh	nijiskai / nidajiskai
T'ahígo - future		
nideeshaał	nidiit'ash	nidiikah / nidadiikah
nidíínaał	nidooh'ash	nidoohkah / nidadoohkah
nidoogaał	nidoo'ash	nidookah / nidadookah
nizhdoogaał	nizhdoo'ash	nizhdookah / nidazhdookah

Singular (one person)	Dual Plural (two people)	Distributive Plural (three or more people)
T'ahdii - present		
I go around	we go around	we go around
you go around	you go around	you go around
she/he/it goes around	they go around	they go around
one goes around	people go around	people go around
T'áá íídą́ą́' - past		
I went around	we went around	we went around
you went around	you went around	you went around
she/he/it went around	they went around	they went around
one went around	people went around	people went around
T'ahígo - future		
I will go around	we will go around	we will go around
you will go around	you will go around	you will go around
she/he/it will go around	they will go around	they will go around
one will go around	people will go around	people will go around

W verbs

walk around, travel

Áhát'íinii: /tá ji di O ghááh/-> [tázhdígháán] Doo t'ááłáhígi jizdáágóó, hagáál naat'i'go, éí tázhdígháán wolyé.

Verb: to go from place to place; to walk about; one walks about, wander around

T'áálá'ígo	Naakigo	Táá'dóó Ba'ąą
T'ahdii - imperfective		
tádísháán	tádiit'aash	tádiikááh
tádínááh	tádóh'aash	tádóhkááh
tádígháán	tádí'aash	tádíkááh
tázhdígháán	tázhdí'aash	tázhdíkááh
T'áá íídą́ą́' - perfective		
tádííyá	tádiit'áázh	tádiikai
tádííníyá	tádoo'áázh	tádoohkai
tádííyá	tádíí'áázh	tádookai
tázhdííyá	tázhdíí'áázh	tázhdookai
T'ahígo - future		
tádideeshááł	tádidiit'ash	tádidiikah
tádidíínááł	tádidooh'ash	tádidoohkah
tádidoogááł	tádidoo'ash	tádidookah
tázhdidoogááł	tázhdidoo'ash	tázhdidookah

Singular (one person)	Dual Plural (two people)	Distributive Plural (three or more people)
T'ahdii - present		
I walk about	we walk about	we walk about
you walk about	you walk about	you walk about
she/he/it walks about	they walk about	they walk about
one walks about	people walk about	people walk about
T'áá íídą́ą́' - past		
I walked about	we walked about	we walked about
you walked about	you walked about	you walked about
she/he/it walked about	they walked about	they walked about
one walked about	people walked about	people walked about
T'ahígo - future		
I will walk about	we will walk about	we will walk about
you will walk about	you will walk about	you will walk about
she/he/it will walk about	they will walk about	they will walk about
one will walk about	people will walk about	people will walk about

walk off, start off

Áhát'íinii: /dah ji di yi O ghááh/-> [dahshdiighááh]   Háájí da hagáál dit'ihgo, áajigo háni' íít'i'go, éí áajigo dashdiighááh.
Verb: to start off going; one starts off

T'ááłá'ígo	Naakigo	Táá'dóó Ba'ąą
T'ahdii - imperfective		
dah diishááh	dah diit'aash	dah diikááh
dah diinááh	dah dooh'aash	dah doohkááh
dah diighááh	dah dii'aash	dah diikááh
dahshdiighááh	dashdii'aash	dashdiikááh
T'áá íídą́ą́' - perfective		
dah diiyá	dah diit'áázh	dah diikai
dah diniyá	dah doo'áázzh	dah doohkai
dah diiyá	dah dii'áázh	dah diikai
dashdiiyá	dashdii'áázh	dashdiikai
T'ahígo - future		
dah dideesháał	dah didiit'ash	dah didiikah
dah didíínáał	dah didooh'ash	dah didoohkah
dah didoogáał	dah didoo'ash	dah didookah
dashdidoogáał	dashdidoo'ash	dashdidookah

Singular (one person)	Dual Plural (two people)	Distributive Plural (three or more people)
T'ahdii - present		
I start off	we start off	we start off
you start off	you start off	you start off
she/he/it starts off	they start off	they start off
one starts off	people start off	people start off
T'áá íídą́ą́' - past		
I started off	we started off	we started off
you started off	you started off	you started off
she/he/it started off	they started off	they started off
one started off	people started off	people started off
T'ahígo - future		
I will start off	we will start off	we will start off
you will start off	you will start off	you will start off
she/he/it will start off	they will start off	they will start off
one will start off	people will start off	people will start off

want some

Áhát'íinii: /ła' ji ni O zin/ -> [ła' jinízin] T'áadoo le'é bídin jíłį́įgo, éí ła' jinízin dooleeł.
Verb: one wants some; to want some; to wish for some; to have a desire for something

T'áałá'ígo	Naakigo	Táá'dóó Ba'ąą
T'ahdii - neuter imperfective		
ła' nisin	ła' niidzin	ła' daniidzin
ła' nínízin	ła' nohsin	ła' danohsin
ła' yinízin	ła' yinízin	ła' deinízin
ła' jinízin	ła' jinízin	ła' daznízin
T'áá íídą́ą́' - perfective		
ła' niizį́į́'	ła' niidzį́į́'	ła' daniidzį́į́'
ła' ninizį́į́'	ła' noozį́į́'	ła' danoozį́į́'
ła' yiniizį́į́'	ła' yiniizį́į́'	ła' deiniizį́į́'
ła' jiniizį́į́'	ła' jiniizį́į́'	ła' dazhnizį́į́'
T'ahígo - future		
ła' dínéessįįł	ła' díníidzįįł	ła' dadíníidzįįł
ła' díníízįįł	ła' dínóozįįł	ła' dadínóohsįįł
ła' yidínóozįįł	ła' yidínóozįįł	ła' deidínóozįįł
ła' jidínóozįįł	ła' jidínóozįįł	ła' dazhdínóozįįł

Singular (one person)	Dual Plural (two people)	Distributive Plural (three or more people)
T'ahdii - present		
I want some	we want some	we want some
you want some	you want some	you want some
she/he/it wants some	they want some	they want some
one wants some	people want some	people want some
T'áá íídą́ą́' - past		
I wanted some	we wanted some	we wanted some
you wanted some	you wanted some	you wanted some
she/he/it wanted some	they wanted some	they wanted some
one wanted some	people wanted some	people wanted some
T'ahígo - future		
I will want some	we will want some	we will want some
you will want some	you will want some	you will want some
she/he/it will want some	they will want some	they will want some
one will want some	people will want some	people will want some

warm it up

Áhát'íinii: /ji ni i ł dóóh/-> [jiniiłdóóh] T'áadoo le'é sik'az nít'ée'go sidogo ájíléehgo, éí jiniiłdóćh łeh.
Verb: one warms it up; to warm it up

T'ááłá'ígo	Naakigo	Táá'dóó Ba'aa
T'ahdii- imperfective		
niishdóóh	niildóóh	daniildóóh
niiłdóóh	noołdóóh	danoołdóóh
yiniiłdóóh	yiniiłdóóh	deiniiłdóóh
jiniiłdóóh	jiniiłdóóh	dazhniiłdóóh
T'áá íídą́ą́'- perfective		
niiłdoii	niildoii	daniildoii
niniłdoii	noołdoii	danoołdoii
yiniiłdoii	yiniiłdoii	deiniiłdoii
jiniiłdoii	jiniiłdoii	dazhniiłdoii
T'ahígo - future		
dínéeshdoh	díníildoh	dadíníildoh
díníiłdoh	dínóołdoh	dadínóołdoh
yidínóołdoh	yidínóołdoh	deidínóołdoh
jidínóołdoh	jidínóołdoh	dazhdínóołdoh

Singular (one person)	Dual Plural (two people)	Distributive Plural (three or more people)
T'ahdii - present		
I warm up	we warm up	we warm up
you warm up	you warm up	you warm up
she/he/it warms up	they warm up	they warm up
one warms up	people warm up	people warm up
T'áá íídą́ą́' - past		
I warmed up	we warmed up	we warmed up
you warmed up	you warmed up	you warmed up
she/he/it warmed up	they warmed up	they warmed up
one warmed up	people warmed up	people warmed up
T'ahígo - future		
I will warm up	we will warm up	we will warm up
you will warm up	you will warm up	you will warm up
she/he/it will warm up	they will warm up	they will warm up
one will warm up	people will warm up	people will warm up

warm up the space

Áhát'íinii: /ho ji ni i ł dóóh/-> [hozhniiłdóóh]   Deesk'aazgo, wóne' dizhdiłjahgo hozhniiłdooh łeh.
Verb: one warms; to warm up a room, a space

T'áálá'ígo	Naakigo	Táá'dóó Ba'ąą
T'ahdii- imperfective		
honiishdóóh	honiildóóh	dahoniildóóh
honiiłdóóh	honoołdóóh	dahonoołdóóh
honiiłdóóh	honiiłdóóh	dahoniiłdóóh
hozhniiłdóóh	hozhniiłdóóh	dahozhniiłdóóh
T'áá íídą́ą́'- perfective		
honiiłdoii	honiildoii	dahoniildoii
honiniłdoii	honoołdoii	dahonoołdoii
honiiłdoii	honiiłdoii	dahoniiłdoii
hozhniiłdoii	hozhniiłdoii	dahozhniiłdoii
T'ahígo - future		
hodínéeshdoh	hodíníildoh	dahodíníildoh
hodíníiłdoh	hodínóołdoh	dahodínóołdoh
hodínóołdoh	hodínóołdoh	dahodínóołdoh
hozhdínóołdoh	hozhdínóołdoh	dahozhdínóołdoh

Singular (one person)	Dual Plural (two people)	Distributive Plural (three or more people)
T'ahdii - present		
I warm up	we warm up	we warm up
you warm up	you warm up	you warm up
she/he/it warms up	they warm up	they warm up
one warms up	people warm up	people warm up
T'áá íídą́ą́' - past		
I warmed up	we warmed up	we warmed up
you warmed up	you warmed up	you warmed up
she/he/it warmed up	they warmed up	they warmed up
one warmed up	people warmed up	people warmed up
T'ahígo - future		
I will warm up	we will warm up	we will warm up
you will warm up	you will warm up	you will warm up
she/he/it will warm up	they will warm up	they will warm up
one will warm up	people will warm up	people will warm up

warm, warm up (a person)

Áhát'íinii: /ni a ji d dziił/-> [ní'dziidzííł] Jidlóóh nít'éé'go, ná'ázhdiniildóohgo, éí ní'jiidzííł łeh.
Verb: one warms up; to get warm; to warm up one's body

T'ááłá'ígo	Naakigo	Táá'dóó Ba'ąą
T'ahdii- imperfective		
ná'iisdzííł	ná'iidzííł	nída'iidzííł
ná'iidzííł	ná'oohdzííł	nída'oohdzííł
ná'iidzííł	ná'iidzííł	nída'iidzííł
ní'jiidzííł	ní'jiidzííł	nída'jiidzííł
T'áá íídą́ą́'- perfective		
ná'iisdziil	ná'iidziil	nída'iidziil
ná'iinidziil	ná'oohdziil	nída'oohdziil
ná'iidziil	ná'iidziil	nída'iidziil
ní'jiidziil	ní'jiidziil	nída'jiidziil
T'ahígo - future		
ná'iideesdził	ná'iidiidził	nída'iidiidził
ná'iidíídził	ná'iidoohdził	nída'iidoohdził
ná'iidoodził	ná'iidoodził	nída'iidoodził
ná'iizhdoodził	ná'iizhdoodził	nída'iizhdoodził

Singular (one person)	Dual Plural (two people)	Distributive Plural (three or more people)
T'ahdii - present		
I get warm	we get warm	we get warm
you get warm	you get warm	you get warm
she/he/it gets warm	they get warm	they get warm
one gets warm	people get warm	people get warm
T'áá íídą́ą́' - past		
I got warm	we got warm	we got warm
you got warm	you got warm	you got warm
she/he/it got warm	they got warm	they got warm
one got warm	people got warm	people got warm
T'ahígo - future		
I will get warm	we will get warm	we will get warm
you will get warm	you will get warm	you will get warm
she/he/it will get warm	they will get warm	they will get warm
one will get warm	people will get warm	people will get warm

watch, look at

Áhát'íinii: /ha O náá ł/-> [hanááł]   T'áadoo le'é jinił'įįgo, baa na'aldeehgo, t'óó hajisíidgo, éí hanááł wolyé.
Verb: to watch; to be entertained; to be amused; to view, to be a spectator

T'ááłá'ígo	Naakigo	Táá'dóó Ba'ąą
T'ahdii - neuter imperfective		
shinááł	nihinááł	danihinááł
nínááł	nihinááł	danihinááł
binááł	binááł	dabinááł
hanááł	hanááł	dahanááł
T'áá íídą́ą́' - perfective		
shíínááł	nihíínááł	danihíínááł
níínááł	nihíínááł	danihíínááł
bíínááł	bíínááł	dabíínááł
hóónááł	hóónááł	dahóónááł
T'ahígo - future		
shidoonááł	nihidoonááł	danihidoonááł
nidoonááł	nihidoonááł	danihidoonááł
bidoonááł	bidoonááł	dabidoonááł
hodoonááł	hodoonááł	dahodoonááł

Singular (one person)	Dual Plural (two people)	Distributive Plural (three or more people)
T'ahdii - present		
I watch	we watch	we watch
you watch	you watch	you watch
she/he/it watches	they watch	they watch
one watches	people watch	people watch
T'áá íídą́ą́' - past		
I watched	we watched	we watched
you watched	you watched	you watched
she/he/it watched	they watched	they watched
one watched	people watched	people watched
T'ahígo - future		
I will watch	we will watch	we will watch
you will watch	you will watch	you will watch
she/he/it will watch	they will watch	they will watch
one will watch	people will watch	people will watch

wear it out

Áhát'íinii: /ni ji ł zháásh/ -> [nijísháásh] T'áadoo le'é ániidí nít'ée'go áłahji' chijooł'į́įgo, éí nijísháásh łeh.
Verb: to wear it out; one wears it out

T'ááłá'ígo	Naakigo	Táá'dóó Ba'ąą
T'ahdii - imperfective		
ninisháásh	niniilzháásh	nidaniilzháásh
nínísháásh	ninosháásh	nidanosháásh
niyísháásh	niyísháásh	nidéísháásh
nijísháásh	nijísháásh	nidajísháásh
T'áá íídą́ą́' - perfective		
níníshaazh	niniilzhaazh	nidaniilzhaazh
níínishaazh	ninooshaazh	nidanooshaazh
niinishaazh	niinishaazh	nideinishaazh
nizhníshaazh	nizhníshaazh	nidazhníshaazh
T'ahígo - future		
nideeshash	nidiilzhash	nidadiilzhash
nidíishash	nidooshash	nidadooshash
niidooshash	niidooshash	nideidooshash
nizhdooshash	nizhdooshash	nidazhdooshash

Singular	Dual Plural	Distributive Plural
(one person)	(two people)	(three or more people)
T'ahdii - present		
I wear out	we wear out	we wear out
you wear out	you wear out	you wear out
she/he/it wears out	they wear out	they wear out
one wears out	people wear out	people wear out
T'áá íídą́ą́' - past		
I wore out	we wore out	we wore out
you wore out	you wore out	you wore out
she/he/it wore out	they wore out	they wore out
one wore out	people wore out	people wore out
T'ahígo - future		
I will wear out	we will wear out	we will wear out
you will wear out	you will wear out	you will wear out
she/he/it will wear out	they will wear out	they will wear out
one will wear out	people will wear out	people will wear out

weigh

Áhát'íinii: /dah hi ji di i O leeh/ -> [dahizhdiileeh]   T'áadoo le'é áníłdáasgi shił bééhodoozįįł jinízingo áłtsé bee dah nídiidlohí bee dahizhdiiloh.
Verb: to weigh it; to hang it; to string it up; one weighs

T'áałá'ígo	Naakigo	Táá'dóó Ba'ąą
T'ahdii - imperfective		
dah hidiishłeeh	dah hidiidleeh	dah dahidiidleeh
dah hidiileeh	dah hidoohłeeh	dah dahidoohłeeh
dah hidiyiileeh	dah hidiyiileeh	dah deidiyiileeh
dahizhdiileeh	dahizhdiileeh	dah dahizhdiileeh
T'áá íídą́ą́' - perfective		
dah hidiilo'	dah hidiidlo'	dah dahidiidlo'
dah hidinilo'	dah hidoolo'	dah dahidoolo'
dah hidiyiilo'	dah hidiyiilo'	dah deidiyiilo'
dahizhdiilo'	dahizhdiilo'	dah dahizhdiilo'
T'ahígo - future		
dah hidideeshłoh	dah hididiidloh	dah dahididiidloh
dah hididííloh	dah hididoohłoh	dah dahididoohłoh
dah hididooloh	dah hididooloh	dah deididooloh
dahizhdidooloh	dahizhdidooloh	dah dahizhdidooloh

Singular (one person)	Dual Plural (two people)	Distributive Plural (three or more people)
T'ahdii - present		
I weigh	we weigh	we weigh
you weigh	you weigh	you weigh
she/he/it weighs	they weigh	they weigh
one weighs	people weigh	people weigh
T'áá íídą́ą́' - past		
I weighed	we weighed	we weighed
you weighed	you weighed	you weighed
she/he/it weighed	they weighed	they weighed
one weighed	people weighed	people weighed
T'ahígo - future		
I will weigh	we will weigh	we will weigh
you will weigh	you will weigh	you will weigh
she/he/it will weigh	they will weigh	they will weigh
one will weigh	people will weigh	people will weigh

win, win by chance

Áhát'íinii: /a ji yini ł bįįh/ -> [ajoołbįįh] Diné ałk'éédahiikahgi, atah jigháahgo, hozhnilnéego, éí ajoołbįįh wolyé.

Verb: one wins; to win in a card game; to win the jackpot, the prize

T'áałá'ígo	Naakigo	Táá'dóó Ba'ąą
T'ahdii - imperfective		
ooshbįįh	iiniilbįįh	da'iiniilbįįh
iinilbįįh	iinołbįįh	da'iinołbįįh
oołbįįh	oołbįįh	da'oołbįįh
ajoołbįįh	ajoołbįįh	da'joołbįįh
T'áá íídą́ą́- perfective		
iisélbą́	iisiilbą́	da'iisiilbą́
iisínílbą́	iisoołbą́	da'iisoołbą́
oosbą́	oosbą́	da'oosbą́
ajoosbą́	ajoosbą́	da'joosbą́
T'ahígo - future		
iideeshbįįł	iidiilbįįł	da'iidiilbįįł
iidíílbįįł	iidoołbííł	da'iidoołbįįł
iidoołbįįł	iidoołbįįł	da'iidoołbįįł
iizhdoołbįįł	iizhdoołbįįł	da'iizhdoołbįįł

Singular (one person)	Dual Plural (two people)	Distributive Plural (three or more people)
T'ahdii - present		
I win	we win	we win
you win	you win	you win
she/he/it wins	they win	they win
one wins	people win	people win
T'áá íídą́ą́'- past		
I won	we won	we won
you won	you won	you won
she/he/it won	they won	they won
one won	people won	people won
T'ahigo - future		
I will win	we will win	we will win
you will win	you will win	you will win
she/he/it will win	they will win	they will win
one will win	people will win	people will win

wipe it

Áhát'íinii: /ji O t'ood/ -> [jit'ood] T'áadoo le'é chin ba̧a̧hgo, doo bídiiłgangóó, éí t'áá bee'édít'oodí da, t'áá naak'a'at'ąhí da ła' bee jit'oodgo, nahji̧' kót'i̧i̧h.
Verb: one wipes; to wipe it; to wipe off with a towel

T'ááła'ígo	Naakigo	Táá'dóó Ba'ąą
T'ahdii - imperfective		
yisht'ood	yiit'ood	deiit'ood
nit'ood	woht'ood	woht'ood
yit'ood	yit'ood	deit'ood
jit'ood	jit'ood	dajit'ood
T'áá íídą́ą́' - perfective		
yít'óód	yiit'óód	deiit'óód
yínít'óód	woot'óód	daoot'óód
yiyíít'óód	yiyíít'óód	dayíít'óód
jíít'óód	jíít'óód	dajíít'óód
T'ahígo - future		
deesht'oł	diit'oł	dadiit'oł
díít'oł	dooht'oł	dadooht'oł
yidoot'oł	yidoot'oł	deidoot'oł
jidoot'oł	jidoot'oł	dazhdoot'oł

Singular (one person)	Dual Plural (two people)	Distributive Plural (three or more people)
T'ahdii - present		
I wipe	we wipe	we wipe
you wipe	you wipe	you wipe
she/he/it wipes	they wipe	they wipe
one wipes	people wipe	people wipe
T'áá íídą́ą́' - past		
I wiped	we wiped	we wiped
you wiped	you wiped	you wiped
she/he/it wiped	they wiped	they wiped
one wiped	people wiped	people wiped
T'ahígo - future		
I will wipe	we will wipe	we will wipe
you will wipe	you will wipe	you will wipe
she/he/it will wipe	they will wipe	they will wipe
one will wipe	people will wipe	people will wipe

wish for

Áhát'íinii: /laanaa ji ni O zin/ -> [laanaa jinízin] T'áadoo le'é bídin jíl{íi}go, éí ła' laanaa jinízin dooleeł.
Verb: one wishes; to wish for; to desire greatly; to wish earnestly; to have a longing for

T'ááłá'ígo	Naakigo	Táá'dóó Ba'ąą
T'ahdii - neuter imperfective		
laanaa nisin	laanaa niidzin	laanaa daniidzin
laanaa nínízin	laanaa nohsin	laanaa danohsin
laanaa nízin	laanaa nízin	laanaa danízin
laanaa jinízin	laanaa jinízin	laanaa dazhnízin
T'áá íídą́ą́' - perfective		
laanaa niizį́į́'	laanaa niidzį́į́'	laanaa daniidzį́į́'
laanaa ninizį́į́'	laanaa noozį́į́'	laanaa danoozį́į́'
laanaa niizį́į́'	laanaa niizį́į́'	laanaa daniizį́į́'
laanaa jiniizį́į́'	laanaa jiniizį́į́'	laanaa dazhniizį́į́'
T'ahígo - future		
laanaa dínéessįįł	laanaa díníidzįįł	laanaa daníníidzįįł
laanaa díníizįįł	laanaa dínóosįįł	laanaa dadínóosįįł
laanaa dínóozįįł	laanaa dínóozįįł	laanaa dadínóozįįł
laanaa jidínóozįįł	laanaa jidínóozįįł	laanaa dazhdínóozįįł

Singular (one person)	Dual Plural (two people)	Distributive Plural (three or more people)
T'ahdii - present		
I wish	we wish	we wish
you wish	you wish	you wish
she/he/it wishes	they wish	they wish
one wishes	people wish	people wish
T'áá íídą́ą́' - past		
I wished	we wished	we wished
you wished	you wished	you wished
she/he/it wished	they wished	they wished
one wished	people wished	people wished
T'ahígo - future		
I will wish	we will wish	we will wish
you will wish	you will wish	you will wish
she/he/it will wish	they will wish	they will wish
one will wish	people will wish	people will wish

work, one works

Áhát'íinii: /na ji l nish/-> [nijilnish] Hanaanish baa nijigháago, éí nijilnish wolyé. Nijilnishgo daashį́į́ néelą́ą́' náhahgo índa naanish joołbįįh. Naanish joołbįįhgo éí t'óó haghandi níjídááh.
Verb: to work; one works

T'ááłá'ígo	Naakigo	Táá'dóó Ba'ąą
T'ahdii - imperfective		
naashnish	neiilnish	nideiilnish
nanilnish	naałnish	nidaałnish
naalnish	naalnish	nidaalnish
nijilnish	nijilnish	nidajilnish
T'áá íídą́ą́' - perfective		
nishishnish	nishiilnish	nidashiilnish
nishínílnish	nishoołnish	nidashoołnish
naashnish	naashnish	nidaashnish
nijishnish	nijishnish	nidajishnish
T'ahígo - future		
nideeshnish	nidiilnish	nidadiilnish
nidíílnish	nidoołnish	nidadoołnish
nidoolnish	nidoolnish	nidadoolnish
nizhdoolnish	nizhdoolnish	nidazhdoolnish

Singular (one person)	Dual Plural (two people)	Distributive Plural (three or more people)
T'ahdii - present		
I work	we work	we work
you work	you work	you work
she/he/it works	they work	they work
one works	people work	people work
T'áá íídą́ą́' - past		
I worked	we worked	we worked
you worked	you worked	you worked
she/he/it worked	they worked	they worked
one worked	people worked	people worked
T'ahígo - future		
I will work	we will work	we will work
you will work	you will work	you will work
she/he/it will work	they will work	they will work
one will work	people will work	people will work

wrap, wrap it up

Áhát'íinii: /b ił a ji yi O dis/ -> [bił ajiidis]   T'áadoo le'é bik'ízdídisgo éí bił ajiidis dooleeł.
Verb: one wraps; to wrap an object; to wrap a present

T'áałá'ígo	Naakigo	Táá'dóó Ba'ąą
T'ahdii- imperfective		
bił iisdis	bił iidis	bił da'iidis
bił iidis	bił oohdis	bił da'oohdis
yił iidis	yił iidis	yił da'iidis
bił ajiidis	bił ajiidis	bił da'jiidis
T'áá íídą́ą́'- perfective		
bił asédis	bił asiidis	bił da'siidis
bił asínídis	bił asoodis	bił da'soodis
yił azdis	yił azdis	yił da'azdis
bił ajizdis	bił ajizdis	bił da'jizdis
T'ahígo - future		
bił adeesdis	bił adiidis	bił da'diidis
bił adíídis	bił adoohdis	bił da'doohdis
yił adoodis	yił adoodis	yił da'doodis
bił azhdoodis	bił azhdoodis	bił dazh'doodis

Singular (one person)	Dual Plural (two people)	Distributive Plural (three or more people)
T'ahdii - present		
I wrap	we wrap	we wrap
you wrap	you wrap	you wrap
she/he/it uses up	they wrap	they wrap
one uses up	people wrap	people wrap
T'áá íídą́ą́' - past		
I wrapped	we wrapped	we wrapped
you wrapped	you wrapped	you wrapped
she/he/it wrapped	they wrapped	they wrapped
one wrapped	people wrapped	people wrapped
T'ahígo - future		
I will wrap	we will wrap	we will wrap
you will wrap	you will wrap	you will wrap
she/he/it will wrap	they will wrap	they will wrap
one will wrap	people will wrap	people will wrap

write, mark, scribble

Áhát'íinii: /ni a ji O zo/-> [ni'jizo] Bee'ak'e'alchínígíí t'áadoo le'é bee ádadile'go éí ni'jizo wolyé.
Verb: one writes; to write; to scribble; to make marks with a pencil, a pen or charcoal

T'áałá'ígo	Naakigo	Táá'dóó Ba'ąą
T'ahdii - imperfective		
na'asso	na'iidzo	nida'iidzo
na'ízo	na'ohso	nida'ohso
na'azo	na'azo	nida'azo
ni'jizo	ni'jizo	nida'jizo
T'áá íídą́ą́' - perfective		
ni'sézo	ni'siidzo	nida'siidzo
ni'sínízo	ni'soozo	nida'soozo
na'azzo	na'azzo	nida'azzo
ni'jizzo	ni'jizzo	nida'jizzo
T'ahígo - future		
ni'deessoh	ni'diidzoh	nida'diidzoh
ni'díízoh	ni'doohsoh	nida'doohsoh
ni'doozoh	ni'doozoh	nida'doozoh
nizh'doozoh	nizh'doozoh	nidazh'doozoh

Singular (one person)	Dual Plural (two people)	Distributive Plural (three or more people)
T'ahdii - present		
I write	we write	we write
you write	you write	you write
she/he/it writes	they write	they write
one writes	people write	people write
T'áá íídą́ą́' - past		
I wrote	we wrote	we wrote
you wrote	you wrote	you wrote
she/he/it wrote	they wrote	they wrote
one wrote	people wrote	people wrote
T'ahígo - future		
I will write	we will write	we will write
you will write	you will write	you will write
she/he/it will write	they will write	they will write
one will write	people will write	people will write

writes

Áhát'íinii: /a k'e ji ł chí/ /-> [ak'e'jiłchí] Bee'ak'e'elchíhí bee naaltsoos bikáa'gi saad nijiiníiłgo éí ak'e'jiłchí wolyé.
Verb: one writes; to make prints on paper

T'ááłá'ígo	Naakigo	Táá'dóó Ba'ąą
T'ahdii - imperfective		
ak'e'eshchí	ak'e'iilchí	ak'eda'iilchí
ak'e'iłchí	ak'e'ołchí	ak'eda'ołchí
ak'e'ełchí	ak'e'ełchí	ad'eda'ałchí
ak'e'jiłchí	ak'e'jiłchí	ak'eda' jiłchí
T'áá íídą́ą́' - perfective		
ak'e'shéłchí	ak'e'shiilchí	ak'eda'shiilchí
ak'e'shíníłchí	ak'e'shoołchí	ak'eda'shoołchí
ak'e'eshchí	ak'e'eshchí	ak'eda'ashchí
ak'e'jishchí	ak'e'jishchí	ak'eda'ajishchí
T'ahígo - future		
ak'e'deeshchííł	ak'e'diilchííł	ak'eda'diilchííł
ak'e'dííłchííł	ak'e'doołchííł	ak'eda'doołchííł
ak'e'doołchííł	ak'e'doołchííł	ak'eda'doołchííł
ak'ezh'doołchííł	ak'ezh 'doołchííł	ak'edazh'doołchííł

Singular (one person)	Dual Plural (two people)	Distributive Plural (three or more people)
T'ahdii - present		
I write	we write	we write
you write	you write	you write
she/he/it writes	they write	they write
one writes	people write	people write
T'áá íídą́ą́'- past		
I wrote	we wrote	we wrote
you wrote	you wrote	you wrote
she/he/it wrote	they wrote	they wrote
one wrote	people wrote	people wrote
T'ahígo - future		
I will write	we will write	we will write
you will write	you will write	you will write
she/he/it will write	they will write	they will write
one will write	people will write	people will write

yell, shout, holler, scream

Áhát'íinii: /ji di l wosh/ - > [jidilwosh]   Ła'nida t'áá nízaadi naagháii shididoots'íį́ł jinízingo, t'áá náásee, yéego hazhí jidiiłts'į́į́h, éí jidilwosh wolyé
Verb: one yells; to yell out; to cry out; to holler for help; to shout; to scream

T'ááłá'ígo	Naakigo	Táá'dóó Ba'ąą
T'ahdii - imperfective		
dishwosh	diilwosh	dadiilwosh
dílwosh	dołwosh	dadołwosh
dilwosh	dilwosh	dadilwosh
jidilwosh	jidilwosh	dazhdilwosh
T'áá íídą́ą́' - perfective		
hadeeshghaazh	hadiilghaazh	hadadeelghaazh
hadíínílghaazh	hadoołghaazh	hadadoołghaazh
hadoolghaazh	hadoolghaazh	hadadeeshghaazh
hazhdoolghaazh	hazhdoolghaazh	hadazhdeeshghaazh
T'ahígo - future		
hadideeshwosh	hadidiilwosh	hadadidiilwosh
hadidíílwosh	hadidoołwosh	hadadidoołwosh
hadidoolwosh	hadidoolwosh	hadadidoolwosh
hazhdidoolwosh	hazhdidoolwosh	hadazhdidoolwosh

Singular (one person)	Dual Plural (two people)	Distributive Plural (three or more people)
T'ahdii - present		
I yell	we yell	we yell
you yell	you yell	you yell
she/he/it yells	they yell	they yell
one yells	people yell	people yell
T'áá íídą́ą́' - past		
I yelled	we yelled	we yelled
you yelled	you yelled	you yelled
she/he/it yelled	they yelled	they yelled
one yelled	people yelled	people yelled
T'ahígo - future		
I will yell	we will yell	we will yell
you will yell	you will yell	you will yell
she/he/it will yell	they will yell	they will yell
one will yell	people will yell	people will yell

When modern languages are viable they generate lots of slang and neologisms such as those listed below:

bathtub	bii' na'abéhí
shower	bii' na'abéhí bii' azinígíí / tó náálį́įgo na'abéhígíí
toilet	bikáá' dah ná'nídaahí
AIDS	aa'adiniih (naałniih)
hepatitis	nii' oh ná'ádááh binaałniih
parking meter	niná'ábąsgi béeso biihi' nílí / beeso yildeełi
TV show	naalkidí
news report	hane' baadahane'
weather report	níłch' i ał'ąą át'é baahane'
magazine	naaltsoos ahiltádí
nuclear bomb	be' eldǫǫhkǫ' atí'doolííł ntsaaígíí
electric power plant	béésh bii'kǫ'ítsoh / atsiniltł'ishál'į́ / béésh bii'kǫ'ítsoh atsiniltł'ish báhígíí
voting booth	bii'i'ii'nílí
ballot	naaltsoos bee i'ii'nílígíí
traffic ticket	naaltsoos áhahadǫ́ǫ́s
methamphetamine	ałtaa náshch'iizh niłts'ílí / ałtaa náshch'iizh niłts'ílí tsi'na'iiłáhígíí
crack (cocaine)	azee' tsi'na'iiłáhí ak'áán nahalinígíí / yíní bee bik'ee kana'adáhí
oatmeal	taaskaal shibézhígíí / ó'mah
flu shot	naałniih bich'į' aa'ada'atsi / dikos ntsaaí bich'į' aa'ada'atsi